KB202342

동독 최후의 순간들

동독 멸망 보고서

동독 최후의 순간들

동독 멸망 보고서

프랑크 지렌, 귄터 샤보프스키 **지음**

심재만 **옮김**

하늘북

목 차

● 서 언 ●

대부분의 20대는 세월이 흘러가면 귄터 샤보프스키라는 이름을 기억하지 못할지 모른다. 기껏해야 1989년 기자회견장에서 메모를 들고, "이 순간부터 우리는 장벽을 개방합니다."라고 말했던 한 남자가 있었다는 사실만을 기억할 뿐일 것이다.

또한 그들은 이 장벽너머에서 공산주의자들이 통치를 했고, 비밀경찰 직원이 가장 나쁜 공산주의자였다는 것을 아마 그래도 알고는 있을 것이며, 대부분의 동독 인민들이 서방세계로 여행하는 것을 금지 당했고, 동독에서보다 서방세계에서 구매할 것이 훨씬 더 많았다는 것을 학교에서 배워 알게 되었을 것이다.

뿐만 아니라, 당시 대부분 동독 인민들은 서방세계의 텔레비전을 통해서 그 사실을 매일 알 수 있었고, 장벽의 다른 쪽에 살고 있는 친척들로부터 들어서 그 사실을 알 수 있었다. 그래서 동독 인민들의 인내심은 극에 달했기에 결국 거리로 뛰쳐나갈 수밖에 없었던 것이다.

또한 시위운동 가담자들의 압박이 너무나도 커졌기 때문에 동독의 지도부는 장벽을 개방하지 않을 수 없었고, 결국 평화적 재통일이 이루어졌던 것이다. 그 결과로 더욱 더 많은 것이 유연해지게 되었다.

권터 샤보프스키는 바로 그때 메모를 들고 있었던 남자다. 1989년 말까지는 그는 공산당 정치국, 즉 동독의 거대한 지도부의 일원이었다. 70년대부터 그 지도부에 있는 최고의 지위를 국가 원수이며, 당의장인 에리히 호네커(Eric Honecker)가 차지하고 있었다. 그러니까 샤보프스키는 그때 사회주의 국가의 그림책에서나 나올 법한 성공을 이미 성취하였다.

그는 포폼머쉬에 있는 소도시 안클람에서 출생했던 함석장이의 아들로 언론분야의 학위를 받았고, 모스크바에 있는 소련공산당의 당원대학을 졸업했다. 텔레비전을 제외하고 동독 지도부가 가장 중요시했던 선전기관인 독일 사회주의 통일당의 대중지인 「새로운 독일(Neues Deutschland)」의 경영을 그는 1978년 3월에 인계받았다.

뿐만 아니라, 6년도 채 지나지 않아 그는 공산당 정치국의 정회원이 되었고, 바로 뒤이어 독일 사회주의 통일당의 베를린 지역 간부의 리더가 되었기에 편집장의 지위를 포기하기에 이르렀다.

아무튼 오늘날 통일된 베를린의 현직 시장인 보베라이트와 유사하게 당시 그는 당의 베를린 지역의 리더로서 동 베를린을 담당하고 있었다. 그리고 샤보프스키는 모스크바에 있는 고르바초프(Gorbatschows)의 개혁모임으로부터 영향을 받았던 충성스러운 고르바초프의 추종자였기에 1989년 가을에 호네커의 실각을 계획했을 뿐만 아니라, 관철시켰던 자들 중의 한 사람이기도 했다. 그는 체제를 무너뜨리기 위해서가 아니라, 그 체제를 유지하기 위해서 그렇게 하였던 것이다.

이와 같은 호네커의 실각이 동독을 더욱 유연하게 만들었을지도 모른다. 그러니까 샤보프스키는 개혁을 통해서 독제체제를 안정시키려고 끝까지 애를 썼던 것이나, 독제체제가 삶의 현실에 적합하지 않았기 때문에 결국 붕괴되고 말았다.

1989년 12월과 1990년 1월 사이에 그는 모든 직위를 잃어버렸고, 동독에서 출세를 하고자하는 사람이면 누구나 가입해야만 하는 독일 사회주의 통일당에서 제명당하고 말았다. 왜냐하면 독일의 민주 사회당의 전신인 독일 사회주의 통일당을 서방세계에 유용하도록 변화시키고자 했던 이들에게는 때늦은 개혁자인 샤보프스키는 단지 발등에 떨어진 불을 끄는 안전판에 지나지 않았기 때문이었다.

그렇지만 샤보프스키는 독일 역사의 쓰레기더미에서 다시 모습을 나타내게 되니, 그때까지 그가 이룩해 놓았던 성공적인 삶은 바로 1989년 말에 폐허더미로 바뀌고 말았기 때문이었다. 그러니까 몇 주 전만 하더라도 그는 그 사실을 도저히 상상할 수조차 없었다.

아무튼 그는 더 이상 성공적으로 출세한 사람이 아니라, 인민들이 부당한 정권에 저항해서 성공을 거두었기 때문에 그 부당한 정권에 대해 책임을 져야하는 죄인으로 바뀌어져 있었다. 다시 말해, 통일된 독일에서 샤보프스키는 우선 독일 사회주의 통일당의 보스였기 때문에 동독 정권과 관련된 범인으로 간주되고 있었다. 그때, 나는 그를 개인적으로 알게 되었다.

그와 인터뷰를 하기 위해서 나의 훌륭한 친구인 루드비히 코에네(Ludwig Koehne)와 포츠담 광장과 브란덴부르크 문 사이의 가로수 길가에 있는 그의 현대식 베를린 집으로 그를 찾아갔다. 우리가 그의 집 초인종을 눌렀을 때, 아마 그가 자신의 스케줄을 조정하고 우리와 같이 부담이 되는 기자들을 뿌리치는 대인 경호원들과 개인비서를 아직도 두고 있을 것이라고 생각했으나 샤보프스키가 직접 문을 열었다.

그의 안색은 슬픔에 젖어있었고, 게다가 살은 몇 키로나 빠져있었으며, 청색 진(Jeans)과 청색 속옷을 입고, 슬리퍼를 신고 있었다. 그의 목에는 돋보기안경이 흔들거리며 드리워져 있었다. 그런데 우리가 그와 인터뷰를 하고자 했을 때, 그는 '거래'를 능수능란하게 제안했다.

"내가 새로 구입한 서방세계의 서가(書架)를 어떻게 조립하는가를 당신들이 나에게 설명을 해준다면, 수뇌부들이 동독에서 어떻게 살았는가를 당신들에게 설명해 주겠소." 그래서 우리는 그가 서가를 조립하는 것을 도와주었고, 그는 우리에게 그 이야기를 들려주었다.

사전에 우리는 다른 정치국원들과도 대화를 나누었다. 물론 그때 샤보프스키가 동독의 엄청난 최고의 간부였다는 사실이 곧 밝혀졌다. 게다가 그의 웅변술에는 더욱 힘이 넘쳤고, 비유적 용법이 자주 사용되었다. 그러니까 그가 바로 베를린의 입이었던 셈이었다. 그래서 그는 더욱 의심을 받게 되었고, 이전의 동료들과는 달리 자신의 과거를 충분히 되돌아보고 싶은 소망이 컸었다.

다른 한편으로 샤보프스키는 동독이 붕괴되지 않을 거라는 높은 개연성을 믿었기 때문에, 10년 동안이나 정치국에 근무했는지도 모른다. 또한 그가 체제를 의심했을지도 모른다는 사실에 대해서 대화를 나누고자 했다면, 그는 놀라서 우리를 빤히 응시했었을 지도 모른다.

그렇지만 잠시 동안 호네커의 후계자였던 에곤 크렌츠(Egon Krenz)처럼 완강하지도 않으면서 옛날의 원칙을 충실히 이행하려는 모습이 그에게는 이젠 어울리지 않았다. 그렇다고 많은 다른 사람들처럼 모든 이점을 이용하여 교묘하게 빠져나가려고 하지도 않았다. 오히려 그는 자신이 실패한 근거를 규명하고자 했다. 그래서 우리는 보스이자 동시에 속죄하는 사람이었던 샤보프스키와 수개월간 대화를 할 수 있었다.

이 인터뷰는 1990년 가을에 책의 형태로 출간되었다. 책 제목은 당시에 《문의(Eine Befragung)》였다. 그와 동시에 샤보프스키의 자서전도 《추락(Der Absturz)》이라는 책 제목으로 출간되었다는 사실을 우리가 출판사에게 이야기하지 말았으면 좋았을 것이다.

다음 해에도 그 자신에 대한 불쾌한 일에 맞서고자 하는 욕구, 즉 자신의 전기(傳記)와 동독의 체제에 대해 비판적인 검사를 받고 싶은 욕구를 그는 가지고 있었다. 그렇지만 훨씬 후에 독일 사법기관이 그를 고발해서 그는 1997년에 징역 3년형을 언도받았다.

우리는 20년이 지나서도 서로 만나 대화를 나누었다. 그러니까 내가 이미 15년 전부터 베이징에 살고 있었지만, 우리는 서로 몇 번이고 대화를 나누었다. 그래서 20년이 지나서도 또 다시 대화의 기반을 함께 만들 수 있는 결심을 할 수 있었다.

샤보프스키는 통일된 독일에서 새로운 역할을 찾아냈다. 그는 행사에 초대를 받을 때마다 자주 이데올로기(Ideologie), 현혹의 술책을 경계하라고 주의를 주었다. 그는 돌아다니며 강연을 하였고, 신문에 기고문을 썼으며, 텔레비전 방송국의 게스트로 출연하였다.

동독뿐만 아니라 소련 전체의 체제도 조만간에 붕괴되지 않을 수 없었던 결함, 그 비인간적인 구조결함 때문에 첫날부터 다수의 의지를 무시하게 되었을 뿐만 아니라, 많은 사람들을 경쟁시켜 이익을 취하지 않게끔 했다는 사실을, 그는 오늘날 인정하고 있다.

그때부터 욕심이 많았던 당시 소수의 동료들은 그를 '배반자'로 간주하고 있다. 게다가 샤보프스키가 장벽을 개방함으로써 노동자 계급의 적인 독일 연방공화국의 손에 동독을 넘겨주었다고 억지를 부리고 있다. 뿐만 아니라 소수의 동료들은 오늘날까지도 승리자들에 의해서 좌우되는 사법기관의 손아귀에 들어가 있다고 느끼고 있다.

그렇지만 샤보프스키가 죄를 자백함으로써 적지 않은 희생자들이 극단적인 파국으로 치닫지 않게 되었다. 그런데 그 희생자들은 샤보프스키와 같은 사람이 입장을 대체적으로 공공연하게 밝히는 것을 아직도 불쾌하게 생각하고 있을 뿐만 아니라, 샤보프스키 같은 그런 사람을 새로운 체제의 멜로디를 휘파람으로 불면서 유연하게 궁지를 벗어나는 기회주의자라고 생각한다. 그렇지만 그런 사람들은 서독 사람들의 다음과 같은 날카로운 질문에 귀를 기울이지 않을 수 없을 것이다.

국가로부터 등을 돌려야만 했던 사람들을 총살시켰던 정부가 법률적 죄와 도덕적 죄를 구별하는 권한이 있다고 믿는가?
독일인의 자유로운 세계가 엎어지면 코가 닿을 정도로 가까운 곳에 있는 것을 못 본 체 할 수가 있었겠는가?
그가 무엇을 정확히 알았겠는가?
장벽에서 생긴 희생자들에 대한 보고가 적혀있는 어떤 서류들을 그가 읽었는가는 여전히 전혀 다른 이야기인가?
명령에 동의를 했다면 법률적으로 유죄인가?

아무튼 동독 정부의 책임자들 중 어느 누구도 샤보프스키보다 자신의 죄에 더 깊숙이 파고드는 사람은 없었다고 확언할 수 있다. 그런데 이전의 전체 소련연방에 대해서 완전히 입을 다물고 있는 '동맹국들'에서도 이와 같은 어려운 상황을 감수했던 자를 찾아볼 수 없다.
그렇지만 두 가지 변화들이 가장 빈번하게 나타나고 있는데, 하나는 체념을 하고 있지만 완고함을 그대로 유지하는 것이고, 다른 하나는 양심 없이 남의 눈을 속이는 것이다. 게다가 바로 옛날의 사회주

소련연방공화국에 있었던 사람들이 나중에 장벽이 개방되게 되었던 그 빈틈을 이용했을 뿐만 아니라 동일한 운명체인 정치집단의 도움으로 돈을 신속하게 벌었던 사람들도 많았다.

샤보프스키는 자신이 타인의 지시를 받는 말단 당원이었기 때문에 동독에서 일어난 사실에 대해서 책임이 없었다는 그릇된 결론을 받아들이지 않았을 뿐만 아니라, 자신이 행했던 일이 옳았었는지를 내적으로 여전히 의심하고 있고, 동독에서 일어났던 사실에 저항하기에는 자신이 너무 나약했다는 변명조차 하지 않는다.

오히려 자신의 옛날 정신자세가 체제의 엄격함을 대변했던 것이라고, 그는 가식없이 해명하고 있다. 물론 많은 사람들은 그의 해명에 흡족해 하지 않을 것이다. 그렇지만 그의 해명이 자신의 죄를 세련되게 인정하고 있다는 것을 증명하고 있을 뿐만 아니라, 그 사이에 수백 번의 초대강연에서 그가 좋은 반응을 얻은 요인이 되었다.

그러나 샤보프스키 같은 사람은 100년 전이었다면 승리자에 의해서 목이 잘렸을지도 모른다는 것을 생생하게 표현한다면, 부당한 체제에 있었던 고위 대표의 경우와 마찬가지로 승리자의 경우에도 발전은 현저하게 이루어진 셈이다. 게다가 다음 세대들에게 이데올로기와 독제체제의 위험을 경고하기 위해서 최근 20년 동안에 학교, 단체와 기업이 샤보프스키를 되풀이해서 초대했다.

어느 한 쪽의 경우에는 서방세계가 초대한 자에게 있는 독선이 초대의 이유인지도 모른다. 그와 같은 초대에서 우연한 기회에 공산주의자들만이 이념적 편견이 없다는 사실을 사려 깊은 사람은 곧 분명하게 알았을 것이다. 그렇지만 이 지구상에 있는 김정일과 무가베(Mugabes) 가족들은 운명적으로 이념적 편견을 가지고 있다.

그렇다고 해도 자신의 생활방식에서 나타난 부정적인 측면들을 서서히 제거해 나가려는 일반적인 인간본성이 중요한 것이 아니겠는가. 다시 말해서, 그 인간본성이 때때로 가치가 있을 수도 있다. 그렇기 때문에 그것은 더욱 용이하게 보존될 수 있다. 그렇지만 인간본성을 더욱 용이하게 보존하는 방식이 다른 사람들에게 해가 된다면, 그것은 조심해야 되는 것이다.

이 부정적인 측면들이 얼마나 성공적으로 서서히 제거될 수 있는지는, 특히 그 부정적인 측면들에 저항하는 희생자들에게 얼마나 많은 활동 여부가 주어지느냐에 따라 좌우된다. 그런데 조지 부시 정부가 수입보다 훨씬 더 많은 돈을 지출했기 때문에, 또한 동시에 기대할 수 없는 안전을 누리고 있는 사람들을 요동치게 하였기 때문에, 아마 조지 부시(George W. Bush) 정부는 수백만 명의 사람들을 위기에 빠뜨렸던 것에 대한 해명을 어느 날 하지 않을 수가 없을 것이다. 그렇지만 이라크 전쟁 때문에 부시는 덴 하아그(Den Haag)에 있는 국제재판소에 소송을 제기하는 아주 좋은 기회를 갖게 된 것 같다.

리만 브라더스사의 최고경영자들이 샤보프스키와 아주 유사한 질문들을 하지 않을 수가 없다. 왜냐하면 그때의 최고경영자들이 사용했던 방법은 1년 전에는 여전히 상식에 지나지 않았기 때문이다. 게다가 또한 최고경영자들이 2008년 여름까지도 본보기로 간주하고 있었던 것도 사실이다. 이와 같이 자칭 성공이라는 것이 이토록 빠르게 죄로 변화될 수 있는 것이다.

그런데 그 사실을 이미 알고 있었던 것처럼 그렇게 행동하고 있는 사람들이 많이 있다. 그러니까 개발도상국 사람들의 거의 90%가 저항하고 있을 뿐만 아니라, 현재 세계인의 10% 이상에 해당되는 사람들의 이익을 가혹할 정도로 옹호하고 있는 서구 산업 국가들을 이끌어가는 정치가들에게도 샤보프스키와 같은 사람이 당한 유사한 일이 아마 그들에게도 일어날 수 있다.

게다가 서방 산업 국가들의 복지수준, 이념적 영공권, 그리고 세계 경제에서 최근에 나타나고 있는 서방 산업 국가들의 비민주적인 권한 요구를 옹호하는 것이 중요하다고 생각되면, 더욱이 서방 산업 국가들은 모든 사람의 위탁으로 사람을 죽이는 것도 마다하지 않는다.

그렇기 때문에 서방 산업 국가들도 많은 사람들이 보기에는 이미 죄를 저질렀다고 할 수 있다. 따라서 대다수의 세상 사람들은 죄인들로 하여금 결론을 이끌어내도록 강요하는 것에 대해서 충분히 의견의 일치를 보지 못하고 있다. 물론 아직도 의견의 일치를 보지 못하고 있는 것도 사실이다. 그러나 다수의 의견을 따르다보면, 언젠가는 국제 공공기관도 의견을 충분히 일치시킬 것이다.

다시 말해서, 민주주의 서방국가에서조차 죄에 대한 문제는 매우 상대적인 것이다. 비록 오늘은 정의의 편에 서있다고 생각하고 있을지라도, 내일이면 벌써 달라질 수도 있다. 왜냐하면 그 사실이 정상의 정치인들과 지정학적 변동들에게 적용될 뿐만 아니라, 평상시에는 우리 모두에게 적용되고 있기 때문이다.

프랑크 지렌
2009년 봄, 북경에서

1

"지금부터"
장벽의 개방

선거위원장인 에곤 크렌츠는 1989년 5월 7일 저녁에 정기 지방선거의 공식결과를 공포했다. 독일 사회주의통일당, 연합정당들, 대중매체들과 동맹들을 통합한 '민족전선'의 후보자들이 98.85%의 찬성을 획득했다. 그 선거결과는 일상적인 통과의례였으며, 자주 그랬던 것처럼 이번에도 이미 사전에 조작되었다. 그렇지만 이번에는 다른 점이 있었다. 힘이 세어진 야당이 공식적으로 선거조작에 대해서 처음으로 언급하였다.

더욱이 야당이 독립적인 참관인으로 하여금 무수한 투표소의 투표집계를 감독하게 하였기 때문에, 구체적 모순의 증거들을 열거할 수 있었던 것이다. 그러나 정치국은 이와 같은 비난에 대해서 침묵을 지킬 수밖에 없었다. 그런데 그 다음 주에 선거조작에 대한 항의운동과 진정서가 증가하였다. 특히 교회집단의 대표자들이 다음의 질문에 대한 대답을 찾고 있었다.

"선거조작이 어떻게 계획되었는가?"

"선거조작에 대한 책임이 누구에게 있는가?"

그 후에 매달 7일마다 개최되고 있었던 시위운동에서 몇 개의 용감한 그룹들이 선거조작과 관련된 모든 서류에 대해 해명해줄 것을 강력하게 요구했다. 이 때문에 1989년 여름 내내 동독에서 일어나고 있었던 시위운동에 참여하는 것은 여전히 위험한 것으로 생각되고 있었다. 왜냐하면, 9월 7일에 80명의 인원과 선거조작에 대해서 항의를 했었던 한 단체 회원의 반 이상이 체포되었기 때문이었다.

"자유(Freiheit)는 늘 의견이 다른 사람의 특권이다."

1989년 1월 중순, 로자 룩셈부르크(Rosa Luxemburg)와 칼 리프크넥히트(Karl Liebknecht)가 살해되었던 70주년 기념일에 라이프치히와 베를린에서 일어났던 시위운동에 가담해서 추적당하고 있었던 단지 몇 백 명이 모토로 삼았던 로자 룩셈부르크의 이 말은 여름이 지나면서 점점 더 많아지는 시위운동 가담자들이 체제를 비판하는데 사용하는 슬로건이 되고 말았다.

그로인해 1989년 1월 1일에 발효되었을 뿐만 아니라 동독인민들이 출국법안을 거절할 수 있었던 항고권(抗告權)을 미리 예정하고 있었던 여행법령으로는 시위운동 참가자들을 진정시킬 수가 없었다. 그래서 3월에 라이프치히에서 처음으로 출국을 원하는 600명이 데모를 했다!

6월 4일 북경의 천안문 광장에서 중국 학생들이 학살되었던 이후, 독일 사회주의 통일당의 기관지 「새로운 독일(Neues Deutschland)」는 중국 지도부의 조처를 지지했다. 거의 안중에도 없었지만 격리되어 있었던 독일 사회주의 통일당의 북경주재 초대 대사는 한스 모드로우 (Modrow Hans)였다. 그리고 7월에 그의 후임으로 율리 귄터 샤보프스키가 부임했다. 더욱이 그는 공산당 총서기 장쩌민(Jiang Zemin)을 알게 되었던 독일 사회주의 통일당의 첫 번째 정치국원이었다. 그런데 샤보프스키는 중국 민주화운동을 진압한 것에 대한 더욱 정확한 정보를 알아내라는 임무를 총서기 에리히 호네커로부터 부여받았었다.

거의 4주가 지나 정치국원이고 안전과 청소년 스포츠 담당서기인 에곤 크렌츠는 중국 공산당 총서기 장쩌민에게 북경에서,

"중화인민공화국과 동독처럼 인민의 이익을 위해서 한결같은 공익의 목표들을 추구하는 자는 사회주의 혁명을 위해서 궐기할 뿐만 아니라 한결같은 제국주의 적대자"와 대결해야 한다는 확약을 했다.

이 연대감의 표명으로 폭동문제가 해결되었고, 그것으로 인해 야당은 크렌츠가 동독을 위해서도 북경의 해결책을 지지할 수도 있다는 두려움을 나중에 갖게 되었다.

이미 5월 2일 헝가리 국경선의 울타리가 제거되기 시작했고, 그와 관련해 이미 한계에 봉착했던 정부가 해이해졌기 때문에 1989년 여름, 어느 누구도 예상하지 못했던 결과가 발생할 수 있었다. 다시 말해서, 약 150명의 동독인민들이 자신들의 출국을 강력히 요구하려고 부다페스트 주재 서독대사관에 머물고 있다는 사실이 8월 4일 본에 비공식적으로 전해졌다.

뿐만 아니라, 14일이 지나서 프라그 주재 서독 대사관도 대 혼잡으로 인해 폐쇄되지 않을 수 없었다. 그래서 헝가리 지도부도 서독 대사관에 체류하고 있던 난민 108명을 적십자사로 하여금 빈을 경유해 서

독으로 보내게 함으로써 그 상황을 진정시키려고 했다.

그러나 군중이 탈출하기 시작했다. 3,000명 이상의 동독인민들이 헝가리 국경선을 불법으로 넘어 달아나기 시작했다. 그러자 9월 11일 헝가리는 갑자기 그와 같은 압박상황에 굴복해서 자국의 국경 차단기를 열어버렸다. 게다가 모든 동독인민들도 자신들이 선택한 나라로 출국하기를 원했다.

그렇다 해도 정부는 '일반적으로 공인된 국제인권 원칙들'에 따라 결정을 내려야 했다. 그래서 3일 이내에 15,000명의 동독인민들이 자신의 조국을 떠났다. 그럼에도 불구하고 신뢰도가 높았던 통신사인 전독일통신사(ADN)는 이 사실을 "계획적으로 동독 시민들을 국외로 빼돌리기"라고 언급했다.

그럼에도 불구하고 첫 번째 반대그룹인 〈신 포럼〉이 동독 전체에서 동시에 조직되었다. 그리고 동베를린에서 '지금은 민주주의'라는 시민운동이 자기 목소리를 내기 시작했다. 뿐만 아니라 10월 1일에는 전국적인 반대그룹인 〈민주적 결기〉가 설립되었다. 그 사이에 〈신 포럼〉은 공식적인 협회로 인정해줄 것을 강력하게 요청했다. 그러나 내무부는 그 요구를 거절했고, 그 그룹을 '반국가적'이라고 규정했다.

그러한 이유 때문에 대중들의 데모가 처음으로 일어났다. 다시 말해서, 라이프치히에서 거의 8,000명의 사람들이 집회와 언론의 자유를 요구했다. 이처럼 두려움 없이 반대를 할 수 있었던 것은 헝가리의 국경마저 개방되었기 때문에, 사람들은 더욱 자신감을 가졌던 것이다.

9월 12일, 귄터 샤보프스키는 정치국에서 대중이 탈출하는 문제들을 공개적으로 언급해야 한다는 지도부의 성명을 요구했다. 그런데 총서기가 참석하는 경우에만 그 문제들의 기본적인 특성을 토의할 수 있다는 이유를 제시하면서 샤보프스키가 요구했던 성명은 거부되고 말았다. 게다가 귄터 샤보프스키가 일으켰던 돌발사건은 공개되지도 않았다.

왜냐하면, 후견국가에 살고 있는 인민의 첫 번째 의무는 평온을 유지하는 것이었기 때문이다. 그래서 담낭수술을 받았던 호네커라고 하더라도 이 때 이미 퇴원을 하였지만, 자신의 공무들을 바로 9월 25일에 또 다시 집행할 수밖에 없었다. 뿐만 아니라 에곤 크렌츠는 한창 논쟁이 벌어지고 있는 와중에도 그는 휴가 중이었다.

프라그 주재 서독대사관의 발코니에서 서독 외무부장관 한스-디트리히 겐셔(Hans-Dietrich Genscher)는 대사관에서 야영하고 있는 난민들이 자유로운 몸이 되어야 한다고 공포했다. 뿐만 아니라, 뉴욕에서 개최되었던 국제연합 총회의 말미에 동독 대표자들과 토의를 한 후에 겐셔는 약 3,000여명의 난민들이 출국할 수 있게 했다.

물론 동독 지도부는 철도를 이용해서 동독 국경을 넘어가기를 바라고 있었다. 그것이 호네커가 쾌유한 다음에 첫 번째로 내린 중요한 결정이었다. 하지만 호네커는 그 과정을 '추방'이라고 표현했다.

그럼에도 불구하고, 결국 동독건국 40주년 기념일에도 지도부가 기대했던 것처럼 상황이 완화되지는 않았다. 왜냐하면, 체코의 경찰력이 대사관의 출입을 차단하려고 시도했음에도 불구하고, 3일 이내에 거의 7,500명의 난민들이 또다시 대사관 지역에 머물렀고, 10월 4일에 두 번째로 집단 출국이 이루어지게 되었기 때문이다.

게다가 이런 상황에서 난민열차의 선로구간이 널리 알려져 버렸다. 뿐만 아니라, 동독을 횡단하는 난민열차는 빗장을 걸어 놓아야만 했다.

왜냐하면, 수천 명의 사람들이 난민열차 위로 뛰어오르려고 했기 때문이었다.

게다가 드레스덴 지역의 지역비서인 한스 모드로프가 나중에 정치국에서 통렬하게 불평을 했던 사건이 있었다는 것이 알려지면서 드레스덴 역에서 폭력적인 충돌이 일어났다. 다시 말해, 약 3,000명의 인민들이 자유롭게 출국하게 해달라고 요구했다. 그러니까 1953년 6월 17일, 노동자의 봉기를 진압시킨 이후 처음으로 동독에서 시가전이 또다시 일어났던 것이다.

"너무 늦게 오는 자를 삶의 현실이 용납하지 않는다."

소련 공산당 서기장인 미하일 고르바초프가 했던 이 말이 동독 건국 40주년 기념일에 야당이 궐기하는 신호탄이 되었던 것이다. 그렇지만 독일 사회주의 통일당의 국가는 모양새를 유지하려고 여전히 애썼다. 그래서 자유 독일 청년단 단원인 약 100,000명의 젊은 사람들이 이번 10월 7일에 횃불을 들고 호네커와 고르바초프 앞으로 분열행진을 했던 것이다. 그 행사가 동독의 공식적인 경축행사의 절정이었다.

행사가 열리기 몇 시간 전, 고르바초프는 니더쇤하우스 성에서 에리히 호네커와 정치국원을 만났었다. 그런데도 호네커가 자기 연설에서 한 마디 말도 없이 긴장된 상황을 거론하였을 때, 소련 대표단은 놀라지 않을 수 없었다. 그렇지만 고르바초프는 유연한 어법으로 세계 언론 앞에서 개혁을 하라고 독촉을 했다. 저녁에 공화국 광장에서 개최된 공식석인 리셉션이 진행되고 있었던 동안에도 일부에서는 대중시위 운동이 일어났지만 잔인하게 마무리 되었다.

그날 동독의 사회민주당이 창립되었다. 베를린 사람인 역사학자 이

브라힘 뵈메(Ibrahim Böme)가 동독 사회민주당의 사무총장이 되었다. 그 다음 이틀이 지나도록 "고르비, 고르비"라는 외침이 되풀이해서 들린 시위운동이 계속되었다.

급기야 10월 9일, 라이프치히에 있는 칼 막스 광장에서 1953년 6월 17일에 일어났던 민중봉기 이후 최대의 시위운동이 일어났다. 다행이 마지막 순간에 맺은 협약 때문에 유혈충돌은 일어나지 않았지만 교회 대표자들은 동독이 민주적, 법치국가이며 사회주의 국가로 발전하는 장기계획을 마련하는 조치를 요구했다.

이틀 후인 10월 11일, 정치국은 크렌츠가 그 상황에 대해 제출한 성명을 공포했다. 그 성명은 그 나라에서 일어난 일들에 대해서 정치국이 행했던 공식적인 첫 번째 토론의 결과였다.

그런데 동독의 방송은 "최근의 과제는 필요한 개혁들을 실현하기 위한 정확한 구상을 완성하는 것이어야만 한다."는 정치국원 쿠르트 하거(Kurt Hager)의 말을 인용했다. 이 말은 정보정치의 개선을 전제로 했고, 사회문제들을 해결하는 데에 인민을 능동적으로 고려하는 것을 전제로 했다. 그런데 개신교회의 대표자들은 이 성명을 대화에 처음 참여한 결과로 간주했다.

그 다음 주말, 어쨌든 몇 명의 정치국원들 사이에서 에리히 호네커를 다가오는 화요일에 개최되는 정치국 회의에서 해임시키자는 결정이 무르익어 갔다. "우리는 국민이다."라는 말은 10만 명 이상의 사람들이 월요일에 라이프치히를 횡단하면서 들고 있었던 표어들 중의 하나였다. 그 시위운동이 이제까지 일어났던 시위운동 중에서 가장 큰 규모였다.

하루가 지난 10월 17일, 정치국 회의의 첫 번째 의사일정에서 쟁점 거리인 호네커의 해임과 관련된 토론을 빌리 스토프(Willi Stoph)가 제안했다. 드라마틱한 회의 결과는 정치국이 에리히 호네커, 귄터 미트타크(Gunter Mittag)와 요하임 헤어만(Joachim Herrmann)을 정치국에서 축출하기로 결정했다는 것이었다. 그런데 후임 총서기로는 에곤 크렌츠가 예견되었다.

그러나 다음 날, 호네커가 중앙위원회 임시회의를 개최할 날짜를 정해야만 했는데, 호네커는 중앙위원회 제 9차 회의에 나아가서 '건강상의 이유'로 자신을 총서기에서 면직시켜줄 것을 요청했다. 또한 그는 자신의 후임자로 독일 사회주의 통일당 중앙위원회의의 신임 총서기로 선출되었던 에곤 크렌츠를 천거했다.

10월 19일, 라디오와 텔레비전으로 중계되었던 연설에서 크렌츠는 독일 사회주의통일당이 '전환기'를 맞이했다고 공포했다. 그러자 좌초되어있던 권력의 상황들이 요동을 치기 시작했다. 게다가 같은 날, 신임 총서기는 교회들을 방문해서 "신뢰를 확보하고 신뢰의 희생을 각오하고 있다"는 의지를 역설하기에 이르렀다.

그러나 하루 지나, 비쇼프 헴펠은 드레스덴 지역 총회에서 독일 사회주의통일당이 누리고 있는 권리에 회의(懷疑)를 드러냈고, 총회에서 안전요원들의 잔인한 행동에 대해 당이 사죄할 것을 요구했다. 그래서 그 이후에 교회와 당 지도부 사이에서 논쟁이 일어나게 되었다.

10월 24일, 에곤 크렌츠가 국가 국방위원회의 의장과 국가평의회 의장으로 선출되었을 때, 처음으로 반대표들이 인민회의에서 나왔다. 뿐만 아니라, 독일 자유민주당의 의장인 게르라흐(Gerlach)는 연합정당으로 하나가 되었던 전통을 거슬리면서까지 국가평의회 의장 직위를 요구했다.

독일 역사상 처음으로 - 정치적 활동이 점점 공개적으로 진행되어 갔다. 그럼에도 불구하고 시위운동의 숫자와 범위는 더욱 폭발적으로 증가되어만 갔다. 그 시위운동에서 인민들은 민주주의와 자유로운 사상표현을 요구했을 뿐만 아니라, 크렌츠가 관직을 독점하는 것에 대해 또, 국가안전에 대해서 전권(全權)을 행사하는 것에 이의를 제기했다. 결국 '영웅도시'인 라이프치히에서 일어났던 황당무계한 '월요일 시위운동들'이 절정에 이르렀다.

독일 사회주의통일당의 대표자들이 질문을 받았던 첫 번째 '일요일의 대화'가 10월 22일, 라이프치히에서 시작되었다. 그런데 그 '일요일의 대화'는 동독의 도시 몇 곳에서 단기간 동안에 실행되었다. 그렇게 개최된 '일요일의 대화'에서 귄터 샤보프스키는 시위운동이 미래엔 "베를린에서도 정치문화로 자리를 잡을지도 모른다."고 공포했다.

일주일 후 11월 4일, 알렉산더 광장에서 베를린에 살고 있는 예술가와 무대 관계자들의 호소로 대규모 시위운동이 일어났다. 다시 말해, 수십만 명의 인파가 모인 대규모 행사가 개최되었던 것이다.

● 베를린의 알렉산더 광장에서 개최되었던 집회가 얼마나 중요했고, 당신은 개인적으로 이 날을 어떻게 체험했습니까?

독일 전환기의 연감에 보면 11월 4일, 베를린 알렉산더 광장에서 개최되었던 대규모 시위는 특별한 위치를 차지하고 있다. 그러니까 처음으로 사자가 살고 있는 굴속과 같은 정부와 중앙위원회의 소재지에서 라이프치히에서 일어났던 시위운동과 쌍벽을 이루는 시위가 일어났다는 것이다.

베를린의 동중부에 위치하고 있는 이 알렉산더 광장은 이 날 결코 햇볕이 따갑게 내리쬐고 있지는 않았다. 늦가을 날이었다. 그렇다고 비가 올 것 같지도 않았다. 얇은 구름층 때문에 모든 것이 명료하게 보이지 않았을 뿐만 아니라 햇볕도 밝게 빛나지 않았다. 따라서 군중들이 몰려나오기에는 알맞은 날씨였다.

경찰은 시위에 참여한 사람들이 30만 명이라고 추정했다. 그런데 매스컴들은 참여한 인원이 50만 명이라고 쓰고 있었다. 물론 그때 나는 긴장하고 있었을 뿐만 아니라, 책상 속에 넣어놓았던 간단하지만 청중의 구미에 맞지 않는 연설 원고를 휴대하고, 등장할 준비를 하고 있었던 것으로 기억한다.

프로이센의 왕으로부터 러시아의 황제에 이르기까지 알렉스(Alex)가 이름에 사용되었으니까 분명히 184년 전 11월 2일에도 사용되었을 것이다. 그렇다고 그 사실만으로 이 지역이 모스크바의 영향을 받고 있었다는 것이 논증되지는 않는다. 그렇지만 KGB와 미리 짜 맞춘 은밀한 시나리오에 따라 제시된 역할을 내가 확실히 해야 할 것이라고 생각했다.

그러니까 연설가인 샤보프스키는 크렌츠가 지배하고 있는 임시 정치국을 위해서 움직이는 대역 배우에 지나지 않았다. 알렉스 광장에 있는 군중이 샤보프스키를 지칠 때까지 마구 이용하였다면, 모스크바는 고려하지도 않았을 뿐만 아니라, 신뢰할 수 없었던 호네커를 반대하는 쿠데타의 전체 주동자들은 그 사실을 지적할지도 모른다. 물론 나는 나중에 이 모스크바의 시나리오에 대해서 언급할 것이다.

그 시나리오에 대해 세세하게 알고 있는 사람들 중의 한 사람과 바로 인터뷰 시작 전에 알렉스라는 카페에 같이 앉아 있었다. 그 비공식적인 회합에 참석하고 있었던 다른 사람들은 극작가 하이너 뮐러와 비텐베르크 교회에 있는 상급 세미나에 참석했던 쇼르레머(Schlorlemmer) 목사였다. 그런데 뮐러는 어쩔 수 없이 시거를 피우면서,

"그런데 앞으로 20년이 지나면 독일 사회주의통일당은 관심권에서 사라질 것이오. 그때 당신들도 원상 복귀될 수 있을 것이오."라고 말했다. 그때 나는 뒤를 돌아보며 태연하게 웃어넘기려고 애를 썼다.

쇼르레머는 나의 입장을 두둔했다.

"우리는 당신들을 필요로 합니다."

그는 간절히 나에게 기대를 걸고 있었다.

"당신들은 전문가들입니다. 지식이 없으면 국가사업이 계속 진행될 수 없는데, 그 지식이 당신들에게는 있습니다."

반대당의 목사가 동독에 대해 가지고 있는 애국심 때문에 놀랐다. 그렇지만 한솥밥을 먹는 또 다른 친구들의 표정엔 아무런 변화가 없었다.

"그런데 그는 장관으로서 도대체 친구 모드로프의 집에서 어떻게 식사를 합니까?"라고 내가 그에게 물었을 때, 그는 나의 물음에 대해 거부하는 몸짓을 나타냈다.

마르쿠스, 미샤, 볼프(Wolf)도 거부감을 나타냈다. 쇼르레머는 1986 년까지 34년 동안 중앙 관리본부인 동독의 국가안전부에 있는 외국담당 비밀정보기관의 정치교육을 이끌었던 사람이었다. 좌우간 그는 알

렉스 카페에서 대화를 나누었던 사람들 중 한 사람이었다.

어쩌면 그는 옆에 있는 전혀 예상치 못한 멍청이에 대해서 남몰래 심술궂게 빈정거렸을지도 모른다.

● **당신은 알렉산더 광장에서 무엇을 기대했습니까?**

베를린에 있는 극장들, 특히 독일극장과 인민무대의 배우들과 감독들이 민중회합을 처음으로 이끌었던 사람들이었다. 아무튼 자유로운 시위를 보장하기 위해 국가의 경찰관들은 독일 사회주의통일당의 지역 간부의 권유를 받아들여 시위를 주최한 자들에게 협조를 했다.

그래서 극단원들은 스스로 질서유지 담당자들을 배치했다. 그리고 녹색의 장식 띠를 착용했던 국가 경찰관들은 인민들이 새로 획득한 정치적 주권을 인정해 주었다. 그 정치적 주권은 잠재적으로 이미 또다시 기악곡으로 막 편곡되려고 했다.

이미 한 달 전에 공화국의 기념일을 둘러싸고 있었던 긴장되고 숨막힐 듯한 분위기에서 베를린에 살고 있는 예술가들이 시위를 검토했다. 그 당시에 나는 처음으로 한번 극장장들에게 시위를 단념해주기를 간청했었다. 왜냐하면 시위를 하는 사람들에게 가해지는 가혹한 수단에 대해서 지역 간부가 항의할 가능성이 없었을 뿐만 아니라, 아마 중앙부서 즉, 호네커 자신으로부터 지시받았을지도 모를 정도로 위험이 너무 컸기 때문이었다.

그러나 이러한 위험이 없었다면 아마 가혹한 수단을 유예시키는 것이 가능했을지도 모른다. 어쨌든 예술가들은 민주적인 동독사회에 대해서 자신들이 가졌던 정치적 생각들을 많은 청중들을 이용해서 뒷받침 하려고 했다.

● 바로 당신이 정치국을 변호하지 않을 수 없는 일이 어떻게 일어날 수 있었습니까?

역시 예견된 29명의 연설가들 중, 누구라도 독일 사회주의통일당의 공무를 수행하기를 원했다. 주최자들은 베를린 행정구역의 관리를 초대했다. 그렇지만 이름순으로 배열된 제안은 초대장에 적혀있지 않았다. 어쨌든 정치국에서 나는 초대와 관련된 것을 통지하면서 결단을 내려줄 것을 요구했다.

그런데 내가 아무도 모르게 제안을 거절했다는 의심을 받자마자, 수단과 방법을 가리지 말고 개혁의 깃발을 들어 올릴 것을 촉구했다. 정치국원이며 선전부장인 쿠르트 하거가 시위가 일어나기 전에 이미 서신으로 크렌츠에게 경고를 했었다는 것을 나는 알고 있었다.

시위는 '중대한 사건'이지만 "초대의 구실이 되지는 않았다."

그렇다고 하여 시위를 금지하는 것이 시기에 적절한 것으로 간주되지도 않았다. 왜냐하면 시위를 금지하는 것이 새로운 폭동을 불러일으킬 소지가 있었기 때문이었다. 그러나 대체로 정치국원의 참석 여부가 여기저기서 문제가 되었다. 그래서 크렌츠의 참석을 고려했던 생각은 또다시 바로 포기해야 했다. 왜냐하면, 크렌츠가 참석하지 않을지도 모른다는 것, 결국 총서기가 개입하지 않고 멀리 떨어져있을 수밖에 없다는 것이 두려웠기 때문이었다.

그래서 내가, "한 사람은 꼭 가야합니다. 그러니까 내가 자발적으로 가겠습니다."라고 말을 했기 때문에, 말썽이 많았던 회담을 끝맺게 되었던 것이다. 그런데 어떤 유보적 태도로 반응을 나타냈다면,

"그가 자신의 주둥이에 화상을 입어야 하지만, A의 주둥이에 훨씬 더 효과적으로 화상을 입혀야 한다."라는 모토에 따라 일종의 안도감이 정치국원들에게 아주 분명히 나타났을 것이다.

그 장면은 왜 우리가 모반(Konspiration)의 단계에서 호네커의 후계자인 크렌츠와 합의를 했어야만 했는가를 다시 한 번 보여주었다. 크렌츠는 고르바초프의 개혁에 대해 호감을 보였지만, 이전에 정치국에 있었던 사람들은 크렌츠를 자신들과 같은 부류의 한 사람으로 간주하고 있었다.

그렇기 때문에 다년간 정치국의 후보위원을 지냈고, 1983년에 군대, 경찰과 국가안전 분야를 담당하는 비서로 승진했던 크렌츠가 최악의 경우, 전환기에 그러한 일이 일어나도록 할지도 모르나, 확실히 방향을 바꾼 전환기에는 그러한 일이 일어나지 않도록 하기를 그 정치국원들은 소망했다. 그래서 그들은 '최초의 제안(Angebot)'에 나타난 크렌츠를 받아들일 수 있었던 것이다. 뿐만 아니라 우리도 그들 중의 몇 사람이 호네커의 해임을 찬성하도록 설득시킬 수 있었다.

● 그러나 당신의 경우에 그렇게 하는 것이 역시 쉽지만 않았습니다. 왜
  냐하면, 당신은 인민에게 오늘날까지 개혁자로 알려져 있지 않았기 때
  문입니다. 어쩌면 그렇게 하는 것이 불필요한 모험이 아니었습니까?

다시 말해서, 정치적으로 어리석은 짓이 아니었습니까?

나는 시위에서 중대한 상황에 놓일 것이라는 것을 명확히 알고 있었다. 그렇지만 양자택일은 없었다. 게다가 우리 스스로 허위로 충성을 이야기하는 시대를 종결짓고 싶었다. 또 짧고 날카로운 휘파람 소리들, 내 쪽으로 갑자기 몰려왔던 야유의 소리들, 넘어질 듯이 걸어가고 있는 독일 사회주의통일당의 권력을 조롱하고 있는 불손하고 빈정대는 슬로건이 적혀있는 현수막의 바다 - 이것들이 기억에 남을 1989년 11월 4일, 바로 그날 알렉스 광장에서 내가 인지했던 광경이다.

나는 계단발치에 쇼르레머 목사가 서 있는 것을 보고 나서야 연단의 대용으로 사용되는 설교단 양식의 나무발판 위로 올라가고 있었다. 그때 나는 당황해서 "교수대에 올라가는 것이 아니야"라고 중얼거리는데, 쇼르레머 목사가 나를 격려하면서 어깨를 두드려 주었다. 그렇지만 그 사이에 나는 이웃에 대한 그의 사랑에 대해 감사를 표현하지 못한 잘못을 저지르고 말았다.

그래서 이웃에 대한 그의 사랑은 15년이 지나서 원한을 품은 반감으로 변해버리고 말았다. 게다가 그는 나를 신문 인터뷰에서 '염치없는 기회주의자의 전형'이라고 말을 해서 깜짝 놀랐다. 그래서 그 사람 때문에 나는 11월 4일에 대해서 아주 독특한 추억을 간직하게 되었다.

연단 앞에서 기도를 해서 그의 축복을 받았더라면 좋았을 텐데, 그렇게 하지 않아서 군주의 대쪽 같은 전사인 그는 나에게 자신의 축복을 거절했던 것 같다. 그렇지만 이상하리만큼 그때 나는 '염치없는 기회주의자'의 노릇을 전혀 하지 않았다.

● 알렉스 광장에서 일어났던 시위에서 체제에 대해 인민들이 실증을 느꼈기 때문에 목소리를 높였었고, 그 시위는 라이프치히에서 있었던 월요일 시위들처럼 공개토론을 개최하게 했었던 자들에게 결국 진로를 열어줄 만큼 충분한 신호가 되지 않았습니까?

그 당시 나는 그런 견해를 전혀 가지고 있지 않았다. 그렇지만 놀랄 정도의 행복감에 젖어있었다. 그런데 그들은 중상모략 때문에 생긴 긴장감과 자신들에 대한 의구심 때문에 나에게 반복해서 그런 견해를 요구했다.

어쨌든 우리는 호네커를 최고의 자리에서 밀어내지 않았는가?

그렇지만 고르비는 허약한 체르넨코(Tschernenko)에 대항해서도 그와 같은 일을 감행하지 못했다. 나는 그러한 대결을 대비해 훈련받지 않았겠는가?

그래서 수 주전에는 기업체들의 경영에 열렬히 참여했었고, 도로상에서 펼쳐졌지만 논쟁거리가 되었던 토론에도 열렬히 참여했었다. 정치국 출신으로는 유일한 사람으로서 나는 알렉스 광장에서 시위를 하는 사람들에게 대항할 준비가 되어있지 않았겠는가?

게다가 이론적으로 인정을 받았던 세계개혁자들의 계몽신드롬이 여전히 진행되고 있었다. 뿐만 아니라 아직도 희미하게 남아있는 할 수 있다는 망상이 우리를 완전히 실패하도록 몰아붙였다.

"글쎄 뭐, 우리는 여기저기에서 아무런 가치도 없는 일만 했지만, 그래도 우리는 마음을 스스로 다스리지 못하는 군중을 이용하는 전위부대인 것입니다."

그렇다고 시위를 하는 자들의 저항으로 내가 강연장에서 쫓겨난 일은 없었다. 다만 증오에 찬 반향은 끝까지 남아있었다. 그렇다고 해도 나는 기분이 나쁘지 않았다. 왜냐하면 나는 나 자신을 있는 그대로 보여주었기 때문이다.

● 호네커를 따르는 독일 사회주의통일당의 지도부가 실패한 것으로 완전히 판명을 내렸던 알렉스 광장의 시위가 있었던 다음에, 며칠이 지나서 국경이 개방되기 시작하였던 것 같았습니다. 당신은 국경개방에 무슨 기대를 걸고 있었습니까? 지도부에 반대하는 분위기 속에서 전환기에 기대를 걸고 있었습니까?

실제로 기대를 걸고 있었다. 그렇지만 과오를 저질렀던 우리의 과도정부에서 우선 국경개방은 한 번 잘못한 것에 지나지 않다. 11월 6일, 아침에 동독에서 판매되는 신문에는 이미 10월에 광고되었던 여행규정의 초안이 동독에 대한 기사가 차지해야 하는 2개면에 개재되었다. 그런데 인민들의 생각에 따라 그 초안을 완벽하게 만들기 위해서 공개적으로 4주 동안 토의되었다고 했다.

그리고 포괄적인 수정제안을 고려했던 인민회의가 그 초안을 법규로 12월에 승인했다고 했다. 그러니까 타이밍은 크리스마스를 겨냥했던 것이다. 왜냐하면 독일연방공화국의 크리스마스트리 아래에서 수천 명의 동·서독 친척들이 만날 수 있을지도 모르고, 여론의 밑바닥에서 우리를 이끌어낼지도 모르기 때문이었다. 그런데 동독에서는 여론의 밑바닥에서 우리를 이끌어내는 것이 민주주의의 극치로 간주되었다.

● 그렇지만 민감해진 시민들은 텍스트가 불충분하다는 것을 빠르게 알아차렸었습니다.

'작은 장벽'을 유지하려고 해도 몇 가지 보호책들을 설치해야만 한다고 생각했던 몇몇 행정부처의 직원들이 그 텍스트를 고안해 냈었다. 그렇지만 같은 날, 그 초안은 공개적으로 특히 월요일 시위에서 비판을 받고 말았다. 국가가 출국을 허가하는 형식의 후견방법을 확대하였기 때문에 시민들은 기분이 상했던 것이다. 민주국가에서는 입국허가 절차만이 있고, 출국에는 비자가 필요 없기 때문이었다.

어떤 경우에 여행비자 혹은 동독을 떠나기 위한 허가가 교부되었는지를 확인해 주는 고무인들이 찍히는 것 때문에 시민들은 기분이 상했던 것이다. 그러니까 비강제적인 근거들 때문에 여행규정에 모순이 있다면 누구나 여행할 수 있게 해야만 하는 것이었다. 소위 비밀취급자의 범주에 들어가는 자들이 이러한 사실을 필요로 했다.

그렇지만 결국 연방공화국을 여행하려면 필요하게 될지도 모르는 외화들에 대해서 어떤 말도 일체 하지 못한다는 사실 때문에 시민들은 격분했다. 게다가 우리가 약속했던 정신적 부담을 덜어주지는 못할망정 우리가 공식적으로 거절당하니까 실망감마저 새롭게 생겨났다.

● 당신은 이 부정적 반향에 어떤 반응을 나타냈습니까?
부정적 반향에 놀라서 생긴 경직현상이 오랫동안 지속되었습니까?

겨우 저녁때가 되어서야 비로소 반응을 나타냈다. 우리가 텔레비전 뉴스, 즉 제1텔레비전 방송 - 시사 쇼를 다 보았을 때, 크렌츠가 나에게 전화를 걸어왔다.

"자네도 보도를 보았는가?"라고 질문을 했다.

그의 목소리는 약간 당황스럽게 울리고 있었다.

"여행규정이 어떻게 작성되었는가와 관련된 우리의 견해는 무엇입니까?"

아무튼 12월이 되어서도 법으로 인민회의를 통과하지 못했던 정부 명령에 대한 견해가 전화통화에서 가장 적절하게 일치를 보았다. 크렌츠는 국무총리로서 아직 재직하고 있었던 스토프가 처리했던 그 여행규정이 그러한 일을 불러일으켰다고 말했다.

며칠 후, 우리는 촉진시켜야 하는 또 다른 일을 공식적으로 발언할 수밖에 없었다. 다시 말해, 대사관은 이미 꽉 찼다는 것과 체코슬로바키아 사회주의공화국이 그러한 발전을 새롭게 받아들이는 입장을 취할 수 없는 것으로 알고 있다는 언급들이 프라그 측에서 나오고 있었다.

그렇기 때문에 국경을 폐쇄하는 것이 체코 측에서 숙고되고 있을지도 몰랐다. 또는 프라그로 가는 피난민들의 물결이 앞으로 계속된다면, 우리 쪽에서 체코슬로바키아 사회주의 공화국으로 가는 국경선을 폐쇄시키라는 요구를 받게 될지도 모른다.

그렇기 때문에 야케쉬(Jakesch) 정부는 야당으로부터 심한 독촉을 받게 되었다. 결국 우리는 이중으로 강요받는 상황에 놓여있었다. 체코로 가는 국경선이 폐쇄되어 있는 동독지역에 거대한 피난민 야영지가 있었는데, 그 야영지는 우리가 이용할 수 있었던 마지막 야영지였다. 우리가 그렇게 공포를 불러일으키는 환상에 젖어있었기 때문에 11월 9일, "베를린 장벽이 붕괴되는 기적"이 우리에게 일어났던 것이다.

● 그 날이 독일의 역사에서 가장 중요한 자리를 차지할지도 모르는 역사적인 날이 될 것이라는 것을 당신은 분명하게 알고 있었습니까?

역사적인 중요성에 대해서 우리는 아무 것도 감지하지 못했다. 그렇지만 우리는 정부의 기록물에서, 대혼란에서 벗어나는 출구를 찾아낼 수 있기를 그저 바랄 뿐이었다. 그런데 법 초안이 좌절되고 3일이 지나서 중앙위원회가 소집되었다. 내무부 장관은 중앙위원회에서 그가 작성한 정부의 긴급기록물 초안을 크렌츠에게 넘겨주었다.

그리고 크렌츠는 의도된 새로운 여행통제와 관련된 전체회의 소집을 신속하게 통지했다. 그가 전체회의 소집을 앞당긴 이유로 체코의 위협 때문이라 설명했다. 그렇지만 인민들의 반대에 대해서는 일절 언급하지 않았다.

대규모의 시위, 호네커의 실각, 정치국의 뒤죽박죽 지시 때문에 쇼크를 받았던 대부분의 중앙위원회 위원들은 특별한 토의 없이 새로운 여행통제를 받아들였다. 그런데 나는 이때 열렸던 중앙위원회의 회의에 참석하지 않았다. 왜냐하면 저널리스트들과 대화를 나누기 위해 때때로 중앙위원회 회의에 참석하지 않을 수 있었기 때문이었다.

아무튼 17시가 지나서 나는 또다시 회의장으로 돌아와서는 회장단에 있는 크렌츠 바로 옆에 앉았다. 그런데 기자회견을 하기 위해서 자리를 떠야할 시간이 되자, 크렌츠가 나에게 정부에서 작성된 텍스트를 밀어주었다. 그래서 나는 그 텍스트를 대강 훑어보았다. 필수불가결한 것들, 즉 여행의 자유와 출국에 대한 지속적인 권한이 그 텍스트에 포함되어 있었다.

"찬성, 다시 말해서 공식적인 압박에 대한 정신적 부담을 줄이는 것과 반대를 잠깐 동안이라도 신중하게 숙고한 다음에 말을 하십시오. 이 조치에 대한 적절한 브리핑에서 국제 언론기관의 대표기자들에게 저질렀던 실수를 성급하게 정정했었다."고.

요즈음 스스로 시인하게 된 사실을 내가 보고하기로 우리는 의견일치를 보았다. 그러면 "그 사실이 센세이션을 불러일으킨다."는 것을 크렌츠는 그 동안 확신하고 있었던 것이다.

프레스센터로 차를 타고 가는 동안에 나는 작전상 어떻게 적절하게 조치를 취할 것인가 숙고했다. 그래서 1시간이나 걸리는 나의 보고가 끝나기 바로 전, 다시 말해 19시 경에 변화된 여행규정에 대해서 말을 하기로 결심을 했다. 그러니까 사전에, 그리고 무엇보다도 나는 중앙위원회의 회의에서 결정된 것에 대한 정보를 제공하려고 했다. 그래야 기자들이 고통스러운 질문을 할 시간이 거의 없을 것 같았다.

● 저널리스트들이 그와 같은 조치에 속아 넘어갈 것이라고 당신은 실제로 믿었습니까?

그렇게 속아 넘어가지 않을 거라는 것은 오늘의 관점이다. 예를 들면, 그 당시에 동독에서 자유선거를 예고하고, 또 다른 정치국원을 제명하고, 경제정책을 처음으로 수정하는 것을 결심하는 결정과 같은 중앙위원회의 결정이 나에게는 아주 중요한 것 같지 않았다.

국경 개방을 이전에 부수적으로 통지한 사실 때문에 독일 사회주의통일당의 이와 같은 개혁징후들이 재평가 또는 평가절하 될지도 모를 뿐만 아니라 결국 대륙의 정치지도가 근본적으로 변화될지도 모른다는 것을 당시에는 상상할 수도 없었다.

나는 저널리스트들에게 정부가 정치국의 권유를 받아 여행규정을 미리 숙고한 다음에 처리하기로 입안했다는 것을 알렸다. 게다가 기자회견을 하려고 나는 앞마당에서 몇 개의 메모들을 작성했고 법률안을 메모들의 제일 밑에 놓았다. 그런데 내가 이 법률안을 낭독하려고 했을 때, 나는 그 법률안을 바로 찾을 수가 없었다. 왜냐하면 그 법률안이 다른 메모들 사이에 끼여 있었기 때문이었다. 그래서 나는 서류들을 쭉 훑어볼 수밖에 없었다.

그때 한 직원이 나를 도우려고 다가와서는 그 서류를 끄집어냈다. 바로 이 상황에서 종이쪽지를 나에게 슬쩍 쥐어주었던 것 같은 느낌이 들었다. 아무튼 저널리스트들이 센세이션을 불러일으키는 내용을 알게 되었을 때, 그 내용을 전혀 다르게 상상할 수 없었을 정도로 아마 저널리스트들은 무척 어리둥절했을 것이다.

● 그 텍스트가 정확히 어떠한 내용이었습니까?

"외국으로 사적인 여행을 하는 경우에는 전제조건들인 여행 의도와 친척관계 서류를 제출하지 않고도 여행인가를 신청할 수 있다. 그런데 인가서류들은 갑자기 만들어졌다. 게다가 여권사무와 신고사무를 담당하는 동독의 지방경찰청의 부서들은 지속적인 출국을 할 수 있는 효과적인 전제조건들이 아직 충족되지 않아도 지속적인 출국을 할 수 있는 비자를 즉각적으로 교부하도록 지시를 받았다. 따라서 동독에 있는 모든 국경통과 장소들을 지나서 서독 내지는 서베를린으로 가는 지속적인 출국이 이루어질 수 있게 되었다."

● 당시에 당신은 그 텍스트를 더 빠르게 낭독할 수 있었습니다.

내가 재빠르게 낭독을 했기 때문에 저널리스트들은 내가 그 순간 사태에 대해 처음 들었다고 믿을 정도로 그렇게 느꼈던 것이다. 그러나 그것은 사실이 아니나, 나는 이 작성된 대본을 빠른 템포로 낭독을 했다. 왜냐하면, 그 대본이 곤란한 입장에서 나온 하나의 조처였다는 것을 공개하기 전에는 아직 강조하고 싶지는 않았기 때문이었다.

● 이태리 통신사 ANSA의 특파원인 엔리코 에어만(Enrico Ehrmann)이 중간에 한 질의가 물론 당신의 계획을 저지했던 것은 사실이었습니다.

나 때문에가 아니라 중간에 뜻밖에 했던 질의 때문에 내가 센세이션을 불러일으키는 사건을 털어놓고 말았다는 것이 특이합니다. 18시 50분경에 엔리코 에어만이 질문을 해서 말을 하지 않을 수가 없었다.

"당신이 월요일에 여행법규의 초안을 공고했던 것이 실수가 아니었습니까?"

그러니까 그는 월요일 시위에서 너무 긴 이 법규 때문에 일어났었던 군중항의를 암시했던 것이다. 그렇지만 정부의 결정에 따라 절대적인 새로운 여행규정이 "즉시, 지체 없이" 효력을 발생한다는 정보를 나는 상당히 퉁명스럽게 제공했다. 그렇기 때문에 공산당의 관료주의가 그 여행규정에서 생각해냈던 때보다 몇 시간 일찍 난민들은 국경선을 통과할 수 있었던 것이다.

● 당신은 사전에 그 질문에 대해 숙고한 적이 없었습니까?

맞다. 크렌츠는 보도행위가 금지되는 기간에 대해 아무 것도 나에게 이야기하지 않았다. 그렇지만 보도행위가 금지되는 그 기간은 아마 그 기간을 총서기와 상의하지 말아야만 한다고 내무부 장관이 말했던 일종의 시행령의 일부였을 것이다. 그런데도 국방부와 국경경찰부가 11월 10일 밤에 국경선으로부터 새로운 규정들에 대해 어떻게 보고 받아야 하는지가 마찬가지로 행정명령의 초안에 포함되어 있지 않았다.

더욱이 정부 관료가 이 규정들을 바로 다음날 아침 4시에 아나운서를 통해서 큰 소리로 공표하게 해서 이 규정들이 형식적으로나마 효력을 발생하도록 하려고 했던 것이다. 크렌츠는 보도 행위가 금지되는 기간에 대해 스스로 아무 것도 알고 있지 못했거나, 어쩌면 그에게 제출되었던 이 서류들을 특별히 주목하지 않았을 것이다.

그렇지만 이 서류들에는 기교적인 특징들이 있었다. 그러니까 거듭 맹세하건대 메모, 즉 그 서류에는 그러한 것이 기재되어있지 않았다. 그런데도 모든 안전대책이 강구되어 있고 모든 관계자들이 국경개방을 하려는 출발선상에 있다는 가정 하에서 나는 여행자유를 공표하려고 국제 기자회견장으로 서둘러 갔던 것이다.

● 보도 행위가 금지되는 기간이 적용될 수 있을 것이라고 정말로 당신은

믿었단 말입니까 ?

물론 아니다. 몇 시간 전에 최고의 뉴스를 세계의 언론에 전달하고도, 보도 행위가 금지되는 기간인 새벽 4시까지 세계 언론의 입, 타자기 혹은 전화기를 봉쇄하려는 것 자체가 불가능했을 것이다. 그렇기 때문에 저널리스트들은 비웃음을 터트렸거나 그 사실을 조금도 개의치 않았을 것이다.

아무튼 크렌츠가 그런 엉터리 착상을 가지고 나에게 왔을 때, 나는 단호하게 그 엉터리 착상을 말렸어야 했는데 그렇게 하지 못했다. 과거에는 명령에 익숙한 동독의 언론계로서는 더 이상 그렇게 훈련받을 수 없었다. 하물며 회의에 모였던 세계 언론계도 그렇게 훈련받을 수 없었을 것이다. 그런데 나는 외교적 조치마저 취할 구실도 찾지 못했다. 더욱이 크렌츠는 나에게 서류를 줄 때 이러한 것을 말도 하지 않았다.

● 당신은 대략 몇 시간 정도 국경개방을 촉진했기 때문에 국경수비군이 잘 알지 못했습니다. 따라서 그 일이 뜻대로 안될 수 있었을지도 모릅니다.

맞다. 나는 그 순간 더 이상 나 자신으로 존재하지도 않았고 역사의 꼭두각시에 지나지 않았다. 그런데다 새벽 4시까지 아직 비공개리에 집무를 보고 있는 정부는 이미 말한 바와 같이 나라의 도처에 있는 국경검문소 초소에 국경개방을 알릴 시간이 있다고 잘못 파악했던 것이다. 그렇지만 기자회견 바로 직후에 특히 베를린에서 급속하게 증가했던 난민들은 국경의 개방을 '시험'해보려고 했다.

그래서 상황이 역설적으로 확대되었다. 나의 보고에 대한 소식은 이미 30분 내에 오스트레일리아의 수도 켄베라에 도달했을 것이다. 그러나 기자회견장에서 몇 킬로미터 떨어져 있는 베를린 국경초소까지 그 소식이 전달되지는 못했다.

베를린에 있는 통행 장소에서 여러 시간 동안 일어났던 불확실한 위험상황이 그 증거다. 이날 밤 베를린에서 나왔던 텔레비전 영상들과 신문 사진들이 세계로 배포되었고, 그 사실 때문에 오늘날까지 극적인 시간들에 대한 기억이 **마음속 깊이** 새겨져있다.

그렇지만 유혈사태가 어디에서도 일어나지 않았다는 사실이 거의 파악되고 있다. 왜냐하면, 다행스럽게도 국경초소들은 자율적으로 반응을 나타냈기 때문이다. 그래서 역시 전체적인 분위기는 좋았다. 물론 국경의 양쪽에 있는 사람들의 평화적 행동이 전체적인 분위기에 기여했던 것은 사실이다. 결국 전체적인 분위기가 베를린 장벽이 평화적으로 붕괴되는데 결정적인 역할을 했다.

● 국경을 통과하는 장소들에서 무슨 일이 일어났는지를 당신은 어떻게 들어서 알고 있었습니까?

기자회견을 한 다음에 몇 시간이 지나서 '기적'을 목격하게 되었다. 따라서 전환기 때문에 장기적인 스트레스가 겹쳐서 생겼지만 그때까지 나는 일종의 만족을 느꼈다. 뿐만 아니라 전술적인 세략을 쓰지 않으면 되지도 않았겠지만, 우리는 보잘것없고 내용이 없는 공식발표를 하지 않았지만 처음으로 늦지 않게 세계 언론에게 중앙위원회의 정보를 충분히 전달했다. 그리고 나는 우리의 일이 계획대로 되고 있다는 것을 확신했다. 어쩌면 탈출의 파도가 가라앉을지도 모른다고 생각했다.

왜냐하면, 그들은 자유롭게 여행을 하고자 했고, 차별대우 없이 외국으로 여행을 하고자 했을 뿐이니, 인기 없는 동독에게 등을 돌리고자 했던 자도 더 이상 서둘러서 그 나라를 떠날 필요가 없어졌고, 게다가 서독에서 즉시 일자리와 거주지가 있을 것으로 생각되지 않는다는 사실이 뚜렷해지면, 당사자는 다시 동독으로 귀환할 것이고, 나중에 다시 서독 행을 시도할 수도 있기 때문이었다. 그 사이에 우리가 개혁자가 된 것을 그들이 알게 될지도 모르며, 그러면 동독은 점차적으로 안정될지도 모른다고 생각했다.

전에 나 자신을 진정시키는 환상이었던 이 비전에 내가 몰두해 있는 동안, 동독 공산당 고위층의 집단 주택촌에 있는 나의 집 전화기가 날카롭게 울렸다. 동독 사회주의통일당의 행정구역을 담당하고 있던 한 직원이 당황해서 신고를 한 것이었다. 그러니까 본 홀름 거리에 있는 국경교차점에 많은 사람들이 몰려드는 진기한 일이 일어났다는 것이다. 그러나 국경수비병들은 그 사람들이 국경을 통과하지 못하게 막고 있다고 했다.

"아무리 그래도 그런 일은 있을 수 없습니다."라고 나는 말을 하면서 올라오는 분노를 참았다. 정말 또 다시 한 가지 실수를 저지르고 말았다. 그래서 국경수비병에게 지시를 할 때, 도대체 누가 그곳에서 일을 망쳤는가를 바로 생각해 보았다.

그리고 바리케이드가 그 사이에 제거되었는지를 조사하고 나서 또

다시 국경수비병이 나에게 전화를 걸어줄 것을 요청했다. 조금 후에 전화벨이 다시 울렸다. 그렇지만 국경 교차점에는 아무 것도 달라진 것이 없었고, 그 사이에 군중이 훨씬 더 많아졌다는 보고가 올라왔다. 그러나 어느 누구도 국경선을 통과하지 못했다.

정치국원의 시시한 권력자에 불과했던 나는 본홀름 거리에 있는 국경교차점에서 일어난 실수를 해결하기 위해서는 베를린으로 꼭 가야할 필요성을 느끼고 그곳에 가기로 바로 결정했다. 그렇지만 어두운 창문들이 나에게 설명하고 있는 것처럼, 동독 공산당 고위층의 집단 주택촌에 있는 사람들은 모든 잠들어 있었다.

게다가 비스바이어 거리에서 본홀름 거리까지 움직이지 않고 줄지어 늘어선 자동차 행렬이 우리가 가는 길을 계속 막고 있다는 것을 쉔하우스 거리로부터 멀리 떨어져 있는 곳에서 이미 나는 알아차렸다.

또한 국경선 교차점 방향에 있는 트라비 자동차들, 바르트부르크성, 냉각기 커버가 본홀름 거리로 진입하는 것조차 막고 있었다. 따라서 우리가 그것들을 뚫고 빠져나가는 것은 불가능했다. 그런데도 난민들이 성벽으로 몰려가는 것이 놀라웠다. 우리가 너무 사람들의 욕구를 얼마나 과소평가했었단 말인가!

나는 길게 줄지어 서있는 자동차들을 향해 돌진해 가서는 몇 대의 자동차에 탑승한 동승자들에게 나를 통과시켜줄 것을 간청했다. 그들은 나에게 빠져나가라고 친절하게 손으로 신호를 보냈다. 그런데 하인리하-하이네 거리의 교차점에서 또 다른 일이 발생했다. 그때까지만 해도 나는 여전히 본홀름 거리의 교통체증은 예외적인 경우일 것이라고 생각했다. 그래서 하이네 거리에 있는 초소에서 관용전화로 본홀름 거리에 있는 국경 수비대원에게 차단기를 들어 올리라고 했다.

그런데 내가 도착했을 때, 하인리히-하이네 거리에 있는 국경교차점에 빽빽하게 모여 있는 사람들을 보았다. 그때서야 비로소 교통체증이 왜 일어났는지를 숙고해 본 나는 불안해졌다. 이 순간에 한 일반시민이 나에게로 가까이 다가와서 신고하는 어조로 억양을 붙여서 말했다.

"샤보프스키 동무, 근래에 국경수비대가 사람들을 통과시키고 있습니다. 그런데 특별한 일도 일어나지 않았습니다."

그 일반시민은 아마 샤보프스키가 국경의 가까운 곳에 배치시켜 놓았던 밀에케(Mileke) 부하들 중의 한 명이었던 것 같다. 생각해보면, 그것은 정말 웃기는 이야기였다. 왜냐하면, 쇠로 된 빗장을 여는데 28년이 걸렸기 때문이다. 아무튼 국경은 개방되었지만 공안요원은 그때 특별한 일을 발견할 수가 없었다.

그렇지만 얼마의 시간이 경과하고 나서야 비로소 이 순간의 역설적 사태를 의식하게 되었고, 그 사실에 대해 설명을 해주었던 사람들처럼 나도 그 역설적 사태에 대해 비웃을 수 있었다. 하인리히-하이네 거리에 있는 사복을 입은 경비원이 내가 걱정하고 있는 질문에 대답을 해줬다.

"아닙니다, 모든 일이 아주 잘 되고 있습니다. 사람들은 환상적인 분위기에 싸여있고, 그들은 자신의 주민등록증을 가지고 있다는 사실 때문에 위안을 느끼고 있습니다."

내가 '주민등록증을 휴대하고 있으면서' 이 말을 들었을 때, 나는 동독이 위험에서 벗어났다는 생각을 했다. 인민들이 자유롭게 움직일 수 있었을지라도, 그들은 국경선을 무너뜨렸던 것이 아니라 국경선을 준수했다. 그래서 나는 적잖이 안심이 되었다. 왜냐하면 점진적으로 상승되던 위험이 사라진 것 같았기 때문이었다. 다음 날 모든 사람에게 스탬프가 효력을 발휘하게 되는 국경의 특수지점들이 설치되었다.

● 중앙위원회에 있는 다른 사람들도 안심을 했습니까?

동독 공산당 고위층의 집단 주택촌으로 돌아와서 크렌츠에게 전화를 걸었다.

"지금 잘 되어갑니다. 그런데 베를린 국경수비대원이 보고할 때 어떤 불쾌한 과오가 있었던 것이 틀림없습니다. 그러나 지금은 순조롭게 진행되고 있는 것 같습니다. 그렇지만 사람들이 엄청나게 몰려나왔습니다. 그래도 사람들은 기분이 좋았습니다."

내가 그에게 말했을 때, 그는 나의 의견에 찬성했다.

"우리는 그 사실을 긍정적으로 생각할 수 있습니다. 그런 일들은 또다시 발생할 것입니다."

그 과오에 대해서 아무 말도 하지 마세요. 하물며 보도 행위가 금지되어있는 기간이 엄수되지 않았다고 비난을 하다니 당치도 않는 말이다. 그 다음 날, 중앙위원회는 술에 취한 기분처럼 휩싸였다. 언젠가 아침 식사 때 대화가 장벽개방에 미쳤다.

그때 크렌츠와 밀케의 반응이었다.

"어떻게 일이 그렇게 진척될 수 있었는가."

논평에서까지, "누가 우리에게 그 일을 저질렀습니까?"

나는 모든 것을 경청한 다음 이렇게 생각했다.

'그렇다면 내용 없는 너희들의 질문에 당신들 스스로들 대답하라. 물론 그렇게 생각하는 것이 색다른 일일 것이다.'

왜냐하면, 국경수비 대원조차 다음 날 아침에 무슨 일이 일어날 것인가를 잘 알 정도였기 때문이었다. 그렇지만 어느 누구도 저녁에 사람들이 엄청나게 몰려나올 것이라고는 생각지 못했다.

● **동독의 정치인과 시스템에서 장벽의 개방이 무엇을 의미했습니까?**

장벽개방은 우리가 다수 인민의 거의 전원이 찬성하는 동의를 잠시 동안에 받아내었던 유일한 처방이었다. 그래서 사람들은 행복해 하였다. 따라서 이제 아주 기분이 나쁜 속박은 사라졌다. 그러나 장벽개방과 더불어 동독의 종말이 시작되었다는 것을 정말 예감하지 못했다.

반대로 우선 나타나고 있었던 안정화되어가는 과정만을 우리는 생각하고 있었다. 결국 동독의 인민들도 개화된 다른 국가들의 시민들처럼 자신들의 여행욕구에 몰두하고 있었던 것이다. 그렇지만 대부분의 사람들은 서독으로 건너갔다가 다시 돌아왔다.

물론 많은 당원들은 장벽개방에 동의하지 않았다. 왜냐하면 그들은 그렇게 오랫동안 이 국경과 장벽을 지켰거나 국경과 장벽의 정당함을 인정하고 있었으므로 자신들이 기만당한 것으로 느꼈기 때문이었다. 게다가 당시 노동 상황에 미치는 효과들도 나타났었다.

뿐만 아니라, 우리들 가운데 몇 사람들은 즉시 신경질적으로 되었고 큰 혼란이 일어난 것처럼 그렇게 행동했다. 명목상으로 공장 노동자의 20%가 가끔 출근하지 않았다고 한다. 그러니까 그때는 단순히 이상하게 생각될 수밖에 없었다. 그러나 결국 일주일도 안돼서 그 문제가 또 다시 불거졌다.

그러니까 전체 계획은 제대로 되어가지 않았고, 제대로 되어갈 수도 없었다. 왜냐하면 개방이 사회체계의 다른 본질적인 변화들로부터 좌우에서 호위를 받지 못했기 때문이었다. 그렇다고 사회체계가 개방을 좌우에서 호위할 수도 없었다. 그런데 자유와 민주의 방향으로 또다른 온갖 완화가 이루어지다보니 사회체계에 스스로 결손이 생겼을 뿐만 아니라, 결국 사회체계가 스스로 무너지는 일이 일어나고 말았는지도 모른다.

● 당신의 입장에서 11월 9일은 오늘날 무슨 의미가 있습니까?

나의 경우에 11월 9일은 독일 통일을 이룩했던 역사적 격변을 10월 3일보다 훨씬 더 강하게 새겨놓은 날짜다. 10월 3일에 대해서는 다소 우연적인 선택이었다는 합법적인 결론을 내린다.

그렇지만 11월 9일에 대해서는 역사가 판결을 내린다. 인증요청도 없이, 그러니까 인민의 비폭력 혁명은 정부의 종말까지 내포하고 있는 양보를 정부가 하도록 강요했던 것이다.

그렇다고 통일이 그렇게 빨리 이루어지리라는 사실을 서독과 동독에서도 그날 아무도 예측할 수가 없었다. 왜냐하면 실제적인 것을 은폐하고 활동을 하고 있는데다 서독에 있는 저명한 정치 수뇌부들조차 두 독일의 공존을 고수하기로 하였기 때문이었다. 브리기테 제바허 (Brigette Seebacher)가 쓴 브란트 - 전기도 그 사실을 증명하고 있다.

빌리 브란트(Willy Brandt)의 주위 사람들은 브란트의 "짝을 이루고 있는 것이 지금 하나로 합쳐지고 있다."라는 말에 동의를 하고 있었다. 그렇지만 이 말은 역사적인 측면에서 보면 다음과 같다.

당신의 차원에서는 망원경이 때때로 현미경보다 더 적합하다. 나처럼 오늘 1989년 11월 9일에 대해서 말하고 있는 자는 일종의 시대에 뒤진 사람으로서 지나간 역사에 대해 이야기하고 있다는 감정에서 자유롭지 못하다.

● 그렇지만 결국 장벽이 모두 무너졌다는 사실이 결정적인 것입니다.

그렇다. 베를린 장벽의 개방은 철의 장막을 따라 설치되어있는 국경시설들을 철거하는 것을 의미하며 이미 1989년 5월부터 시작했었던 헝가리의 대담한 모험보다 훨씬 더 큰 공감을 얻었다. 그리고 그 성명도 불을 보듯 분명하다. 그런데 그 장벽은 오래 전부터 20세기 갈등에 대한 은유의 상징이었다.

또한 그 장벽은 통상적이면서 정치적인 건축양식의 불가사의한 작품, 부정적 측면에서의 매력적인 것, 우리 사회주의의 기도(企圖)에 대해서 세계가 내린 유죄판결의 증거였다. 그리고 그 장벽은 우선 자신의 인민들을 단지 규제와 총으로 국경 내에 붙잡아둘 수 있었던 체제의 취약함을 스스로 시인하고 있다는 것을 나타내고 있었다.

그 장벽은 - 베를린과 모스크바의 건축업자에게는 훨씬 더 좋지 않지만 - 공산주의의 대담한 시도가 좌절되었다는 것을 대체로 미리 표시해주고 있었다. 게다가 다른 사회주의 국가들에서처럼 소련연방에서도 사회내부의 갈등들이 지속적으로 꺼지지 않고 타올랐음에도 불구하고 그곳에서 비교적 손상을 입지 않은 애국적 프레임 덕분에 그 갈등들이 확실히 은폐되었지만, 그렇게 지속적으로 그리고 분명하게 나타나지 않았던 사회내부의 갈등들이 그 장벽 때문에 분명하게 나타나게 되었다.

뿐만 아니라, 공산주의식 세계개혁은 전제정치와 같고, 인간을 억압하는 환상이라는 것을 그 장벽이 구체적으로 설명을 해 주었다. 또한 그 장벽은 많은 칭찬을 받고 있는 국제 무산계급이 예의바르게 현혹되어서 타락하게 되었다는 것을 말해주고 있었다.

그리고 그 장벽은 후르시쵸프(Churschtschow) 치하에 있던 소련지도부가 2차 세계대전 이후 얻게 되었던 보루의 사제(斜堤)를 사수하기로 결심했었다는 것을 암시하고 있었다.

더욱이 독일 사회주의통일당은 모스크바로부터 부여받은 권력을 사용하여 소련의 이해관계를 대변하는 지방총독의 기능을 수행했다. 그런데도 매년 14만과 33만 1,000명 사이의 인민들이 노동자와 농민들의 국가에 등을 돌렸던 이후로 1,322명이 탈주를 했던 1961년 8월 9일의 탈주자 총계는 동독이 생긴 이래로 일일 최고 수준에 이르렀다.

그런데 울브리히트(Ulbricht)가 동독을 사랑하기 때문이 아니라, 높은 피의 대가로 얻어진 전술상의 영토이득을 상실할 것을 우려하는 당당한 두려움, 그리고 동구권에 있는 다른 국가들이 동요될 수 있다는 근심 때문에 모스크바는 그 장벽을 구축하였던 것이다.

물론 철의 장막의 공고화는 지방총독들의 이익 때문이기도 했다. 그러나 역사에 대한 올바른 태도는 소련이 배후관계가 된 동기와 소련이 배후관계에서 얻은 권한을 언급하도록 요구하는 것이다.

결국 장벽은 서방세계의 도움과 조언을 필요로 하지 않는 상태를 분명하게 밝히는 것이었다. 따라서 서방세계의 도움과 조언을 필요로 하지 않는 상태 때문에 장벽이 구축되었던 것이 틀림없다. 그리고 현재의 상태를 인식하는 근거와 동서 진영의 대량살상 핵무기의 규모 때문에 말 치레로 하는 항의만 허용되었던 것 같았다.

그렇지만 반항하는 600만 명의 인민들이 경우에 따라서 영구적으로 현재의 상태를 오래 지속시킬 것처럼 보이게 만들었던 강대국들의 핵무기 과잉보유보다 더욱 큰 영향을 장시간 미칠 수 있다는 것을 28년이 지나서야 장벽붕괴가 뚜렷하게 각인시켜 주었다.

역사는 자신이 나아가야할 진로로 계속 나아갔다. 우리의 전환기 시도는 11월 9일까지 덜커덩 소리를 낼뿐만 아니라 삐거덕거리면서 진행되었다. 마찬가지로 이 역사적인 날도 진행이 되었다. 덕분에 대변동 때에 우리는 조그만 찰과상도 입지 않았다.

그런데 28년을 지각했지만 동독은 장벽개방으로 개혁될 수 있다고 믿었던 것이 치명적인 과오였다. 아무튼 1961년 8월 13일에 우리는 동독을 안정시키기 위해서 황량한 정치적 건축물을 지었던 것이다.

그런데 1989년 11월 9일에는 우리는 동독을 구하기 위해서 장벽을 허물기 시작했다. 그러니까 그 두 가지 사항은 동일한 목적을 추구했지만 서로 상반되는 두 가지 모험이었다. 그런데 두 가지 모험은 실패로 끝났다. 따라서 사회주의적 이데올로기 사회에서의 삶이 유용한가라는 질문에 대한 응답이 되었을 것이다.

2

서독에 있는 풋내기
민주주의에 익숙해지다

● 1990년 이후 당신이 법정에 세워질지도 모른다는 것을 고려했습니까?

그 사실 때문에 내가 소송을 당할 것이라고는 상상하지도 못했지만, 검찰이 나를 소환했다. 예를 들면, 나는 사격명령과 관련된 책임에 대해서 조회를 받았다. 처음에 나는 사법적인 의미에서 사격명령과 관련되어 책임이 없다는 생각을 여전히 하고 있다. 이미 한계에 달했던 정부의 적절한 결정들이 내가 전성기를 누리기 전에 정치국에서 내려졌다. 그리고 나는 겨우 1984년부터 정치국원이 되었다.

그렇지만 나는 호네커가 관리하고 있는 동독의 최고 군사권한을 행사하는 국가국방위원회의 위원도 아니었다. 결국 나는 호네커의 실각 후에, 동독의 시대에 이미 한계에 달했던 비인간적인 정부를 처음으로 제거한 정치국원이었다는 사실을 나는 증거로 끌어댔다.

그렇기 때문에 형법상으로 박해를 받을 것이라고 생각해본 적이 없다. 또한 그때까지 정부의 희생자들이 되고, 장벽에서 죽은 자들에 대해서 공동으로 책임지는 것을 나는 생각하지 않았다.

● 당신에게 소송을 제기할 것이라는 것을 당신은 예상하지 못했습니까?

우선, 나는 그 사실을 전혀 문제 삼지 않았다. 나는 단순히 소송사건에 대해 조회를 받았다. 물론 반복되는 심문들을 받은 몇 주 후에야 변호사를 선임하겠다고 주장했다. 훨씬 후에 나와 다른 사람들에게 제기되었던 소송을 준비하는 것이 중요하다는 것을 나는 분명히 알게 되었다.

● 그 사실이 당신을 정말로 깜짝 놀라게 했습니까?

그렇다. 나는 유일한 정치국원으로서 과거에 깊이 몰두했었다는 자서전을 그 사이에 출판했다. 그 출판사는 동독에서 내가 살아온 삶을 책으로 쓰도록 제안을 함으로써 처음에는 전혀 의식하지 못했었던 유례없는 기회가 나에게 주어지게 되었다. 뿐만 아니라, 자서전 출판 때문에 자아가 비판적으로 성찰될 수 있게 되었고, 그와 더불어서 개인적인 책임과 죄과가 인식될 수 있게 되었으며, 고백할 수 있게 되었다.

자서전 출판은 무감각한 포기의 상태를 벗어나기 시작하는 계기가 되었다. 물론 그 때에는 여전히 한계들이 있었다. 그렇기 때문에 나 또한 어쩌면 당시에는 불운의 장벽에서 죽은 자들에 대한 책임을 떠 넘겼던 피고인들과 마찬가지일지도 모른다는 생각이 더욱 떠오르지 않았을 지도 모른다.

● 그러나 그것 역시 심문(審問)의 주제였습니다.

나는 동독의 최고의결위원회인 정치국의 위원으로서 이 책임을 면할 수 없었기 때문에, 아무튼 장벽에서 일어났던 총격들에 대한 결정권이 나에게 있었다는 것을 나는 처음으로 점차 분명하게 알게 되었다. 결론적으로 우리는 헌법을 통해서 절대 권력을 가졌었던 것은 사실이다.

● 검사들이 당신에게 그 사실에 대해 깊이 검토하게 하지 않았습니까?

검사들은 신중하게 조치를 취했다. 그들은,

"언제부터 당신은 정치국에 있었습니까?"와 같은 질문을 했다.

그래서 대답했다.

"나는 비교적 늦게 1984년이 되어서야 정치국원이 되었습니다."

그런데 검사들이 일정한 노선을 추구하고 있다는 것을 점차로 알게 되었다. 그래서 나는 정치국원들의 기능과는 별도로 개별 정치국원들의 권한을 평가하기를 바랐다.

다시 말해서 개인적인 책임이 중요했다. 그래서 나는 나 자신의 책임을 더 광범위하고 더 깊게 검토하기 시작하였다. 가장 심하게 첨예화되었던 것은 장벽에서 일어났던 총격에 대한 입장을 내가 찾아내야만 했다는 것, 내가 권력의 정상에 있을 때 장벽에서 사람들이 죽었다는 것, 그래서 그 직접적인 책임이 나에게 있었다는 것이었다. 1995년의 일이었다. 그러니까 재판이 있기 3년 전 일이었다.

● 그렇지만 범행시점에서는 효력이 없었던 서독의 판결에 따라 당신은 기소되어야 합니다. 당신은 기소되는 것을 전승자의 사법권으로 간주했습니까?

아니다. 통일된 독일에 살고 있는 사람들이 희생자들의 명예를 회복시켜주기를 기대하는 망상을 하지는 않았다. 그렇지만 독일연방공화국의 사법기관은 그 모든 것이 어떻게 일어날 수 있었는가.

사람들이 동독에 살기를 단지 원하지 않았을 뿐인데 사람들은 왜 목숨으로 지불해야만 했는가를 정확히 조사하는 것, 이외에 다른 선택의 여지가 전혀 없었다.

그렇다고 해도 누가 그 사실에 대해서 책임이 있는가 하는 문제에는 법률적인 차원뿐만 아니라, 도덕적 차원의 측면도 있었다. 다시 말해서 '전승자 사법기관'이라는 레테르는 허위였고 독선적이었다. 그러므로 나는 소송을 개시할 때도 그 사실을 숨기지 않았다.

● 당신이 기소되어야 한다는 것을 알았을 때 당신은 쇼크를 받았습니까, 아니면 당신은 그 사실을 예상했습니까?

기소당한 것은 더 이상 쇼크가 아니었다. 왜냐하면, 내가 기소 당할지도 모른다는 사실이 오랫동안 이미 예고되었기 때문이다. 그렇지만 나의 경우는 기소당한 다른 정치국원들의 경우들과 다르다는 견해를 가지고 있었다. 어쨌든 간에 그들은 나보다 훨씬 더 오랫동안 정치국원의 지위를 가졌기 때문에 기소되었던 결정들에 직접 관여했었다.

그 이외에 전술한 바와 같이 나는 3명의 책임자 가운데 한명이었고, 호네커의 면직을 촉진시켜서 과도기 단계가 되도록 했었다는 사실 때문에 나에게 경감하는 차별이 있을지도 모른다고 생각했다. 그렇지만 나의 저돌적인 생각이 거절당하고 말았다. 이 사실이 타격이었다. 그래도 나는 순응했지만, 그 소송이 역시 공정한 소송이었다는 것을 재빨리 알아차렸다. 왜냐하면 그 재판관은 아주 공정했기 때문이었다.

소송하는 동안에 내가 부대소송으로 알게 되었던 죽은 희생자들의 친족들과 마주 보고 앉았을 때, 형식상으로 합법적인 이유들을 들어서 책임을 피하려고 말머리를 돌리는 것은 아주 시시한 짓이라는 것을 알게 되었다. 또한 그들이 동의하지 않았었던 체제에 등을 돌리는 것만 기억했던 인민들을 내가 대표했던 정부가 죽였기 때문에, 그 정부는 범죄시되고 말았다.

● 당신은 유가족들의 비난에 직접적으로 반응을 나타냈어야 했습니까?

아니다. 비난은 변호사를 통해서 표명되었다. 그렇지만 당황한 사람들의 맞은편에 앉아있는 것만으로도 충분하다. 아직 약간의 예의범절이 있다면, 이 죄에 대한 심한 비난을 감수하는 것이 더욱 똑바르다는 것을 즉시 느끼게 되었다.

● 소송 동안에 왜 당신이 비로소 나중에 이러한 인식을 하게 되었는가를 당신은 다시 한번 설명하고자 했습니까?

나는 설명하고자 시도했다. 그렇지만 그 시도는 소송상황에서는 물론 아무 것도 바꾸지 못했다. 마음에 걸리는 것 때문에 계속 괴로워했을 정도로 그 시도는 그렇게 이루어지지 못했다. 그런데 세계를 근본적으로 개혁하는 것을 계획하기 위해서는 이데올로기적으로 현혹시켜서 모든 사람이 정당하다는 것이 인정되어야만 했다. 모든 사람이 정당하다는 것은 어떻게 되어갔는가?

별로 오래 살지도 못했던 제국주의 노동자 계급의 적은 - 그 적은 그렇게 정확히 규명될 수 없었다 - 자신의 뜻대로 되는 모든 술책을 써서 언젠가 자신의 몰락을 막았다. 그렇지만 동독을 위태롭게 하는 것은 바로 몰락이었던 것이다. 그러니까 한계에 처한 우리 정부는 제국주의 적대자에 의해서 교사(敎唆)되었던 것이다. 그렇지만 생명의 위험을 무릅쓰고 탈출을 하였던 자는 한계에 달했던 정부에게 잡히고 말았다.

대충 이야기를 한다면, 스스로 정당함을 인정한다는 것이 그렇게 보였던 것 같다. 따라서 그 이전에 깊숙이 자리 잡고 있는 죄책감이 없었기 때문에, 자신의 죄와 책임을 파악하는 것이 나중에는 심히 고통스러웠다. 그렇지만 여전히 오늘도 얼마나 많은 사람들이 현안을 일소(一掃)하는 것을 거절하고 있는가?

그리고 여전히 적을 몰아내는 사유도 때때로 이데올로기적으로 현혹시키기 위한 것이었다. 국방부와 군대 내지는 국경수비군은 적을 몰아내는 권한이 있고 책임이 있는 것이었다. 왜냐하면, 그들이 국경의 방어를 튼튼히 해야만 하는 주무기관들이기 때문이다.

● 당신은 장벽에서 희생된 이들에 대하여 어떻게 알고 있습니까?

나에게 상냥했던 서방의 신문들을 보고 나는 국경선 근처에 있는 독일 내국인들이 죽었다는 것을 되풀이해서 알게 되었다. 그런데도 그 사이에 정치국에서 우리는 국경지방에서 일어났던 살해들에 대해서 직접 보고받지 못했다. 그 사실은 노동자 계급의 적대자가 의사일정을 정치국에 강요했다는 것을 인정한다는 것을 의미하는지도 모른다.

그렇지만 '저지되었던 국경을 돌파하는 것'에 대한 보고를 받는 회의에서 경우에 따라 서류가 회람되기도 했다. 그러나 회람된 서류는 결의안의 적합성을 판단하기 위한 필독서가 아니었다. 더군다나 살상(殺傷)들은 그 서류에서 언급되지도 않았다. 뿐만 아니라 회람을 열람하거나 열람하지 않는 것은 전적으로 정치국원에게 맡겨져 있었다.

● 당신은 정치국 동료들과 같이 법정에 함께 앉아있었습니까? 당신은 그들과 같이 당신이 공유하고 있는 과거에 대해서 환담을 나누었습니까?

물론 우리는 때로는 몇 마디 말을 교환했다. 그때에는 공유하고 있는 과거가 거의 중요하지 않았다. 그리고 법정의 질책들에 대한 견해에서 일치점들이 없었다. 또한 크렌츠가 표명했던 '전승자 재판소'의 질책에 대한 진술에서 나는 견해의 일치점이 없다는 것을 이미 명백히 했다.

● 크렌츠는 법정에서 한 발표에서 당신을 나중을 위해 아껴두었습니다.

그가 진술한 것들에 따르면 그는 독일 사회주의통일당의 일반적 견해와 독일 사회주의통일당 - 후계자의 견해를 완전히 심사숙고했던 것이 사실이다. 그는 법정에 출석해 있었던 정당에 남아있는 사람들이 지고 있는 연대책임에서 벗어나 있다고 느꼈다. 그러므로 그의 입장에서 직접적인 혹은 명백한 적대행위는 참으로 없었다. 그렇기 때문에 그는 나에 대한 분노로 가득차서 되풀이해서 의견을 말했던 독일 사회주의통일당 - 사람들을 방문객 의자에 앉아있도록 했었다.

● 분노로 가득차서 되풀이해서 말했던 의견은 어떤 종류의 표현들이었습니까?

그 의견은 대부분 배신자에 대한 저주(詛呪)로 절정에 이르렀다. 왜냐하면, 배신자가 노동자계급의 적에게 도움이 되는 일을 자원하였기 때문이었다. 그래서 몇 명의 독일 사회주의통일당 - 지지자들은 나에 대해서 더구나 분명하게 알고자 했기 때문에 때때로 법원 입구 앞에서도 욕설을 하는 일이 있었다. 그렇지만 내가 동일한 방식으로 대답을 했기 때문에 그들은 꽁무니를 빼고 말았다.

● 그 사실이 소송을 통해서 상세히 보고되었다. 그리고 당신은 보고되었던 것을 확실히 계속 추구하려고 노력하였다. 당신은 언론이 그 소송을 어떻게 다루었다고 생각하십니까?

법정에서 했던 나의 진술들이 어느 정도 거의 완벽했다는 것을 긍정적으로 평가하고 있다. 나는 진술에서 독일 연방법원과 독일 사회주의통일당 - 사람들과의 충돌에만 국한하는 것이 아니라, 그 충돌을 넘어섰기 때문에, 아마 나의 진술들이 어느 정도 거의 완벽했다. 그렇지만 대체로 막스와 레닌의 이데올로기에 의한 이념적 현혹은 역시 문젯거리였다.

● 검사의 웅변술 때문에 당신이 어려운 상황에 처한 적이 있었습니까?

검사가 나의 자아비판적이고 체제비판적인 인식을 남을 속이려는 언동으로 평가하려고 시도했다는 것 때문에 정말 분개했다. 당시에 나는 법정소송에 대한 경험이 없었다. 그래서 경우에 따라서는 검사가 어떤 과장된 웅변술도 직업적으로 사용한다는 것을 최근에서야 알았다. 끊임없이 그 검사는 나에게 최고 형량인 7년 징역을 구형했다. 그렇지만 판사는 공정했기 때문에 3년을 선고했다.

● 당신은 거의 1년이라는 소송기간이 지난 후에 3년 선고를 예상했습니까?

변호사들은 나로 하여금 3년 선고에 대한 준비를 하게 했었다. 더구나 형량에서 재판소의 갈등이 분명하게 드러났다. 외형상으로는 많은 살인에 대한 책임이 있었다. 요컨대 내가 정치국원이 되었던 그 순간부터 국경에서 일어났던 총살에 대해 연대책임이 있다는 결론을 법정이 내렸다. 그 법정의 결론이 20년 징역인지도 모른다. 그렇지만 개인적인 경우들도 합산이 되었으면 좋았을 것이라고 생각한다. 아무튼 내가 유효하게 관철시켰던 상황들을 숙고한 법원의 조사 덕분에 연대 책임을 지는 일은 일어나지 않았다.

● 판사가 판결언도에서도 그 사실을 강조했습니까?

나의 책이 출판되기 오래 전, 다시 말해서 소송이 있기 오래 전에 내 과거에 대해 이미 토론하기 시작했다는 사실을 판사가 언급했다고 믿고 있다. 그런데 나에게 주어졌던 유예기간에 나는 투옥되었다.

그때가 1999년 12월 중순이었다. 그에 반해서 크렌츠는 유럽법원을 통해서 판결의 각하(却下)를 청구했다. 그렇지만 그 각하(却下)의 청구가 브뤼셀에서 기각(棄却)되었을 때, 비로소 그는 투옥되었다.

그가 구금(拘禁)당했을 때, 나는 그를 걱정했고 그에게 감옥에서 지켜야할 규정들과 조건들을 알려주었다. 왜냐하면 갑자기 기결수(旣決囚)로 강등이 된다면, 그 사실을 극복하는 일이 얼마나 어려운지를 알고 있었기 때문이다. 또한 죄수로서 가지고 있는 공통의 문제들이 이념적인 차이보다 당장 나에게 더욱 중요했다.

● 크렌츠는 당신의 도움에 대해서 감사했습니까?

아마 모든 사람이 그렇게 지낼지도 모른다는 상황이 그를 당황하게 만들었을 것이라는 생각을 나는 이미 하고 있었다. 그런데 별로 늦지 않게 크렌츠는 하켄펠데에서 플뢰첸제 교도소로 이감되었다. 왜냐하면 그가 하켄펠더에 도착한 이후 하켄펠더 주변에 있는 언론에서 그에 대한 잡담을 다루는 일이 증가했기 때문이었다.

● 당신은 어떻게 지냈습니까?

처음에 나는 3명의 다른 사람들과 같이 독방의 초라한 집에 웅크리고 앉아있었다. 그들은 규칙을 엄수하지 않았다. 다시 말해서, 나는 임의적으로 실내근무를 떠맡았기 때문에, 뜻 깊은 근무를 했다. 그런데 약 6주가 지나자 독방이 비었다. 그때부터 나는 독방에서 내 마음대로 할 수가 있었다. 독방에는 침대 하나가 있었고, 선반 하나, 옷장 하나, 세면기 하나가 있었다. 독방 밖에 있는 복도에는 샤워시설이 있었다. 그러니까 나는 생활에 필요한 모든 것을 갖추고 있었다.

● 당신의 감방동료들은 어떠한 상태에 있었습니까?

나는 하켄펠데에서 중범죄자들 사이에 있지는 않았다. 사기, 절도와 강도 및 성범죄들이 감방동료들의 가장 빈번한 위법행위였다. 그런데 첫 번째 인상은 이 사람들이 나와의 대화에 매우 관심을 나타냈다.

처음에 그들은 장벽개방과 더불어 그런 일이 어떻게 발생했는지를 나에게 강하게 질문을 했다. 게다가 그들은 나의 방에 자주 들락거렸다. 왜냐하면, 감방의 문이 열려있었기 때문이었다. 또한 죄수의 절반 이상이 외국인들이었다. 그래서 관청에서 온 우편물을 번역하거나 변호사와 접촉을 하는 것이 문제가 될 때마다, 그들은 나에게 도와줄 것을 여러 번 요청했다. 그러니까 나는 할 일이 없었던 것이 아니었다.

● 감옥에서는 하루의 일과가 어떠했습니까?

하루 일과는 주로 식사시간에 따라 정해져 있었고, 식사를 수령해서 독방으로 가져와야 했다. 왜냐하면 식당이 별도로 없었기 때문이었다. 투옥된 국경에 있었던 몇 명의 장성들은 나와 만나는 것을 피하고 싶어 했다. 내가 급식행렬에 끼어들었을 때, 그들은 바로 슬쩍 도망쳐 버리곤 했다.

왜냐하면, 그들은 그 사이에 내가 동독에 대해서 다른 태도를 취했다는 것을 알았기 때문이었다. 그들은 지금도 집요하게 이전의 것을 고수했을 뿐만 아니라, 같이 구속되어 있는 최고위 장성의 지시에 여전히 무조건적으로 복종하고 있었다. 그렇지만 역시 예외도 있었다. 그래서 나는 두세 명의 사람들과 환담을 나눌 수 있었고, 더불어 그들의 이념적 빗장을 조금 제거하는 데 성공했다. 왜냐하면 시간이 많았기 때문이었다.

● 당신은 그 두세 명의 사람들과 얼마나 자주 만났습니까?

빈번히 만났다. 그들은 우리의 전체 일이 왜 잘못되었고, 자신을 위해 모든 것을 했던 소위 생업에 종사하고 있었던 다수의 사람들이 왜 동독체제에 대항했는가를 점점 더 솔직하게 알아내려고 했다.

● 당신은 감옥에서 일할 것이 아무 것도 없었습니까?

아니다. 노동, 요컨대 관례적인 의미에서 직업 활동은 단지 공개적으로만 수행되어야 했다. 더군다나 작업장에서도 감시가 가능했을 경우에만 공개적으로 노동을 하였던 것이다. 그런데 그러한 노동을 나는 찾아내지 못했다. 왜냐하면, 내가 종사했던 직업이 수공업자가 아니었기 때문이었다.

그래서 나는 편집실, 기록보관소 혹은 더군다나 내가 가능성을 찾아냈던 슈피겔지에서 교정원으로 직장을 얻어 보려고 애를 썼었지만, 공개적으로 수행되는 조건들에 적합한 일이 아니라는 이유를 들면서 관청은 내가 교정원으로 직장을 얻는 것에 반대했다. 하지만 공개적으로 하는 노동이었다면, 노동이 시작되기 전에 바로 감옥을 떠났다가 노동이 끝난 후엔 즉시 감옥으로 되돌아와야 했다.

● **당신은 자유롭게 활동했습니까?**

주당 3내지 4시간 동안 외출했다. 다시 말해, 나는 가족과 같이 집에서 시간을 보낼 수 있었다. 하켄펠데에 있는 모든 수감자가 결함이 없는 품행을 유지할 때 그렇게 할 수 있었다.

● **감시를 하는 요원은 어떻게 행동을 취했습니까?**

그 요원은 아주 빈틈이 없었을 뿐만 아니라 조금도 심술궂지 않았다. 몇몇 요원들의 경우에는 구금된 자들과 화해하는 뚜렷한 경향이 나타나는 것 같았다. 또한 친한 친구들의 경우에는 눈을 감아주었다. 그렇지만 그와 같은 일은 세계 도처에서 흔히 일어나고 있는 일이다.

● 당신은 1년 동안 구금을 당한 후에 사면(赦免)을 받았습니다. 그것은 어떻게 결정되었던 것입니까?

사면을 받으려면 시민들이 신청서들을 많이 제출해주어야만 했다. 나의 경우에는 동독의 가장 상위계층에 속하는 사람들 중에서 자신의 과거에 대해 비판적으로 깊이 생각했던 유일한 사람이라는 이유를 들면서 알지도 못하는 사람들이 신청서들을 제출해주었다.

그리고 베를린의 현시장인 에버하르트 디프겐(Eberhard Diegen)에게 사면권(赦免權)을 사용하도록 종용했던 한 위원회로 이 신청서들이 보내졌다. 그런데 그 사이에 나의 자서전이 출간되었을 뿐만 아니라, 내가 소송이 개시될 때까지 여러 해 동안 많은 공개토론 행사에 참여했었다는 확실한 연관관계 때문에 그렇게 많은 신청서들이 제출됐던 것이다.

● 당신은 당신의 무리 중에서 그러한 신청서들을 바탕으로 사면을 받은 유일한 사람이었습니까?

과거 동독의 총리 대리였던 귄터 클라이버(Gunther Kleiber)가 역시 사면(赦免)을 받았다. 에곤 크렌츠는 좋은 품행 때문에 3년 만에 석방되었다고 믿는다. 그렇지만 사면(赦免)은 더 이상 없었다. 왜냐하면, 자신에 대한 판결은 전승자 재판소의 결과였었지 아마 공정한 소송절차의 결과는 아니었다는 것을 크렌츠는 늘 고수했었기 때문이었다.

그는 원래 6년을 감옥에 있어야만 했다. 그런데 나는 매주 경찰에 출두해야만 했었던 3년의 집행유예(執行猶豫) 기간과 관련이 있었기 때문에, 예상했던 것보다 빨리 석방되었다.

● 당신이 재범(再犯)이 될지도 모르는 위험은 특별히 많지 않았습니다. 형기(刑期) 동안에 겪었던 무엇이 특히 당신의 기억에 남아 있습니까?

적지 않은 복역수(服役囚)들이 우범환경으로부터 더 이상 완전히 분리될 수 없거나 완전히 분리될 수 없는 경향을 띠고 있다. 그렇다고 이 복역수들이 일정한 사회적 원칙들을 더 이상 엄수할 수 없는 것처럼 보이지는 않는다. 그런데도 그들은 일정한 사회적 원칙들을 더 이상 원하지 않고 있다. 게다가 그들은 시민들의 태도를 두려워하지 않는다. 그렇기 때문에 그들은 아마 되풀이해서 법률과 충돌할 것이다. 그렇지만 물론 이 의견은 주관적인 느낌이다.

● 당신은 교도소에 가기 전에 서방을 체득했었습니까?

나의 책이 출간된 이후인 90년대 초, 나는 이미 강의와 토론자 모임에 초대를 받았다. 1992년 헤시쉔/니더젝지쉔 알게마인 지(紙)의 편집실에서 만난 모임에서 그 지역에서 소규모 신문을 창간하고자 했던 젊은 기자를 알게 되었다. 그는 아마 나의 품행에 매혹되었던 것 같다. 그래서 이전에 신문을 제작했던 자로서 그에게 조언을 해주면서 도와줄 수 있는지를 나에게 물었다.

그때 나는 소득과 일이 없었기 때문에, 또 가족의 생계를 꾸려나가야만 했었기 때문에, 나는 물론 스스로 기자로 일하지 않는다는 조건

하에서만 그의 제안을 수락하지 않을 수 없었다. 그렇지만 그러한 행동은 정신적 입장을 바꾸었다고 하더라도 「새로운 독일」지의 전 편집장으로서, 구체제의 중요한 대표자로서 오만하고 뻔뻔스러운 행동이었을지도 모른다.

그러나 그 신문이 얼마나 보잘것없고 무의미하다는 것과는 아무 상관이 없었다. 다만 나는 여론 조종자로서 역할을 하지 않으려고 했을 뿐만 아니라 역시 구연방공화국의 지방정책에서 어떤 역할도 하지 않으려고 했던 것일 뿐이다.

아무튼 그가 나의 이 조건들을 수용했기 때문에 나는 소규모 신문사에서 사무국장 대리로서 일을 했다. 나는 소송이 진행되는 동안에도 그곳에서 일을 하였으며, 이때 나의 가장 친한 친구였던 나의 젊은 파트너가 편집부를 조직하는 것을 도와주었다.

그리고 소송하는 중에 나는 여러 달 동안 재판 일정에 따라 주마다 두 번씩 베를린으로 갔다. 그리고 소송이 끝나자마자 내가 했던 활동에 대한 판결 역시 내려졌다. 그렇지만 그 젊은 파트너와 맺었던 깊은 우정은 남아있었다.

● **서독의 평일이 당신에게 어떻게 유익했습니까?**

나는 사회주의 체제에서 살았던 과거에 대한 비판적인 태도를 특히 지지하게 되었다. 얼마나 많은 자유, 얼마나 많은 가지각색의 결정들, 그리고 얼마나 많은 창의력을 서방세계에 살고 있는 사람들이 아주 자명하게 다루고 있다는 것을 알고 나서 솔직히 놀랐다.

그렇지만 동독에 살았던 우리는 우리와 같은 마르크스주의자들이 어떤 길들을 제시해야만 하고 행동방법들을 내세워야만 한다고 항상 생각했다. 그러니까 우리는 사람들을 마음대로 부리지 않고는 아무 것도 이루지 못할 지도 모른다고 생각했다. 그런데 나와 같이 일을 했던 젊은 신문발행자는 신문을 창립하는 모험을 감수했다.

왜냐하면 그는 신문의 창립을 원했고, 신문의 창립을 착수했기 때문이다. 그럼에도 불구하고 지방의 행정기구들과 기관들은 우리가 신문을 창립하는 일을 처음에는 매우 회의적으로 보았거나 작은 신문을 가차 없이 무시했다.

그러나 시간이 흐를수록 우리는 점차적으로 존경을 받았다. 그래서 우리 지역은 지방매체가 있는 지역이 되었다. 그런데 출판사들은 판매 신문에도 자주 실리지 못하는 쓰레기 같은 것들로 광고신문들을 채워넣었을 뿐만 아니라 자신의 주변에 있는 몇 가지 광고들마저 긁어모았다. 그렇지만 우리는 그 광고신문들과 다르게 만들었다. 그러니까 우리는 기자의 특성을 제공하고자 애를 썼다.

그렇게 했더니 갑자기 상인들뿐만 아니라 정치가들도 우리의 대중매체를 주목하였고, 자신들의 목적을 위해 우리의 대중매체를 이용하기 시작했다. 그 사실은 정말 흥미로운 일이었다. 게다가 우리가 정치적 독립을 지킬 수 있었던 것이 그 때 아주 중요한 사실이었다. 왜냐하면, 우리는 모든 사람들이 정치적으로 중요한 문제들에 대해 의견을 말할 수 있는 토론의 측면을 특히 도입했기 때문이었다.

지방의 주변지역에서는 단 하나의 정당이 지배를 하고 있었기 때문에 그 사실이 우리에게 공감을 불러일으켰다. 그런데 이 신문은 모든 사람들을 대신해서 말을 할 수 있는 힘이 있었다. 그래서 갑자기 우리의 작은 신문을 통해서 옛날에는 알아들을 수 없었거나 거의 알아들을 수 없었던 유치원들, 쓰레기처리, 협회활동에 대한 생각들이 공개되었던 것이다. 이런 식으로 나의 수습기간은 민주주의라는 상황에서 지나갔다.

● 당신은 그 지역에서 이방인이었고, 게다가 아직도 '저쪽에서 온' 사람들 중의 한 사람이었고, 게다가 실제로 고위당원이었습니다. 당신은 적대시되었습니까?

그렇지 않았다. 처음을 제외하고 그때 지방의 대중매체들과 논쟁을 벌였던 나의 과거 사건에 대해서 비꼬는 몇 가지를 감수했다. 그런데 다른 독일에 대해서 국민들이 비교적 잘 알지 못한다는 것이 오히려 나에게 도움이 되었다.

첫 주에 정치국 출신의 유력한 인사가 신문에 나왔다는 것이 널리 알려졌으나, 많은 사람들은 '정치국'이 무슨 일을 하는 곳인지 알지 못했다. 그래서인지 슈퍼마켓으로 쇼핑하러 갔을 때마다, 사람들은 꼭 큰 눈으로 나를 바라보았다. 게다가 내 등 뒤에서 나에 대해 어떻게 수군거려졌는지 알게 되었다.

"저 사람은 비밀경찰에서 유력한 인물이었던 사람이랍니다."

그래서 독일 사회주의통일당 - 간부들은 자신들이 비밀경찰로 인식되었다는 사실 때문에 자신들에 대해서 이해할 수 있게 되었다. 그러나 그 같은 일은 곧 가라앉았다. 그 다음에 동독을 비판적으로 깊이 생각하고 동시에 지방문제들에 관심이 있고, 해결책을 찾아내기 위해서 힘껏 노력하는 자로서 오히려 존경을 받았다.

● 그 해에 몇 명의 정치가들과 연방공화국의 저명한 시사평론가들을 역
   시 만나게 되었습니다.

   1995년에 사망했던 텔레비전 기자이며 주간테마 진행자인 한스 요
하임 프라히데리히스(Hans Joachim Freiderichs)도 그 중의 한 명이었다.
우리는 함께 모임을 가졌다. 그런데 그는 나 개인에게 비판적으로 질
문을 했다는 것을 숨김없이 털어놓았을 뿐만 아니라, 그 질문에 대한
나의 대답과 과거에 맞섰던 나의 방법에 대한 가치를 인정할 줄 알았
던 신사였다.

   그리고 나와 나누었던 대화를 방패삼아 독일 사회주의통일당 - 우두
머리의 몰락을 맨 처음 포괄적으로 기술했던 것을 슈피겔 지에 게재하
여 널리 알렸던 코르트 슈니벤(Cordt Schnibben) 때문에 그를 알게 되
었다. 마침내 나는 헤센에서 프리드리히스와 같이 '동독'이라는 주제
와 관련된 대규모 공식 토론회를 개최하게 되었다.

● 당시의 연방 대통령 로만 헤어초크는 당신을 마찬가지로 초대를 했습
   니다. 그것이 기피인물에 대한 일종의 명예회복이었습니까?

   전혀 그렇지 않았다. 차라리 연방 대통령의 초대는 아주 힘든 엄격
한 시험에 가까웠다. 아무튼 연방 대통령은 텔레비전에서도 중계되었
던 동독에 대한 대화모임에 나를 초대했다. 뿐만 아니라 비밀경찰의

활동을 이끌어 나갔던 관청을 대표했던 요하임 가우크(Joachim Gauck) 목사, 그리고 마지막으로 장벽에서 희생된 크리스 구에프로이(Chris Gueffroy)의 어머니가 그 자리에 참석했다.

이러한 대화파트너들과 더불어 한 탁자에 앉아있는 나는 더 이상 비사교적인 사람인 샤보프스키가 아니었다. 내가 취했던 비열한 짓은 그 어머니의 아들에 대해 책임이 있었던 불법체제를 구체화하였다는 사실이었다. 그러니까 그 비열한 짓으로 나는 생계를 유지해온 것이 틀림없었다.

그럼에도 불구하고 연방 대통령 로만 헤어초크(Roman Herzog)가 나를 대화파트너로 받아들였다는 느낌이 처음부터 끝까지 들었다. 또한 나의 제2의 고향인 헤센지방에서도 그 모든 사실이 널리 알려졌고, 그 사실 때문에 나는 제2의 고향에서 항의들을 받으며 살아왔던 정치적 상호관계들을 헤센지방의 사람들이 더욱 선입견 없이 인지할 수 있도록 궁리하였다.

● 어떤 항의들을 받았습니까?

사회주의 정당의 횡포에서 나타났던 근본적인 결손들을 내가 동독에서 경험했다는 사실들에 의거하다보니 우선 사건들을 너무 이상적으로 보았다. 그렇지만 의심의 여지가 없는 민주국가에서도 독선(獨善), 에고이즘 혹은 세력의 권력추구와 같은 인간적 약점들이 있다는 것을 알아차리게 되었다. 그래서 나는 다른 구실만 있으면 그러한 약점들을 인식시켜주었던 당사자들과 토의를 했다. 그 당사자들과 토의를 할 수 있었다는 것은 정말 또다시 민주적이라는 증거였다.

그런데 "노동자들, 당신들은 우리가 저질렀던 동일한 실수들을 하고 있습니다. 다만 독재의 방법으로 동일한 실수를 하지 않을 뿐입니다. 왜냐하면 여럿 정당들이 있기 때문입니다."라고 그들에게 말했다.

그러나 지금 당신들은 벌써 15년 동안 봉직하고 있는 중이면서도 다른 견해에 접근하려 하지 않거나 다른 견해들을 아주 금기시하기 시작한다. 불만, 즉 사람들의 비동의가 증가하고 있기 때문에 아마 다음 선거에서 겉으로는 장기 일자리에서 당신들은 쫓겨나게 될 것이다.

그렇기 때문에 나는 민주국가라는 현실에서 재차 현실적 인식을 하기 시작했다. 그렇다고 민주주의가 인간의 훌륭한 능력과 특성들을 자유롭게 발휘하는 경기는 아닌 것이다. 그렇지만 **민주주의는 인간이 존재하고 있는 그대로 인간을 생각한다. 그런데 민주주의의 가장 큰 이점은 양립할 수 없는 인간의 이해관계와 욕구에서 균형을 다소 맞추는 데 있다.**

결국 민주주의는 인간의 에고이즘에서 나타나는 결손으로부터 발생했던 것이다. 따라서 민주주의에서 상당한 권력자들은 물러날 수 있거나 자신들의 정책을 변화시킬 수 있다. 또한 인간의 편파성과 민주주의는 동전의 바로 양면과 같다. 그리고 민주주의는 경직성을 띠고 있는 권좌를 이동시키기 위해서 수세기 혹은 수십 세기동안 발전되어왔던 수단이다. 따라서 민주주의가 지속되는 근거는 바로 변화에 있다.

● 지방의 정치가들은 당신의 인식에 어떻게 반응을 했습니까?

그들은 나의 인식에 개의치 않았거나 손짓으로 거절했다. 그렇지만 당신은 그들을 어떤 방식으로든 예견했겠지만, 물론 그들도 위의 방식으로 적합한 추론을 끌어내지는 못했다. 그러니까 그들도 자신들의 입장에서 나의 인식을 아마 너무나 분명하게 잘못 파악했던 것이다.

그러나 적어도 그들은 경청은 했다. 그런데 나는 외딴 곳으로 왔던 사람이기 때문에 그렇게 이야기할 수 있었지만, 어느 누구도 나의 말을 가로막지 않았다는 사실은 실용적인 민주주의의 장점이기도 하다. 어떤 것이 아무 쓸모가 없었다고 하더라도 늘 토의될 수는 있었다.

● 당신은 민주국가의 주(州)에서 일어나고 있는 일상의 단조로움에 대해 이야기를 했습니다. 물론 연방차원에서 일어나고 있는 일상의 단조로움도 있습니다. 당신은 90년대 초에도 일상의 단조로움을 관찰했습니다. 무엇이 당신에게 충격을 주었습니까?

소박한 이상주의가 연방공화국에 대한 나의 시각을 각인시켜 놓았다. 그래서 그런지 나는 연방공화국을 원칙적으로 더 좋은 체제라고 간주했다. 그러니까 더 좋은 체제가 역시 현재의 연방공화국이다. 우선 연방공화국의 약점을 거의 인지하지 못했다. 그렇지만 수년이 지나서야 나는 사건들을 더욱 냉정하게 바라보게 되었다.

우리 모든 사람은 개인적으로 유혹당할 수 있다는 것을 놓쳐버리면 안 된다. 그리고 더 좋은 계획이 성취되는 것을 저지하거나 어렵게 하는 여러 가지 이해관계의 상황들도 있다. 나는 오늘날의 사회가 이 모순 없이는 존재할 수 없다는 것을 파악하게 되었다. 그 사실 때문에 내가 민주주의의 상황을 의심하기 시작했던 것이 아니라, 나는 그 상황을 단지 더욱 필요한 것으로 간주하고 있다. 그렇기 때문에 그 상황들을 지속적으로 바로 잡는 것이 유일한 방법일 것이다.

● 당신도 비밀경찰의 희생자와 같이 강의여행들을 했습니다. 그 강의여행을 어떻게 하게 되었습니까?

1990년에 훔볼트 대학교에서 이미 개최했던 행사들이 시작되었다. 나는 그 행사에서 지크마르 파우스트(Siegmar Faust)와 비밀경찰이 학대를 했던 다른 인물들과 토론을 벌였다. 그 행사에서 나는 전체적으로 볼 때는 정치국의 대표자였다. 그래서 나는 그 사실에 저항을 했고, 내가 모든 정치국원들과 마찬가지였거나 마찬가지로 생각했다면, 나는 그들의 모임에 앉아있지도 못할 것이라고 말했다. 더구나 그 후에 지크마르 파우스트와 맺었던 일종의 우정이 지속적으로 발전되었다.

그러니까 초기에 지크마르 파우스트는 물론 회의적이었으나, 그와의 관계를 유지했다. 아무튼 이상적인 꿈들 때문에 어린 소년 시절에 그는 정당에 입당했다. 결국 그를 체제의 완강한 구조와 갈등을 일으키도록 만들었던 사람이 바로 당신들이었다. 가장 나쁜 방법들을 써서도 그를 굴복시킬 수 없었던 비밀경찰은 그를 감옥에 수년 동안 가두어 두었다.

그렇지만 내가 소송을 시작하자 그는 나에게 접근을 한 다음에 같이 행사에 나갈 것을 제안했다. 그래서 우리는 일련의 학교들도 방문했다. 그렇지만 교실 앞으로 다가서는 것이 간단하지 않았다. 처음에 파우스트는 동독의 상황을 이야기했고, 정부가 그를 어떻게 괴롭혔고 자신의 체면을 손상시키려고 어떻게 시도했는가를 이야기했다.

그렇지만 그 다음 차례에 내가 이야기를 해야 하였기에 나는 파우스트와 그의 운명을 알지 못했던 정치국원이었다고 말했다. 그러나 추적당하고 있는 다른 사람들에게처럼 그에게 행했던 이 파렴치한 행위를 익명화(匿名化)한다고 해서 정부와 나와 같은 정부의 권력가는 죄과(罪過)에서 면제되지 못할 것이다.

그리고 **나의 설명은 이데올로기는 유혹하는 능력이 크고 위태롭다**는 것과 그 유혹하는 능력 때문에 인간은 분석적으로 행동할 수 없게 되거나 분석적으로 행동할 생각마저 없게 된다는 인식으로 귀결되었다. 또한 나의 설명은 인간들은 자신의 세계관으로 되풀이해서 옳다고 생각하기 때문에 모든 부당한 행위를 정당한 것으로 파악한다는 인식으로 귀결되었다.

● 당신은 범법자였고, 그는 희생자였습니다.

네, 네. 그렇다. 그 사실이 우리의 우연한 만남보다 중요했었고 중요하다. 그렇지만 결국 나의 파트너인 희생자와 내가 접촉을 하지 않을 수 없다는 사실이 나를 곤혹스럽게 한다. 그러나 나는 그 사실에 대해서 그렇게 이야기할 수밖에 없다.

또한 나는 공범(共犯)이 되었다고 말하는 것으로 끝나려는 것이 아니라, 사람이 그러한 상황에 어떻게 빠질 수 있는가를 설명하려고 하는 것이다. 그렇게 하는 것이 지극히 곤란하지만, 하나하나 판결들을 받아서 동시에 스스로 벌을 받음으로써 내가 자유로워지는 과정이다.

● 청소년들은 어떻게 반응을 나타냈습니까?

당신은 흥미를 느끼는가? 흥미로운 질문이다. 범법자와 희생자가 오늘날 같이 나란히 앉아있을 수 있을 뿐만 아니라, 두 명의 동독범법자가 서방에서 같이 토론을 한다는 것을 청소년들이 어떻게 생각하고 있는지를 알고자 했다. 그런데 위의 사실이 그렇게 까다롭지 않게 이루어질 수 있었다는 것에 청소년들은 매우 감격했다.

범법자가 자신의 죄과를 알고 이 죄과를 기술할 수 있고, 두 사람이 멋지고 기발한 해결책을 토론에서 찾아내진 못했지만 희생자에게 용서를 빌 수 있다면, 토론은 시도해 볼만 하다고 나는 대답했다.

인간의 삶에서 나타나는 비열한 언행과 불법행위, 최근에는 빈부의 모순을 제거하겠다고 겉으로는 단호하게 이데올로기가 약속하지만, 그 이데올로기는 특히 맛있는 독(毒)일 수도 있다는 점에서 우리 두 사람은 의견의 일치를 보았다.

● 이데올로기가 대체로 청소년의 마음을 빼앗는 주제였습니까?

우리가 방문했던 학교들에서 이데올로기가 주제였다. 이미 나를 초대했다는 것은 관심을 표명한 것이었다. 특별히 고등학교 졸업반 학생들은 보다 최근의 독일 역사를 우리에게 질문할 수 있었다는 사실에 대해 감사하는 것 같았다. 선생님들도 아주 관심이 많았다.

3

동독에서의 경력
어느 정도로 순조로웠는가

● 포괄적이거나 견고하지 않은 권한을 요구하는 모든 체제의 밑바탕에는 결국 공산주의 사회구조들이 생명력을 가지고 있다는 오해가 깔려있었습니다. 당신의 개인적 오류는 어떻게 시작되었습니까?

내가 1995년 5월 체코의 노르트뵈멘에 있는 국방단련훈련소를 불쑥 찾아갔다가 베를린을 향해 걸어갔을 때, 내 나이 16살이었다. 1년 후 고등학교 졸업시험을 앞두고 있었다. 그런데 나는 신문기자가 되고자 했다. 그래서 동베를린에 있는 노동조합 신문의 편집실에서 견습생으로 일을 시작했다. 그로 인해서 나는 정치권에서 활동하게 되었다.

우두머리들과 관할국장들은 공산주의자들이었다. 그러므로 그들은 대놓고 나치에 맞섰었기 때문에 교도소에 들어가게 되었거나 징벌대상 장병대대에 들어가게 되었다. 그렇지만 우리 청소년들은 그들을 은근히 우러러보았다. 그러니까 청소년들을 설득시키려고 노심초사했었던 사람들이야말로 믿을만한 사람들이었다.

● 나치시대의 재난에 대해서 당신이 질문한 것들에 대한 대답을 이 사람들이 했습니까? 혹은 그 질문들에 대한 대답을 어딘가 다른 곳에서 얻었습니까?

아니다. 오로지 그들에게서 그 대답이 나왔다. 계몽처럼 우리가 직면하고 있었던 보편적 인식이 이해할 수 없고 인식할 수도 없는 모든 사회적 현상들은 경제적 상황에 뿌리를 두고 있다는 것이었다. 그러니까 정치 다음으로 거대한 자본이 사회의 현실을 결정한다는 것이다.

게다가 이익을 얻으려고 경쟁자와 잔인하게 투쟁하기 때문에 무정부주의적 산물이 촉진된다는 것이다. 그 무정부주의적 산물이 촉진되기 때문에 일을 하는 다수에게는 추악한 사회적 효과가 나타난다. 더구나 지속적으로 새로운 판매시장과 투자시장을 개척하려는 자본주의에 내재되어있는 압력 때문에 전쟁이 일어나는 것이다.

그리고 자본주의의 상황이 사회에 있는 모든 것, 즉 도덕, 예술, 교육과 인간 상호간의 관계 전반에 영향을 미치고 있다. 그렇지만 공산주의자들은 일에 대한 책임을 떠맡게 된다면, 모든 것은 인간적으로 다시 정돈된다. 그렇게 된다면 불행, 위기와 전쟁은 단 한 번만으로 과거의 일이 되어버리고, 인간적으로 존재하는 새로운 시대가 시작되는 것이다.

세계관의 배타성 - 오늘 나의 입장에서 나타난 의심스러운 구원론의 첫 번째 징후 - 에 나는 사로잡혔다. 그런데 모든 의문들에 대한 대답들이 갑자기 주어졌다. 이와 같은 경제적 세계관에서는 인류학, 심리학, 더군다나 사이비 학문의 시도인 사회학이 체제를 위해 진지하게 자신을 희생하지도 않을 뿐만 아니라 자본주의 복장을 재봉이나 하는 것으로 멸시를 받았다. 비어만(Bierman)이 국적을 박탈당했기 때문에 1979년에 동독을 떠났던 작가인 귄터 쿠네르트는 '**학문적 유토피아**'의 효과와 좌절에 대해 다음과 같이 말했다,

"그때 마르크스주의자로 불리어졌던 자들은 젊은 시절에 또는 그밖에 정신적으로 당황하던 순간에 이론과 실천 사이에, 사회의 발전과 실제로 존재하고 있는 현실에 대한 불확실한 견해들 사이에 영원한 제휴가 있을 수 없다는 것을 물론 분명하게 알지도 못하면서 마르크스주의의 내면에 있는 논리적 배타성이 지니고 있는 압도적인 마술효과에 무릎을 꿇고 말았습니다." 1)

다른 곳에서 그는 기술했다.

"인간의 인식능력은 유일무이하게 제한을 받고 있습니다. 마르크스주의는 학문적인 세계관, 즉 마음속에서는 불가능한 구조라는 생각입니다. 학문적으로 마르크스주의에 근거하고 있는 것은 오로지 마르크스주의는 이론의 여지가 없는 환원주의(還元主義), 즉 발전가능성의 긴밀한 관리와 설명의 전문 용어화였습니다. 그런데 마르크스주의는 적어도 환원주의를 자연과학과 공유했던 것입니다.

그러나 자연과학에는 터무니없는 것으로 빠져들지 않으려는 철두철미한 필연성이 있다는 것이 만약 인간의 공동체에 적용된다면 끔찍하게 되고 아주 위태롭게 되어버립니다. 그래서 미래에는 사회주의가 지배한다는 생각을 처음으로 자신이 하게 되었다면, 모든 범행과 비행을 합법적인 것으로 인정하는 발전모델을 필연적으로 따르기 마련입니다.

왜냐하면, 그 사회주의가 행복한 결말을 맺어야 모든 희생자들의

---

1) 디 벨트지, 24호, 6월, 1991년.

정당함이 입증된다는, 더욱 고상하나 불가피한 이 원칙에 따라서만 스스로 행동하게 되기 때문입니다."[2]

나도 쿠네르트가 위의 사실을 정확하게 기술했다고 역시 느꼈다.

● **민주주의 유혹을 느긋하게 기다리지 않기 위해서는 많은 에너지가 사용되었습니까?**

당시에 우리는 민주주의를 자주 염려하지는 않았다. 결국 바이마르는 나치가 정치권력을 잡게끔 만들었던 불합리하게 분산된 다양한 정당들과 어떤 방법으로든지 관련이 있었다. 그런데 편집부에 있는 공산주의자들은 우리의 불명료성을 수정하여 놓았다. 그러니까 인민의 민주주의는 권력을 은폐시키고 자본의 전능한 영향을 은폐시키는데 오직 기여했는지도 모른다.

또한 인민의 민주주의가 혁명세력들로 하여금 정치 스타디움에 출연할 수 있게 하는 동안에, 인민의 민주주의는 혁명세력들 때문에 제한된 이득을 얻을 수 있을지도 모른다. 게다가 동독의 민주사회당 당원들은 공산주의가 사용했던 태고의 전술에 따라 행동했다.

그러나 **민주주의는 우세한 소수 내에서 나타나고 있는 이득의 점차적인 차별이 그 우세한 소수가 이행한 정치적 속임수를 사용해서 균형을 이룰 수 있는 일종의 정치단체의 유희일지도 모른다. 이런 식으로 인민에게 다수의 생각이 가지고 있는 허상을 보여주어서 인민을 속일지도 모른다.**

---

2) 위의 책.

그렇지만 이제까지 십분 이용되고 제재를 받고 미혹된 다수가 군림하고 있는 사회에서 비로소 참된 민주주의가 바로 무산계급(無産階級)의 독제체제가 남을 속이는 민주적 언동을 대신할 것이다. 또한 참된 민주주의는 서민과 높은 자리에 있는 사람이 동등하다는 것을 기초로 하고 있을 뿐만 아니라, 사회의 판단력에 따라서 좌우될 것이다.

● 냉전이 이 사고방식을 여전히 부채질했습니까?

맞다. 냉전 상태에서 그때마다 상대측을 일반적으로 사악하고 위험한 존재로 매도하였기 때문에 우리는 사고와 행동을 확실하게 적법하게 했고, 상대측을 정당하게 비방하자는 우리의 설득이 지지를 받았다. 그런데 정치적 입장들을 신중하게 숙고하자는 현 입장을 확인하려는 여지가 거의 남아있지 않았다. 게다가 부유하고 반공산주의적이고 반사회적인 서구인이 마샬플랜(Marshall plan)으로, 생필품 상점을 편력하는 여행으로 궁지에 몰아넣으려고 했던 우리를, 우리는 사회적 약자로 느꼈다.

● '생필품 상점의 편력여행'에서 당신은 가장 하찮은 유혹을 받지 않았습니까?

맞다. 우리는 더욱 격해지는 계급투쟁의 모토 하에서 40년대 말과 50년대 초에 스탈린(Stalin)이 진행시켰던 교화(教化; Indoktrination)를 할 정도가 되었을 뿐만 아니라 교화할 각오도 되어있었다. 그 뿐만 아니

라 당시에 이미 정당의 정치적 '상승기류'를 타고 있었다는 것 - 정당
이 진정으로 받아들인 '후진간부'로서 - 이 중요한 작용을 했다.

게다가 독일 사회주의통일당이 수행했던 투쟁은 사회의 외피를 두
르고 자본을 지원하는 소시민적 이데올로기로 간주되었던 사회민주주
의과 관련이 있었다. 그렇기 때문에 실제로 두개의 노동당을 통합함으
로써 형성되었던 외관상 새 정당은 동등한 상속과 전형적 특징으로서
법률적 효력을 지니게 되었고, 독일 사회주의통일당을 '새로운 타입의
막스 - 레닌의 정당'에 따라 결성했던 사회민주적 전통에 실제로 폭력
적 종말이 주어졌던 것이다.

국제적 계급갈등이 첨예화된 것과 관련된 끔직한 주제를 증거로 증
명하기 위해서 제국주의를 따르는 소위, 티토 - 시온주의의 스파이들에
대항하는 무자비한 이념적 캠페인이 1937년 모스크바에서 있었던 전시
용 공개재판의 모형에 따라 동시에 진행되었다.

그래서 우리가 그 이론을 받아들였던 것과 같은 신뢰심으로 우리는
몸서리치면서 자신의 순서에 따라 고위 스파이가 자신의 죄과에 대해
강제로 고백하는 것을 청취했기 때문에 우리는 노동자계급의 적이 가
지고 있는 음흉함에 대해서 훨씬 덜 의심하게 되었다. 그렇지만 우리
는 노동자의 적이 파렴치하다는 것을 목격하였기 때문에 소비유혹을
아주 좋아하지 않았던 것이다.

진실을 스스로 거절하는 것이 제한적으로는 서방의 메스미디어의
형태로 혹은 외국을 여행할 때 책들을 통해서 자유롭게 이루어질 수
있다고 할지라도, 그렇게 거절하는 것은 이성적으로든 혹은 의도적으
로든 내가 따랐던 교화의 전형적인 징후다. 그러나 원죄에 대한 두려

움 때문에 기가 죽을 수밖에 없었다.

서방 국가들에서 여행을 거절당한 적이 없었던 작가 슈테판 헤름린이 언젠가 말했다. 예를 들면, 그는 아르투어 코에스트러가 쓴 책들을 읽지 않았고, 멕시코에서 망명 중인 트로츠키(Trotzki)가 써서 세계적으로 출간되었던 텍스트들도 읽지 않았다. 왜냐하면 그는 처음부터 이 출판물들을 거짓말로 된 서투른 작품들로 간주했기 때문이었다.

● 당신의 경우에 의심이 더욱 줄어들었습니까?

대체로 나의 의식에는 의심에 대한 공간이 없었다. 내가 마르크스의 예언을 내면화했을 정도로, 내가 마르크스(Marx) 예언의 옹호자가 되었을 정도로, 정당에서 투쟁적인 사람이 되었을 정도로, 레닌(Lenin)의 정의에 따른 신문기자가 되었을 정도로 - 집단의 선전담당자, 선동자와 사회주의의 조직자 - 그 정도로 나의 세계관은 역시 캘리포니아에 있는 심리학자 파울 바츠라비크(Paul Watzlawick), 존 비크랜드(John Weakland)와 리챠드 피쉬(Richard Fisch)가 '해결책들(Lösungen)'이라고 불렀던 그들의 작은 책에서 기술했던 '유토피아 신드롬'을 거부했다.

한 번 인식된 사실에 대해서 소심하게 의심하는 것이 억제된 상태, 진리를 전파하기 위해서 자신에게 부과된 의무, 그들의 설득력에 대한 믿음, 그 믿음에 근거를 두고 확고하게 방향을 잡아서 죄를 범하지 않은 세계의 목표를 그들은 유토피아 신드롬으로 진단을 내렸다.

그리고 유토피아로 가는 끝없는 길을 지체시키는 단점들, 패배들, 과오들, 그리고 왜곡은 진실을 어슴푸레하게 숨기거나 증오에 차서 진실의 길을 막아서는 자들의 죄로 해석한다.

그리고 유일한 진실에 근거를 두었던 정치적 전술(戰術)들이 소용이 없다면, 정치적 전술들에 대한 원인은 전제조건이 있어야 보여질 수 있는 것이 아니라, 외부요인들의 걸림돌에서 혹은 해당 '전권자(全權者)'들이 개인적으로 불충분한 것에서 보일 수 있는 것이다. 따라서 정치적 전술에 대한 원인이 전제조건 자체를 침해하지는 않는다.

내가 1990년 봄, 동독의 멸망과 멸망의 원인들을 나의 관점에서 기술하고자 했을 때, 나는 유토피아 신드롬이라는 출판물을 알지 못했다. 1년이 지나서야 나의 책 애독자가 앞에서 말한 출판물을 나에게 보내주었다. 우리가 여전히 눈이 멀어서 잘못된 길을 앞서서 가고 있었을 때, 학자들이 이미 오래 전에 우리의 종교적 스승 - 집단을 기술했었고 분류했었다는 사실에 나는 흥미진진하게 느꼈을 뿐만 아니라 침울하고 부끄러웠다.

베를린의 당비서로서 저널리스트보다 훨씬 더 가치 있게 우리의 일을 하겠다는 망상으로 시작했던 나의 활동에 대해서 기술해놓았던 장(章)에서 다음과 같이 나는 단언했다.

"자기기만의 메커니즘이 잡음 없이 겨우 작동했다. 그런데 그 메커니즘은 불합리한 방법으로 전체와 부분을 구별하고 있었다. 그렇지만 그 체제는 훌륭했고 훌륭하게 유지되었을지라도, 체제의 구성요소들이 체제에 모순이 되었던 것 같다. 아무튼 그 체제에는 사회적 진실과 이성이 구현되어야만 했다. 그렇기 때문에 우리는 궁여지책의 거짓말을 하는 저널리즘을 실제로 실행할 수밖에 없었다.

서방에 비해서 생산성의 결함이 더욱 증대 되었지만, 우리는 더욱 훌륭한 경제를 유지하고 있었다. 그리고 우리는 더욱 민주적이었지만, 의견을 달리 한다는 것은 단어의 근원적 의미에서 엄격히 금지되었다. 어쨌든 우리는 자유의 체제였다. - 우리는 압제하는 착취를 폐지하지 않았는가? 그렇지만 우리의 자유는 국가보안처에 있는 군대로 오직 지켜질 수밖에 없었다."

● 그러나 당신은 이 체제에서 어떠한 것도 개선할만한 것으로 간주하지 않았다는 사실이 있을 수 있습니까?

단지 아주 제한적이다. 지도부 내에서 생각이 비판적이고 덜 독단적인 사람조차도 체제를 구성하는 요소들이 변화되어야 하거나 개선되어야 할지라도 체제자체는 변화 혹은 개선되면 안 된다는 것만 인정할 수 있었고, 인정하려고 했다.

예를 들면, 자동공작기계장치가 결함이 있는 생산품을 생산해 낸다면, 자동공작 기계장치의 기본구조에 있는 어떤 것이 정상적이지 않을 수도 있다는 반전(反轉)의 결론은 허용되지 않았다.

왜냐하면, 우리의 체제는 완전무결함, 즉 이상(理想)을 투영한 것이기 때문이었다. 그러나 불안정을 통해서만 이상들 - 우리는 스스로 그렇게 안정되어 간다 - 에 접근하게 되었다. 다시 말해서, 호네커가 실각한 후에 적어도 처음에는 우리의 외곽이 붕괴되었다고 해도 우리는 사회주의 불사조에게 마법을 걸 수 있다는 것을 우리에게 믿게 했던 것이 바로 자아도취에 빠진 고집이었다.

● 이 세계관이 언제 깨어지기 시작했습니까?

우선 독일 사회주의통일당이 실제로 붕괴한 다음에, 즉 1990년 초부터였다. 그때는 심한 불경기였다. 그래도 훨씬 불확실하지만 방금 생긴 정신적 자유에 대한 느낌으로 나는 금지된 문헌에 접근했다. 그렇지만 나는 아무 것에서도 아르투어 코에스트러의 책《일식 (Sonnenfinsternis)》[3]과 같은 감동을 받지 못했다.

왜냐하면, 마르크스 - 스탈린의 이데아에 대한 숙명적 메시아 신앙과 그 신앙의 비인간적 결론을 소위 경제 때문에 생긴 인간애(人間愛)의 이름으로 숨 가쁘게 실례를 들어가며 설명하는 것을 저자는 이 소설에서 성공했기 때문이다. 코에스트러는 새로운 신성(神聖), 즉 사회적 판단력을 인식하는 근거를 사악한 토론 법으로 다른 사람들에게 궁극에는 자기 자신에게 비인간적으로 거역하도록 하는 데 사용하는 공산주의의 지도자가 겪게 되는 운명을 모범적으로 기술하고 있다.

그리고 내가 바로 인용하고자 하는 소설의 한 부분이 딜레마를 아주 일목요연하게 규명하고 있다. 또한 대담한 모험이 모든 것을 암시하고 있으나 대담한 모험이 이롭기를 바랐던 인간은 아무 것도 암시하고 있지 않는 세계개혁자들의 냉소적이고 사람을 멸시하는 행동양식을 규명하고 있다. 무죄임에도 불구하고 결국 간첩이라는 것을 고백해서 총살당했던 저 최고급 간부는 자기 심문자(審問者)의 논거들을 이기지 못하고 말았던 것이다.

그렇지만 적대적 스파이들에 대해서 민중들이 주의를 기울이도록 자극하는데 이 사실이 도움이 되는지는 모르지만, 잘못된 죄의 고백이

---

3) 아르투어 코에스트러, 일식. 비인/취리히 1991.

당에 대한 최고의 서비스라는 것을, 이 사실이 혹평가인 그에게 암시하고 있다. 그렇다고 당의 지시에 따라 - 코에스트러는 스탈린을 지켜보았다 - 이 역할을 자발적으로 할 준비가 되어있는 신뢰하는 고위 당 간부보다 더 훌륭한 적대적 스파이가 상상될 수 있을까?

소설에는 다음과 같이 적혀있다.

"'나는 이데올로기가 불분명한 것을 증오하고' 이바노프(예심판사)가 이어받았다, 근본적으로 도덕에는 가능한 두 가지 이론만 있다. 그 두 가지 이론은 대립되는 전극과 같은 상태에 있다.

하나의 이론은 그리스도 - 인문주의적이고 개인을 신성불가침이라고 단언하고 수학규칙들이 인간의 단위들에 적용될 수 없다는 것을 주장한다. 다른 이론은 공동목표가 모든 수단들을 정당화시킨다는 근본원리에서 시작된다.

그리고 개인을 모든 관점에서 공동체의 지배 아래에 두는 것을 허용할 뿐만 아니라 촉구한다. 그리고 피시험자로서, 희생양으로서 필연적으로 희생된다면, 그리고 모든 다른 필요한 방법으로 희생된다면, 개인을 공동체의 지배 아래에 두는 것을 허용할 뿐만 아니라 촉구한다.

이 첫 번째 견해를 우리는 동물의 생체를 해부하는 것을 반대하는 도덕이라고 부를 수 있다. 두 번째 이론은 동물의 생체해부를 찬성하는 도덕이라고 부를 수 있습니다. 정신이 혼란한 사람들과 서투른 사람들은 두 가지 견해를 어떻게든 항상 조화시키려고 애를 쓰지만, 실제로 이것은 불가능하다. 권력과 책임이 있는 자는 유용한 결정을 내릴 필요가 있는 첫 번째 기회 때 선택해야만 하고, 일의 논리 때문에 두 번째 양자택일로 나아갈 수 없게 몰아붙인다는 것을 알아챈다."

사회주의가 약속한 모델은 수정되려고 하는 것이 아니라 관철되어야만 한다. 따라서 인위적인 계획에서 상처를 입힌 실수들, 불균형들과 리듬의 불규칙성을 인민들이 비판하고 거절한다. 사회주의의 약속은 완벽해야만 하고 자본주의의 단체의 초안보다 뛰어나기 때문에 부족한 점들과 실수들을 인정하는 것은 뛰어나다는 사실을 포기하는 것을 뜻하는 것이다.

그렇기 때문에 체제를 수정할 수 있는 것이 아니라, 체제를 수용하지 않는 사람들을 올바르게 타일러서 이성적인 행동을 하도록 해야만 한다. 교화를 통해서 그 사람들을 올바르게 타이르는 것을 이념적으로, 그리고 관료적으로 촉진한다면, 비판과 올바르게 타이르는 대담한 시도의 즐거움은 진정될 것이다.

그런데 당에서 우리가 자동적으로 임명받았었던 신적인 인물들이 좌절을 겪게 되었다. 그리고 여기에서 억압의 본래 원천은 국가계획경제 형태를 띠었던 우리의 사회주의 실험에 있었다. 그러니까 그것은 실패했던 실험이었다. 왜냐하면, 그 실험은 인간들의 '실험(Versuchen)'하는 습관을 버리게 하려고 했기 때문이다.

오만불손은 우리의 액운이었다. 독일 사회주의통일당의 수명이 얼마 남지 않았을 때 국가안보부장관인 에리히 밀케가 인민의회 앞에서 그때 다음과 같이 언급했던 간단한 문장에서 오만불손은 절정에 다다랐다.

"나는 당신들 모두를 사랑합니다."

에리히 밀케가 야비한 의도로 말하지 않았기 때문에 그 상투어가 더욱 역겹게 들렸다. 나는 당신들 모두를 사랑한다. - 그렇지만 나는 당신들을 징벌하지 않을 수 없기 때문에 그 문장은 계속 기억될 수밖에 없다. 그리고 우리가 당신들에게 주려고 했던 행복으로부터 당신들이 배은망덕하게도 도망가려고 한다면, 우리는 당신들을 당신 자신들로부터 보호해야만 하고, 당신들 자신을 보호해야만 했기 때문에 총신(銃身)을 당신들에게로 향하지 않을 수 없다.

베르톨트 브레히트의 유명한 시를 나는 이 근본주의 논리학을 찬양 가적으로 번역한 것으로 생각한다.[4]

조처(Maβnahme)

공산주의를 위해 투쟁하는 자는
투쟁할 수 있어야 하지만 투쟁하지는 말아야 합니다.
진실을 말해야 하지만 진실을 말하지는 말아야 합니다.
도움을 표명해야 하지만 도움을 거부해야만 합니다.
약속을 지켜야 하지만 약속을 지키지는 말아야만 합니다.
위험을 무릅써야 하지만 위험을 피해야만 합니다.
식별할 수 있어야 하지만 식별하기 어려워야 합니다.

공산주의를 위해 투쟁하는 자는
모든 덕들 중에서
공산주의를 위해 싸우는 단 하나의 덕만 있습니다.

정당한 자는 정당함에 도움이 되기 위해서
누구와 같이 앉아있으면 안 된다는 말입니까?

---

4) 베르톨트 브레히트, 조처. 프랑크푸르트 1998.

어떤 약이 죽어가는 자에게 맛이 너무 역겨웠습니까?

비천을 제거하기 위해서
당신은 어떤 비천들을 저지르지도 않습니까?
당신은 세계를 변화시킬지도 모릅니까?
당신은 자신에게 무엇을 너무 보증할지도 모른단 말입니까?

당신은 누구십니까?
비탄에 잠기십시오, 살육자를 감싸 안으십시오.
그렇지만 세상을 바꾸십시오.
세상에는 그것이 필요합니다!"

● **인식에 대한 당신의 방법은 어떻게 보였습니까?**

독일의 운명을 결정했던 해인 1989년에 당신이 알고 있는 것처럼 나는 독일 사회주의통일당의 정치국, 다시 말해, 공산주의 정당들과 공산주의 국가에서 의심스러운 최고위 추방자로서 인민들을 의심하는 것을 소위 역사적인 사명으로 인식하였을 뿐 아니라, 인민들을 함부로 추방할 정도로 부채질했던 정치적 전권 주무관청의 구성원이었다.

더욱 훌륭한 통찰력이 부족했기 때문에 나는 이미 1917년부터 엉뚱한 방향으로 딸가닥거리며 달려왔던 기차에서 용기 있게 뛰어내리지 못했다. 다만 충돌하기 직전 나는 일종의 비상제동을 하려고 시도했다. 기관사는 무기력하게 되었지만 그렇다고 더 이상의 탈선은 하지 않았다. 비로소 대변동이 있은 후에, 즉 붉은 교단에서 추방된 후에는 사고로 인한 속박은 느슨해졌다가 결국 없어지고 말았다. 그러니까 다시 말해서, 뒤늦게 개종자, 혹은 전향자(轉向者)가 된 것이다.

공산주의가 전복된 후에는 자신들의 옹고집을 완강함과 원칙에 충실한 것으로 설명하는 독일 공산당이라고 불리어졌던 쇠퇴한 분파에 그들이 가입했다는 것을 이미 1990년에 공언했었던 에리히 호네커, 혹은 쿠르트 하거와 같은 노인들처럼 고집스러운 사람들, 혹은 회개하는 기색이 없는 사람들, 평범한 정치적 현실주의에서 자신들의 사고 결함을 가차 없이 조사하는 것을 기피하면서 줄타기를 하는 광대들까지, 혹은 동독에 대한 반항적인 향수에 젖어서 부정적인 인생 대차대조표에서 정당성과 위안을 찾고 있는 저 사람들까지 여러 가지의 조직들이 생겨났다.

그렇지만 자신들의 과거와 이전의 이념적 현혹에 철저하게 몰입했던 몇 사람들만 보잘것없게 되어버렸다. 그 사실에 대한 그러한 보복은 오늘날은 1989년 이전처럼 더 이상 생명이 위험하지 않는 것은 틀림없다. 그래도 보복은 교육을 시킬 수 없는 자들에게는 분노와 증오를 여전히 불러일으키는 것은 사실이다.

더군다나 더욱 정확히 자세히 관찰하는 자는 진정시키려고 애를 쓰는 자아증오를 보복에서 인식하려고 생각한다. 그렇지만 나는 나의 방식으로 미국의 신문기자 멜빈 제이 라스키(Melvin J. lasky)가 자신의 책 《유토피아와 혁명(Utopie und Revolution)》에서 유토피아로 출발해서 혁명을 경유해서 도그마까지, 그리고 마지막으로 이단까지 - 사교(邪敎)까지 - 의 방식으로 기술했던 공산주의의 딜레마를 구현하고자 한다.

인식에 대한 나 자신의 방법을 관찰할 때마다, 나는 주의를 기울일 만한 것에 직면하게 된다. 그러니까 도그마적 공산주의에 복종하는 것을 거부했었던 사람은 예견력이 있는 수뇌부들이 아니었다. 그리고 적어도 공산주의자들이 상당히 홀가분하게 미래옵션을 믿을 수 있었을 때에도 도그마적 공산주의에 복종하는 것을 거부했었던 사람은 나와 같은 사람들에게 영향을 주었을지도 모르거나, 나와 같은 사람들을 현혹시켰을지도 모르는 프리츠 쉔크(Fritz Schenk) 같은 배신자들, 즉 용기 있는 이단자들이었다.

반대로, 이교도 신앙이 교화된 그룹에 영향을 확고하게, 환상적으로 미치는 것은 사실이다. 그렇다고 자신들의 진영에서 자유로운 사고를 비방하게 되면 공산주의 활동에서 자아를 정신적으로 보호하려는 부자연스럽게 강한 욕구가 충족되지 못하게 된다. 그러니까 이단시하는 것은 이념과 이상을 지속적으로 위태롭게 하는 것을 암시하기 위한 수단이었다.

또한 40년대 말의 동구권에서처럼 30년대의 모스크바에서 행해졌던 순전히 날조되었던 조작재판들이 계급투쟁의 첨예화와 관련된 주제가 정당하다는 것을 증명했고, 개별 당원으로 하여금 스탈린의 테러와 전제주의를 무분별하게 수락할 용의를 갖도록 강요하는 방향으로 나아가게 했다.

그리고 헝가리의 라이크(Rajk), 불가리아의 코스토프(Kostof), 체코슬로바키아와 허구 상황의 슬란스키(Slansky)가 행했던 명목상의 파렴치한 짓들처럼 권력의 중심부에 있는 피의자들은 배신자에게 행패를 부릴 수 있었고, 우리를 전율케 하였으며 더욱더 조심하겠다고 서약하도록 하였다는 것을 나는 기억하고 있다.

우리에게 - 물론 편협한 소심, 혹은 이지적이며 편협한 언행 때문에 - 등을 돌렸던 자는 유다(Juda), 즉 인류를 구원하고자 하는 우리의 지시를 훼방 놓으려고 했던 굉장한 적의 앞잡이가 되었다. 그래서 공산주의를 비판하는 문학을 아는 것을 전적으로 거부하는 일이 일어났다.

● 그러나 고르바초프라는 공산주의자는 이렇게 봉쇄되어있는 환경에서 개혁을 늘 시도했습니다.

맞다. 그러나 그도 1인이 중심이 되는 공산주의 후기에 활동하고 있을 때, 본질적으로 다른 사고 자세를 가지고 있지 않았다. 그런데 공산주의의 주(州)들에서 위기현상들이 증가하는 상황에 직면하게 된 고르바초프가 처음에 과감하게 도입했었던 개혁에 대한 희망은 도리어 공산주의의 허구를 확인하는 근거가 되고 말았다. 항의들 때문에 점증적으로 괴로움을 당했던 현실적인 사회주의의 사회에서 개혁들로 인해 상황을 개선시키는 것이 약속되었던 것이다.

그래서 정신적으로 더욱 활발한 수뇌부들도 동독이 쓰라린 종말을 맞이할 때까지 공산주의 사회구조들이 생존할 수 있다는 능력에 대한 오해를 하고 있었던 것이다. 게다가 고르바초프는 스스로 그 사실에 대한 예를 제시하고 있다.

● 그러한 오해가 당신에게는 어떠했습니까?

고르바초프가 당신의 세계관이 균열되도록 했습니까?

고르바초프가 전혀 예견하지 못한 획기적인 변화들을 불러일으켰다는 것을 제외하면, 그는 나의 입장에서 보면 더욱 적합하고 생명력이 있는 현실적인 사회주의에 대한 미신을 갖게 하였을 뿐이다. 역시 나의 입장에서 더 많은 것들이 조화를 이루었어야만 했다.

이미 동독이 정치적으로 종말을 고하기 전에 동독의 사회구조가 붕괴되고, 당이 와해되고, 결국 당의 잔여조직인 독일 민주사회당이 푸대접을 받고 있다. - 이 모든 것들 때문에 고뇌에 찬 정신이 자유롭게 되는 과정이 진행되었다.

우선 지독한 의심이 모습을 나타냈다. 그때마저도 그렇게 오랫동안 색인에 있었던 문헌을 찾아보아도 여전히 의심이 해결되지 않았다. 그런데 나에게 정신적 변화가 일어났던 초기의 대화, 즉 놀랍게도 연방공화국의 기자들과 대화를 나눈 적이 있었다. 그러니까 1989년 동독이 급작스럽게, 그리고 지속적으로 일어났던 변화에 휩싸이자마자, 이 사회가 신속하게 붕괴되어가는 것을 더욱 잘 이해할 수 있기 위해서 그 기자들 중의 소수가 나와 며칠 동안 토론을 했다.

지렌씨, 당신도 그 토론에 참여를 했다. 이 대화의 계기로 결정적인 수문들이 열렸다. 두 번째 자극제는 동독의 종말에 대해서 이미 여러 번 언급을 했던 나의 출판물이었다. 그래서 나는 오늘도 여전히 그 사실에 대해서 출판사에 고맙게 생각하고 있다.

왜냐하면, 그 저서는 나와 나의 행동의 근거를 비판적으로 질문함으로써 압박하는 유익한 역할을 했기 때문이다. 그 이후로, 즉 1990년 봄 이후로 나는 많은 독서 부족을 메우려고 하는 중이다.

- 당신이 전에 지냈던 체제에 대해서 가차 없이 이야기하는 것이 세월과 더불어 증가되었습니까, 혹은 더욱 약화되었습니까?

나는 있는 그대로 묘사하는 역사학자나 학자가 아니다. 나아가 나는 대립적인 많은 소식통에서 정보를 얻고 곰곰이 생각하는 성향의 사람이 전혀 아닐 것이다. 그렇지만 때때로 정치 점성술사, 혹은 위대한 칼럼리스트들을 소위 있는 그대로 묘사할 뿐만 아니라, 소위 좌파정당연합의 기초이득을 고려하고 있는 내용 없는 잡담이 바로 오늘, 대체로 나의 핵심과 관련이 있다. 시대의 베일이 사건들을 덮으면 덮을수록 혹은 때늦은 출생, 혹은 다른 출생지에 대한 신의 은총으로 관대해지면 질수록, 과거 공산주의에 대한 단호한 소리가 더 낮아질 것이다.

- 그러므로 당신은 때때로 자신을 못 견디도록 귀찮게 굴지 않습니까?

(웃는다) 주지하는 바와 같이 가장 나쁜 사람들은 바로 변절자들 가운데 있다. 그런데 그들이 유혹에 넘어가지 않았고, 유혹을 결국 물리치고 말았던 일들을 그들이 적절하게 알고 있기 때문에 그들은 기분이 좋은 것이다. 그렇기 때문에 마르크스주의에 따라 세상을 해석하자는 주장과 세상을 구제하는 자에 대한 망상에서 변절이 어떻게 생길 수 있는가를 찾아내는 동기부여의 원인(動因)을 찾는 게 증가하게 된다.

수포로 돌아간 공산주의의 사회프로그램은 정신을 경직시켰던 잘못된 사고의 월권(越權)으로 증명되었다. 그 사실에서 우리는 미래를 위해서 다음과 같은 사실을 배울 수 있다. 인간은 자신이 도달했던 인식정도를 과대평가할 뿐만 아니라 보편화하기 때문에 피해를 반드시 입게

된다. 마르크스주의는 19세기 사상의 산물이다. 마르크스는 정보기술에 대해서 무엇을 알았고, 반목(反目)과 그 사이에 일어났던 세계진영의 비타협으로 인해서 인류를 섬멸시키는 차원까지 이르게 했던 핵무기의 과잉보유에 대해서 무엇을 알았겠는가?

그런데도 역사적 전후관계를 기억하는 것은 흥미로운 일이다. 거의 200년 전에 일어났던 첫 번째 산업혁명으로 인해서 그때까지 거의 알려지지 않았던 생산성의 방법과 차원이 고려되었을 뿐만 아니라, 사회가 대립하는 방법과 차원도 고려되었다.

모든 것을 만들 수 있고 조종할 수 있는 매력, 그리고 불법의 무산 노동자 집단이 있고, 초기 자본주의자들, 혹은 야비한 자본주의자들이 소유했던 증기기관이 있고, 딸가닥 소리를 내는 연동장치와 지금까지 결코 알려지지 않은 단위시간의 제품생산양이 있는 큰 공장들 - 그 모든 것이 부와 빈곤이 모순을 드러내는 심상(心想)으로 세상을 변화시키는 철학적 구절을 만드는 의지를 유발시켰을 뿐만 아니라 이전에는 그 의지를 부양하기까지 했다.

프랑스 혁명 이후 봉권적 특권들과 소국의 방해들에 저항하는 혁명적이고 진보 - 자유적인 비등(沸騰)들이 일어났던 19세기 전반까지의 시끄러운 세월들은 강압적이고 철두철미한 사회의 부서들과 쓰나미처럼 퍼지는 권리가 없는 기층 민중이 일으켰던 세계적 봉기에 대한 환상을 불러일으켰을지도 모른다.

예를 들면, 프랜시스 휀(Francis Wheen)의 전기에서처럼 마르크스의 전기에서 마르크스와 그의 모반의 무리가 어디서나 미동(微動)하고 있는 모든 사회의 항의에서 세계혁명이 지체 없이 발발할 것이라고 당시에 예감한 것을 어떻게 생각했는가를 읽을 때에는 어쨌든 감명을 받는다.

그런데 세계혁명은 일어나지 않았지만, 1848년의 〈공산주의 선언 (Kommunistischen Manifest)〉에 마르크스는 비전을 적었다. 그러니까 **최고 심급의 법원에서 내렸던 판결과 같이 수정하지 않고, 인간이 지속적인 주인공으로 존재하고 있는 경제적, 사회적, 정치적, 그리고 그 밖의 변화들과 발전들을 고려하지 않고 유토피아를 지상으로 가져오려고 했으나, 우리는 그 유토피아를 준비하지 못하고 말았다. 우리는 결국 유토피아에 진 꼴이 되었다. 더욱이 우리는 유토피아에 배척을 당하고 말았다.**

4

독일 점령지에서 일어난 쿠데타
동독의 생성

● 모스크바가 어떻게 동독, 즉 자신이 가장 신임하는 새싹을 만들어냈습니까?

나치정부가 붕괴된 후에 소련 군대가 점령한 독일의 1/3은 첫 순간부터 소련 공산주의가 확보했던 영향권과 세력권 하에 놓여있었다. 서방 국가들이 점령한 독일의 부분, 즉 3국 점령지와는 달리 소련의 점령국은 여기에서 얻은 이득을 마음대로 처리할 수 있었다.

그리고 소련의 점령국은 그 나라의 인민 즉, 소련과 마찬가지인 동독의 공산주의자들에게 의지할 수밖에 없었다. 그렇다고 비나치화 단계를 지났다고 해서, 연방독일의 주권을 점증적으로 되찾아간다고 해서 미국인, 영국인, 프랑스인과 마찬가지로 소련의 점령국은 정치적으로 자신들과 일치할지도 모르는 민주적인 반나치 집단들에 의지할 수는 없었다.

민주적인 반나치 집단들에 의지할 수 없는 것은 이념에 바탕을 두고 있을 뿐만 아니라 모스크바가 러시아 10월 혁명 이후로 세계에 지점망(支店網)으로 만들어 놓았던 국제공산주의 운동의 위계질서와 관련되어있기 때문이었다. 그런데 세계혁명에 대해서 마르크스와 트로츠키가 했던 예언과 기대는 부적절한 예언으로 밝혀졌다. 따라서 러시아혁명이 세계에 미쳤던 여운은 멈추고 말았다.

왜냐하면, 여러 선진 산업국가에 있는 무산노동자 계급은 혁명을 기대하지 않았기 때문이었다. 게다가 전쟁으로 뒤흔들렸던 독일에서조차 프로렐타리아트의 에너지는 한 번도 혁명을 일으킬 정도로 충분하지 않았다. 그래도 그 사이에 쟁취되었던 사회민주주의와 노동조합이 개선되었던 덕분에 프로렐타리아트는 독일에서 꼭 50년이 지나서야 휴식시간과 연금을 획득하게 되었다.

그렇지만 레닌은 국내에서 사회주의가 일시적으로 승리한다는 것에 중점을 두었던 추가변형을 즉각 시행하였다. 뿐만 아니라, 혁명의 바탕인 러시아는 그 외에도 물론 국가적으로 확정된 공산주의를 확대할 수 있는 모든 가능성을 인지하였다. 뿐만 아니라 러시아가 나치 독일과 일시적으로 제휴했기 때문에 스탈린은 동유럽지역에 있는 기층민중이 이득을 얻게 해주었으며, 동쪽에 있는 폴란드를 합병하였다.

또한, 나치정부가 진압되었을 당시에 동맹을 맺었던 서방국가들이 동맹관계국으로 변화되었기 때문에 공산주의, 혹은 인민민주주의 국가들이 형성될 수 있었을 뿐만 아니라, 모스크바의 세력권을 확장시킬 수 있었던 것이다. 게다가 동독의 창설과 국가의 구성양식은 세계적 계급투쟁을 위한 사회주의의 전초기지로 만들려는 스탈린의 초안에 따라 엄격하게 진행되었다.

● 사회주의의 전초기지로 만드는 것은 전쟁으로 상처를 입었던 독일의 동쪽에 있는 독일인의 지원을 받지 않고는 불가능했습니다. 누가 스탈린의 처방술을 정착시키는 데에 도움이 되었습니까?

발터 울브리히와 빌헬름 피크(Wilhelm Piek)의 휘하에 있는 독일 공산당에 소속되어 있는 모스크바 망명자 단체가 충실한 조수로서 직무를 다했다. 뿐만 아니라, 그들은 스탈린의 핸디캡에 따라 소련의 스타일을 전후 독일에서 형성하기 위해서 사전에 작업을 했다.

더군다나 1952년 스탈린 외교문서의 진로를 변경시키는 것이 실패함으로써 단념되었던 획일적 변화를 위해서도, 다음의 2개 국가들의 변화를 위해서도 사전에 작업을 했다.

그리고 독일 공산당의 지도부는 이미 20년대 중반에 에른스트 텔만(Ernst Thalmann)의 지도 아래 방향을 잡아나갔던 스탈린의 노선을 계승했다. 게다가 텔만의 중앙위원회는 정치국원이고, 공산주의 국제 노동자동맹의 의장인 니코라이 이바노비치 부카린(Nikolai Iwanowitsch Bucharin)과 스탈린 사이에서 1928년에 일어났던 권력투쟁에서 공산주의 국제노동자동맹의 분과로서 게오르기어의 편을 들었고, 흔들림 없이 게오르기어의 지시를 따랐던 것이다.

같은 해에, 독일 공산당 비서인 욘 비트오르프(John Wittorf)를 둘러싼 부패사건과 관련해서 독일 공산당의 의장인 텔만이 소위 정당법에 따라 일시적으로 면직되었을 때, 스탈린은 이 결정을 파기시켜버렸다. 그렇게 함으로써 독일정당의 스탈린화가 최종적으로 이루어졌다.

그리고 이미 1944년 2월에 20명으로 구성된 독일 공산당의 노동위원회는 히틀러에게 승리한 이후의 과제들에 대한 지침을 독일에서 파악하는 임무를 모스크바에서 위임받았다. 그렇지만 1945년 5월 울브리히트 그룹이 소련의 점령지로 들어가게 되었을 때, 모스크바는 아직도 독일 공산당과 독일 사회민주당의 통합을 생각하지 않았다. 왜냐하면 소련정부는 주 독일 소련군정청(SMAD)의 지원을 받고 있는 자신의 측근들이 마찬가지로 또다시 허용해 주었던 독일 사회민주당을 능력 면에서 능가할 것이라는 사실을 확실히 믿고 있었기 때문이었다.

● 소련 정부의 측근들은 독일 공산당이 그렇게 빨리 지배적 역할을 하리라는 것을 어떻게 그렇게 확실히 믿을 수 있었습니까?

1945년 6월부터 베를린과 소련의 점령지에서 명백히 드러났던 정당 판도에서 기회균등은 처음부터 없었다. 전후 독일의 정당에게 너무나 큰 역할을 했던 모든 것을 사용해서 소련은 특정한 영향력을 행사했을 뿐만 아니라, 동독 공산당에게 사무실, 집, 가구, 식료품, 전화, 자동차와 휘발유, 그리고 아주 대단히 중요한 종이를 후원했다. 물론 돈으로도 후원을 했다. 그것에 반해서 다른 정당들은 소련과의 연대감이 거의 없었을 뿐만 아니라 자주 잔해 속에 살고 있는 당원들과 간부들의 개인적 의무감만 믿을 수밖에 없었다.

스탈린과 모스크바 정치국에 전해졌던 당시 비밀경찰의 관할 하에 있었던 소련 내무부의 보고 때문에, 소련 점령지와 베를린에 있는 노동계층이 사회민주주의를 진심으로 좋아했다는 것과 점령국의 성급한 보조자로서 비방도 받았던 공산주의자들은 대다수의 인민들에 의해서 기회를 놓치게 되었다는 것이 밝혀지게 되었다.

그래서 임박한 첫 번째 지방선거에서 독일 보조자들의 모든 희망이 사라질 조짐이 보였던 것이다. 왜냐하면, 이런 상황에서 모스크바는 진로변경을 하기로 결정했기 때문이다. 그래서 독일 사회민주당과 독일 공산당의 강제적 통합은 의사일정에 올려 졌던 것이다.

게다가 독일 공산당이 이미 불공평하게 우대를 받고 있는 데다 추가적으로 독일에 있는 소련 군정청마저 독일 사회민주당의 당업무와 당원업무를 한층 더 곤란하게 만들었다. 왜냐하면, 예를 들면 독일에 있는 소련 군정청은 회합들을 인가하는 권한을 가지고 있었기 때문이었다. 게다가 더욱 더 효과적인 강하고, 또 온건한 양면책이 동시에 사용되었다.

그렇게 함으로써 독일에 있는 소련 군정청은 독일 사회민주당을 갈라놓는 일에서 점차 성공하게 되었다. 한편으로는 개별적인 특전들, 체포, 위협, 그리고 독일 사회민주당의 지도자들과 독일에 있는 소련 군정청의 장교들의 단독 대화를 통해서 위에서 내려오는 압박감을 한층 강화시켰다. 다른 한편으로는 독일 공산당의 간부가 뇌물로 자동차를 받았는데도, 다른 사람이 체포되었던 것이다.

이러한 책략들은 독일에 있는 소련 군정청이 소련 비밀정보기관과 아주 밀접하게 짜 맞추어져 있었다는 것을 암시하고 있다. 1945년 국가 안보처(KNGB)의 총책인 이반 세로프(Iwan Serow)가 독일에 있는 소련 군정청의 청장인 마샬 슈크로프(Schuknow) 때문에 인민행정관청의 문제들을 처리하는 대행자로 임명되었다.

공로가 많고 노련한 앞잡이인 세로프는 동유럽의 발틱국가들에 있는 수천 명의 인민들을 시베리아로 추방시키는 것을 이미 계획했던 경력이 있다. 또한 그전에 그는 볼가지역에 있는 독일인, 체코인, 다른 북코카서스 인민들의 추방에도 관여하였다. 뿐만 아니라, 붉은 군대가 폴란드 지역으로 전진하고 있는 동안에 세로프의 단위부대들이 폴란드 인민의 저항을 확실하게 진압하기도 했다.

소련의 점령지에서 소련 비밀정보기관이 했던 활동에 대해서 독일에 있는 소련 군정청의 옛 직원인 미카일 세미리야가(Michail Semiryaga)는 기억하고 있습니다.

"나는 약간 불법적인 신나치주의 그룹들처럼 실제 적대자에 대항해서 전투하는 경향만을 띄지 않았다는 사실을 확인해줄 수 있다. 더욱 결연하게 소련에 있는 체코인들도 상상의 적들을 사냥했다. 세로프 장군과 그의 후임자 부하들은 도처에서 트로츠키주의자들, 슈마허(Schumacher) - 사람들, 시민계급의 민족주의자들 그리고 나중에 티토(Tito) - 추종자들을 찾아냈다. 그리고 다른 동유럽 국가들에서도 그러한 일이 발생했듯이, 그 부하들은 그러한 사람들을 찾아낼 때마다 그러한 사람들을 사살까지 이르는 가장 다양한 탄압들로 굴복시키고 말았다."[5]

● 그러나 이반 세로프는 안정보호책 때문에 더구나 나치들을 그들이 처해있는 상황들에 내버려두기로 결정을 했습니다. 초기의 동독에서 그 일을 어떻게 취급하게 되었습니까?

특별한 경우에 소련은 동독에서 - 물론 기한부로 - 준비를 하고 있었던 정부를 위해서 나치까지도 수단으로 사용할 수 있었다. 그에 대한 한

---

5) 현대사에 대한 할레지구의 기여, 할레 2008/ 1호

예는, 동독의 옛 외무부 장관인 게오르그 데어팅어(Georg Dertinger)이다. 그는 나치를 선전하는 신문기자로 근무하였고, 동독에 있는 독일 기독교민주동맹의 당원이 되었다.

데어팅어는 자신의 과거를 이용하는 것을 알고 있었다. 그런데 비밀경찰의 관할 하에 있는 소련 내무부는 연방공화국에서 옛 나치가 아직도 어느 정도 영향력이 있다는 가정 하에서 연방공화국에서 나오는 정보들을 수집하기에 적합한 정보원을 자신의 내부에서 찾아냈다.

게다가 그렇게 해서 찾아냈던 데어팅어는 독일의 재통일에 대해 소련이 최초로 했던 확약들을 신뢰했다. 또한 그는 동독을 과도체제(過渡體制)로 간주했고, 자신의 직권으로 두개의 독일을 통일시키는 것이 가능하다는 목표를 향해서 노력하기로 마음먹었다.

그렇지만 1952년 스탈린의 외교문서에 따르면 모스크바는 전체 독일을 중립화하려는 스탈린의 계획들을 단념했고, 동독을 사회주의로 유도하려고 하였으며, 사살하기로 되어있었던 데어팅어를 석방했다. 그렇지만 1953년 1월에 그는 서방을 위해 스파이 행위를 했다는 죄를 뒤집어쓰고 결국 15년의 징역형을 선고받았다.

● 새로운 경기규칙들을 따르지 않으려고 했던 독일 사회민주당 당원들과 공산주의자들은 어떤 상황에 있었습니까?

50년대 초까지 납득되지 않는 소송들이 끝난 다음에 이 반항적인 공산주의자들 가운데 많은 사람들 중에 일부는 소련 군사법정에 의해, 일부는 독일 사회주의통일당의 사법기관에 의해 과도한 징역형을 선고

받았다. 그래도 동독 공산당과 통합하는 것에 저항했을 뿐만 아니라, 서방 점령지에 있었던 독일 사회민주당과 관계를 유지했던 소련 점령지 출신의 사회민주주의자들은 큰 용기를 내어서 동일한 정도의 위험을 무릅썼다. 그렇지만 독일 사회주의통일당을 '새로운 타입의 정당'으로 무조건 스탈린화하는 동안에 사회민주주의자들에 대한 박해의 강도도 증가되었다.

〈독일 사회민주당의 계열 출신의 옛 정치수감자들이 교우하는 범위〉라는 1971년 3월 31일에 독일 사회주의통일당의 중앙위원회에 보냈던 편지에 다음과 같이 적혀있다.

"독일 노동자 운동에는 오랜 세월 동안 비인간적인 감옥에서 자유를 강탈당했던 5천 이상의 회원들과 간부들이" 참여했다.

"그들 가운데 4백 명 이상이 그때 죽었습니다."

그런데 감옥에서도 점령국과 독일 사회주의통일당은 업무를 분담했다. 그래서 세상 사람들을 기만하기 위해서 자유의 강탈을 극복할 의사가 없었던 사회민주주의자들에게 소련 군사법정이 형을 선고했지, 동독 법원이 형을 선고하진 않았다. 그러니까 독일 사회주의통일당은 이 소송에 대한 모든 책임과 전혀 관계가 없다고 생각되기를 바랐던 것이다.

● 독일 공산주의자들은 그러한 책략들을 어떻게 사용했습니까?

독일 공산주의자들은 그때 개입하지 않고 멀리 떨어져 있었기 때문에, 독일 공산주의자들이 유리해졌다. 그 이외에도 독일 공산주의자들로 하여금 그때 개입하지 못하게 했던 이 제한, 즉 이 부당함이 '점령지'에서 나중에 동독에서 독일 공산주의자들 자신이 우위를 차지하는 데에 도움이 되었다. 그렇지만 독일 공산주의자들은 티토의 치하에 있었던 유고슬라비아에서처럼 민족적으로 반항하는 태도, 혹은 당 노선을 이탈하는 행위를 하는 경향이 있었다. 그래서 그들은 죄책감 콤플렉스에 휩싸여 있었다.

게다가 독일 공산주의자들은 - 마르크스와 엥겔스의 직접적인 후예로서 - 볼셰비키가 아주 비전형적인 전제조건들 하에서 성공을 거두었던 사회적 혁명, 혹은 더욱 정확히 농업적으로, 반동적으로 낙인이 찍혀버린 나라에서 독일공산주의자들이 일으켰던 사회적 쿠데타를 자본주의가 전성기를 누리는 독일에서 실행하지 못했다. 더욱이 공산주의 조종(祖宗)의 나라가 파시즘에 희생되는 것을 막지 못했다는 사실 때문에 더욱 광범위하고 더더욱 용서받을 수 없는 좌절을 맛보았다.

다시 말해서, 생업에 종사하는 사람들의 모국(母國)인 공산주의 러시아를 하필 이 독일이 습격했었다는 사실이 가장 용서받을 수가 없는 것이다. 그렇지만 혁명의 유토피아는 결국 지배력을 쟁취하게 되었다. - 소련연방은 프로렐타리아트 민중에게 세계를 진보적으로 변화시키겠다는 것을 약속했다. 그리고 자본가와 투쟁을 하기 위해서 프로렐타리아트 민중을 동원했다.

- 그래서 독일 공산주의자들은 특히 전심(專心)를 다했습니까?

그렇게 말할 수 있다. 특히 소련의 명령들과 소망들을 따르겠다는 독일 사회주의통일당의 과도한 열의 뒤에는 이 죄책감 콤플렉스를 제거해야 한다는 감정이 자리 잡고 있었다. 1945년이 지난, 초기의 지침들은 독일에 있는 소련 군정청의 장교들, 나중엔 고위 인민위원, 그 다음에는 대사 혹은 모스크바의 중심부에서 직접 내려왔는가에 상관이 없었다. - 그 사이에 인품이 있는 동맹자가 항상 의심스러운 종속자로 남아있었다.

● 죄책감은 세월이 흘러감에 따라 더욱 확실하게 제거되었습니까?

죄책감이 약간 사라졌지만, 동독의 활동 여지는 거의 증가하지 않았다. 그래서 동독 - 공산주의자들은 소련을 결코 완전히 신뢰할 수 없었다. 그렇지만 독일의 분단 상황이 한편으로는 동독에 큰 이득을 주었다. 왜냐하면, 서독의 국민이 바라던 희망이 희롱 당했기 때문에 정치적 영향이 나토회원국인 연방공화국에 미칠 수 있었기 때문이다.

그러나 두 분단국가들이 한편으로 유익하게, 역사적으로, 종족 간에 부둥켜안게 되었지만, 다른 한편으로는 모스크바는 항상 동독의 관계를 주의 깊게 관찰하게 되었다. 독일인의 별명인 '프리체(Fritze)'- 이 명칭은 모스크바가 서독인을 두고 한 말이었을 뿐만 아니라, 비공식적인 언어 사용에서는 동독에 있는 동독인을 두고 한 말이었다 - 는 동구 공동체들의 금지된 길로 들어서고 말았다.

● 이 수상함 때문에 동독의 고위당간부들도 급습을 당했나요?

전적으로 그렇다. 발터 울브리히트조차도 자신의 전성기 끝 무렵에 특별한 방식이지만 노여움을 받았다. 물론 자신의 군도(軍刀)에 장식을 했던 대가를 거의 치르게 되었던 단지 하나의 위기, 다시 말해서, 6월 17일의 봉기를 미리 견디어냈던 것이 틀림없다.

소련의 비밀정보 기관장인 라프렌티에 파프로피치 베리야(Lawrentji Pawlowitsch Berija)와 동독의 국가안전부 부장인 빌헬름 차이서(Wilhelm Zaisser)는 울브리히트를 당시에 경질하고자 했다.

그렇지만 베리야의 처형 때문에 뾰족한 턱수염을 가진 남자가 스탈린 이후 동독에서 가장 영향력이 큰 모스크바의 총독으로 부임해서 흐루시초프와 나란히 서 있었다. - 두 사람은 구스탈린주의자들이었지만 스탈린 서거 후에 자신들이 이용했던 테러에서 구사일생으로 빠져나왔던 사실에 대해 만족해하고 있었다.

● 그렇지만 울브리히트의 직책은 장기간 보장되어 있지 않았습니까?

60년대 말에 울브리히트에 대한 상황이 재차 첨예화되었다. 모스크바에서는 그 사이에 브레쉬네프(Breschnew)가 크렘린 · 왕좌에 즉위했다. 그런데 울브리히트는 각종 문제로 모스크바에서 미움을 샀다. 그렇지만 그는 사회주의가 비교적 독립적인 주기로 진행된다는 이론을 생각해냈다.

이에 반해 소련의 이데올로기 대표자들은 이미 반은 공산화되었다고 평가했고, 머지않아 사회주의 소련연방공화국을 모든 사람이 능력에 따라 활동할지도 모르고 욕구에 따라 살아갈지도 모르는 지역으로 궁극적으로 평가를 내렸다.

그러나 울브리히트의 이론은 역시 의심스럽다. 왜냐하면, 이 이론은 소련이라는 견본을 궁지로 몰아넣었을 뿐만 아니라, 동맹국들이 비교적 독립적으로 정치활동을 하도록 하였기 때문이다. 이 이외에도 울브리히트 자신이 몇 년 전부터 동독에서 창설해서 진행시켰던 효율적인 경제시스템을 지속적으로 암시를 했기 때문에 그는 소련이라는 파트너를 곤혹스럽게 만들었다.

왜냐하면, 울브리히트가 경제의 촉진책들과 원천 인공두뇌학의 요소들을 연결시켜서 만들어 놓았던 인민경제를 계획하고 관리하는 신경제시스템(NÖSPL)은 소련의 느릿느릿한 경제구조에 대한 간접적 비판으로 간주되었기 때문이다. 그렇지만 인민경제를 계획하고 관리하는 신경제시스템(NÖSPL)도 동독의 궁핍경제를 고칠 수는 없었다.

● **그래서 호네커는 자신을 전면에 내세우기 위해서 울브리히트에 대한 불만을 이용했습니다.**

훨씬 더 많이 이용했다. 호네커는 울브리히트를 추종하는 후계자로 뛰어오를 기회를 알아차렸다. 1970년 여름 우연히 만나는 동안에 그가 울브리히트를 교체해야 한다는 것을 넌지시 암시했을 때, 브레쉬네프가 찬성하고 있다는 것을 예기치 않게 알게 되었다. 그렇지만 소련공산당지도부는 온건한 변화를 권하였다. 그래서 호네커는 총서기로 되게 되었고, 울브리히트는 국가평의회 의장으로 남아있게 되었다.

결국 미래의 동독 제1인자에게 전별품과 함께 다른 사회주의 국가들에 비해서 동독에서는 모든 불순함은 고쳐져야만 한다는 명료한 경고가 주어진 것이었다. 그 이외에도 브레쉬네프는 동독이 '소련의 어린애'라는 것을 결코 잊지 않도록 했다. 물론 호네커는 브레쉬네프가 무조건적인 추종자의 충성을 기대하고 있다는 것을 파악하였다.

● 왜 울브리히트는 단순히 총애를 잃었는데도 해고되지 않고 대치되었습니까?

브레쉬네프는 독일 사회주의통일당의 수뇌부에서 인물을 교체하는 것에 찬성했다. 그렇지만 과도기는 순조롭게 정돈되어서 나타나야만 하고, 점유침탈(占有侵奪)에 대한 생각을 대두시켜서는 안 된다는 것이었다. 그렇지 않으면 이러한 사실 때문에 다른 사회주의 국가들에 있는 좋은 풍습이 망쳐질지도 모르기 때문이었다. 뿐만 아니라, 독단적 행동이 일어나도록 할지도 모르고, 소련의 특권이 약화될 수 있을지도 모르기 때문이었다.

브레쉬네프가 흐루쉬쵸프의 권력을 박탈했던 것이 본보기로 똑같이 이용되었다. - 이 사실 때문에 브레쉬네프가 나중에 권력을 박탈당하는 것이 위태롭지만 정상적인 과정으로 아마 나타나게 되었는지도 모른다. 아무튼 개인을 숭배하는 경향 때문에 한번 확립된 권력관계들을 변화시키는 것은 신중을 요하는 일이 되었던 것이다.

1971년 말, 호네커가 격려를 했고, 13명의 정치국원들이 서명을 해서 브레쉬네프에게 보냈던 편지가 울브리히트의 운명을 최종적으로 결정하였다. 그 편지에는 다음과 같이 적혀있었다.

"자신의 무오류성(無誤謬性)에 대한 감정에서 영향을 받는 당원 발터 울브리히트가 사회주의 우방공동체 내 다른 정당이 제시하지 못하는 미래의 10년에 대한 정치적으로 다른 예측들을 2000년까지 내놓겠다는 견해가 점점 더 강하게 드러나고 있다. 많은 소견들과 적지 않은 행동들을 보면 당원 발터 울브리히트가 자신을 마르크스, 엥겔스, 그리고 레닌과 동등시 하고 싶어 한다는 것을 유추할 수 있다."

그의 자세는 정치국에서 '반복할 수 없다'고 하는 주장에서 절정에 다다랐다. 게다가 그는 자신의 인품을 과장되게 평가한 것을 되풀이해서 본보기 역할과 스승 역할을 해주기를 원하는 동독에게도 역시 전용(轉用)했다. 그래서 소련 공산당에 있는 중앙위원회의 정치국은, '이해하기 어려운 문제를 해결할 때 우리를 도와 달라'는 요청을 받게 되었던 것이다.

브레쉬네프에게 보냈던 불평편지에 따르면 울브리히트가 자신의 돈으로 정치국의 문제를 해결하는데 결국 3달이 걸렸다. 그래서 1971년 5월에 독일 사회주의통일당의 중앙위원회는 호네커를 당의 신임 제1비서로 선출했다. 그렇지만 울브리히트는 여전히 국가평의회 의장으로 유임되었고, 그 밖에 잠시 독일 사회주의통일당의 명예의장이라는 무의미한 자리로 가게 되었다. 결국 그는 실권(失權)을 오랫동안 극복하지 못하다가 2년 후에 사망했다.

● 당신은 개인적인 권력과 권한요구에 대해서 이야기를 했습니다. 어떤 기능이 동독에서 당이 하는 지도적 역할을 했습니까?

지도적 역할은 노동자 계급의 정당이 가지고 있는 권위주의적인 패권(覇權)이 필요하다는 것을 주장하는 것이었다. 당은 엄격한 위계질서로 조직되어 있었다. 정당을 내부적으로 조종하는 요소, 즉 민주적 중앙집권제를 마르크스, 엥겔스가 이미 1848년에 공산주의자들의 연맹을 위해서 규정하였다.

이 원칙은 추적당하고 있는 비밀단체 내에 있는 규율에 대한 지시에 맞추어서 만들어졌던 것이다. 게다가 독일 사회주의통일당의 경우에서처럼 작센 - 프로이센인의 지나친 정확성과 더불어 그 원칙이 적용되었기 때문에, 극도로 관료주의적인 복종을 요구하는 중앙집권제가 성공했다.

● 도대체 동독 사회주의통일당은 어떻게 조직되어 있었습니까?

당의 정점에는 중앙위원회가 있었다. 그런데 그 중앙위원회는 법에 따라 자신의 동료들 중에서 일종의 광명회(光明會)로 표시될 수 있을지도 모르는 정치국을 선발했다. 그렇지만 실제로는 총서기가 자신의 측근자들을 오직 자신의 신디케이트의 구성원들로 결정하는 것이었다. 그리고 총서기는 이념적 순수성을 지키는 최고위 파수꾼과 판결자로 재차 안정성과 명확성으로 당의 배타적 정체성을 구체화해야만 했다.

그런데 단지 최초의 가시적 징후로만 파벌들의 형성을 총서기가 역시 용인했다면, 그는 허약한 인물이라는 소리를 듣게 될지도 모른다. 그래서 정당은 뚜렷하게 혁명을 지향해야만 한다는 사실을 약화시켰던 정당 내부에서 과거에 일어났던 노선투쟁으로부터 결론을 끌어냈다.

그렇지만 에라 체르넨코에 이르기까지는 선두에 있는 총서기는 제일 먼저 자신이 모스크바의 중앙위원회에 절대적으로 순종한다는 것을 증명해야만 했다. 그런데 고르바초프 시대에 들어와서는 위성국 - 총서기들의 통치권이 단지 조금 절로 느슨해졌다.

동맹국에 있는 정당의 총서기는 재차 정치국 내에서 일어났던 모든 변화들과 소련 중앙위원회의 국제부서에 소속되어 있는 다른 중앙당 주무관청이 베를린지역을 담당하는 것을 승인하도록 지시하였던 것이다. 예를 들면,「새로운 독일」의 편집장의 직위를 차지하는 것조차도 중앙당 주무관청이 담당했다.

● 그렇다면 정치국에서 정책이 수립되었습니까?

정치국의 결정들은 공산주의 이론을 직접적으로, 상황에 따라 개선하는 것으로 간주되었다. 그리고 그 결정들은 모든 당원들에 의해 기꺼이 준수되어야만 했고, 당원들이 했던 비판적 항의로부터 실질적으로 영향을 받지도 않았다.

뿐만 아니라, 개인이든 단체이든 대안을 제시하는 모든 숙고나 토의는 당에 어긋나는 것으로 간주되었고, 중앙권력을 전복시키려고 당에 기반을 구축하는 시도로 평가받았다. 또한 적당한 에티켓은 '소시민적' 혹은 '사회민주적 이탈들', '노동자 계급의 적을 후원하는 것' 혹은 '당의 조화와 순수성에 대한 비판'으로 간주되었다.

26명의 정위원들과 투표권이 없는 몇 명의 후보위원들, 다시 말해서, 배석자들로 구성되었던 정치국과 위원들이 거의 200명에 달했던 중앙위원회라는 당기구 위에 군림했다. 그 당기구는 지도층, 상임비서들, 지도원들, 그리고 모두 중앙의 의무가 주어져 있었던 직원들이 연루되어 있었던 당의 관료사회를 내포하고 있었다.

그리고 옛날의 직업 혁명당원들에서 중소 간부들에게 활동성, 원칙에 대한 충실성과 경건을 강력하게 요구하는 공무원 계급제도가 생겨났다. 또한 레닌이 요구했던 헌신에 따라 아주 말단에 위치했던 당원들은 결국 당의 대규모 메커니즘을 이용하여 '작은 바퀴들과 작은 나사들'을 만들었던 것이다.

● 당을 책임 있게 이끌어 나가는 역할을 하는 자는 다시 말해서, 국가를 마르크스주의적으로 장황하게 설명하는 자였습니까?

장황하게 설명하는 자? 역시 그렇다. 우선 그 사람은 권력의 대변인이었다. 사회의 모든 분야들을 빈틈없이 통제하는 것이 당을 책임 있게 이끌어 나가는 역할이었다. 그러니까 그것은 당이 국가기구와 경제에 연루되어 있었다는 것을 의미한다. 그리고 노동조합들과 다른 대중 조직체들, 물론 군대와 경찰에도 연루되어 있었다는 것을 의미한다.

그렇지만 도처에 당원들이 배치되어 있었으나, 어차피 총서기가 처음부터 국가안보기구를 직접 담당했다. 그러다 보니 관료주의적 중앙집권제가 국가기구에 적용되었던 것이다.

예를 들면, 중앙집권제는 계획시스템과 인민경제의 명령구조가 가지고 있는 특징을 나타내고 있었다. 그리고 독일 사회주의통일당은 '인민전선'의 구조로 다른 당들에 대해 확실히 영향을 주었고, 대중 조직체들에 대해서도 확실히 영향을 끼쳤다. 뿐만 아니라, 독일 사회주의 통일당은 작가와 예술가의 조합들에서조차 다수를 마음대로 했다.

그 이외에도 독일 사회주의통일당은 간부훈련 정책으로 대중매체를 조종했다. 그 결과로 당을 통해서 국가와 사회가 전체적으로 통제되었다. 그렇지만 다수당들이 있는 지역들을 연결해 놓은 시각적 표현은 그 사실을 적절하게 보다는 더욱 부적절하게 은폐시킬 수 있었다.

● 당은 동독에 있는 현실과 마르크스주의가 예측한 것 사이에 있는 갭을 어떻게 메웠습니까?

그 분야를 추구해 가는 길은 험난했고 시야에서 사라지기도 했기 때문에, 우리 공산주의자들은 이념의 잠정적 요청인 소위 정치권력의 문제(Macht-frage)를 최종 목표로 미루었다.

앞에서 말한 바와 같이, 권력의 획득과 보장은 사회주의 사회를 창설하는 기본적 전제조건으로 간주되었다. 공산주의 선구자가 행했던 독재정치는 모든 사회의 영역들로 번져갔다. 예술에서부터 유치원까지, 또한 그 독재정치는 일종의 이념적 '성찬(聖餐; Kommunion)'에서 숭고한 목표로 가는 지표로 모든 사람의 머릿속에 전해져야만 했다.

● 이 구조가 요구와 현실 사이를 일치시키는데 도움이 되었습니까?

그렇지만 이 구조에서는 권력욕구와 현실이 지속적으로 일치하지 않는 현상을 고쳐볼 수가 없었다. 오히려 일치하지 않는 현상이 첨예화되었을 뿐만 아니라, 실패의 원인이 되었다. 그래도 이 구조가 전술적으로 유효하게 여겨졌기 때문에, 당은 그때까지는 가끔 진로의 이탈을 수정했다. 바로 국제적 상호관계에서 노동자 계급의 적에게 양보하는 것조차 진로의 이탈을 수정하는 것이었다.

권력 - 권력의 우스꽝스러운 도약들도 - 을 맹목적으로 신뢰할 것을 당원들은 요구했다. 그렇지만 국가를 창설한 후에는 이 권력구조가 재차 모든 인민과 당의 관계를 결정했다. 그런데 히틀러 - 스탈린 동맹은 자신의 추종자와 원칙을 위해서 전술적 무원칙을 무리하게 요구하는 특징을 나타냈다. 그래서 공산주의를 증오하는 자인 히틀러와 제휴를 하는 것은 공산주의자들에게는 근본적으로 상상할 수 없는 일이었다.

강력하고 선견지명이 있는 행동을 했을 뿐만 아니라, 그렇게 작전을 세우고 있는 중심부에 있는 권력은 끊임없이 긴장상태에 있을 수밖에 없었다. 왜냐하면, 중심부에 있는 권력은 너무나 위험할 뿐만 아니라 불안전하게, 그리고 보호해야할 것처럼 보였기 때문이다. 그러니까 근육질의 몸과 정신쇠약이 이와 같이 일치하지 않기 때문에 불가항력적이고 체질적인 곤경에 처해 있었다. 그래도 중심부에 있는 권력은 노동자 계급을 자신들의 기반으로 간주했다.

말하자면, 그래서 그런지 노동자 계급은 중심부에 있는 권력에 치우쳐 있었던 것이 틀림없었다. 왜냐하면, 중심부에 있는 권력이 노동자 계급에게 계급이 없는 미래의 이상향(理想鄕)으로 가는 길을 보여주었기 때문이다. 그럼에도 불구하고 중심부에 있는 권력은 노동자 계급이 권력에 복종한다는 것을 결코 자신할 수 없었다.

노동자 계급은 머리가 혼란스러울지도 모르지만, 노동자 계급의 적이 했던 선전활동과 매수 때문에, 그리고 노동자 계급의 적이 사회민주적으로 가담했던 자이기 때문에 마음대로 할 수 있었다고 지도부는 믿었다. 그런데 사람들과 교제를 통해서 우리의 편파성을 배후에서 조정하고 있었던 사람이 바로 편집광(偏執狂)이었다. 그러니까 당이 모반적인 동맹의 복합체를 결코 극복하지 못했었다는 사실이 근본적으로 밝혀지고 말았다.

● 그런데 이 프로그램으로 공산주의자들은 선거인들 과반수가 자신을 지지하게 하려고 했습니까?

공산주의자들은 그렇게 함으로써 자신의 시간을 낭비할 필요가 없었다. 왜냐하면, 선거는 형식만 따르는 전술을 바탕으로 해서 이루어져야만 했기 때문이다. 어차피 편재해 있는 당의 세력이 표현된 조직체들을 통해서 선거들의 결과가 보장되어 있었다.

● 늘 당의 사랑에 응답하지 않는 것처럼 보이는 노동자들, 즉 당이 사랑하는 계층에게 당은 어떤 행동을 취했습니까?

내가 이미 암시했던 것처럼, 당은 역설적으로 자신의 원래 목표 그룹, 즉 생업에 종사하고 있는 인민대중에 대해서 깊은 불신을 마음속에 품고 있었다. 그리고 이 인민대중 역시 교양이 부족했기 때문에 정치적으로 방향감각이 없다는 사실을 당 지도자들은 확신하고 있었다.

그렇기 때문에 인민대중은 노동자 계급의 적으로부터 물질적으로,

정신적으로 유혹당할 정도로 잠재적으로 저항력이 약한 것으로 간주되었다. 따라서 프로렐타리아트의 독재체제(Diktatur)는 자성(Selbstprufung)과 필요한 경우에는 자제(Selbstzuchtigung)를 하도록 지속적으로 요구받았던 프로렐타리아트를 감시하는 일을 했다.

그렇지만 새로운 사회가 일상에서 충분하지 못하다는 것과, 인민들이 불신한다는 것 때문에 권력관계와 독일 사회주의통일당의 지도권이 위태롭게 되었다. 그래서 권력을 확보하기 위해서는 재차 이념적 교화가 필요했다. 그러니까 반드시 받아야 하는 순수한 당원들의 피교육 기간도 이념적 교화에 해당되었다. 오로지 일정한 메스미디어들과 국가안전부원체계에서 절정에 이르렀던 은밀한, 그리고 공공연한 밀고(密告)도 선전활동에 해당되었다.

공산주의자들은 역사적으로 유일한 것을 실제로 성취했다. 다시 말해서, 독일 기관차에 의해서 가속되었던 공산주의자들은 러시아에서는 역사적인 시대의 창을 이용해서 사회혁명의 선두를 차지했다. '개인의 자유로운 발전이 전체의 자유로운 발전을 위한 전제조건이 되는', '연합체(Assoziation)'를 만들겠다고 마르크스가 〈공산당 선언〉에서 서약했던 것처럼, 공산주의자들은 속도를 내기 시작했다.

그리고 공산주의자들은 끔직한 대조물, 즉 볼셰비키의 강국(强國)과 나중에 그에 따른 폭정(暴政)의 그물을 세계에 퍼뜨렸다. 한 사람 - 고르바초프가 그 서약에 단지 몇 밀리미터라도 다가가기 시작했던 그 순간에 마르크스 공산주의 이념의 창조물이 혼수상태에 빠져서 결국 죽고 말았다는 것은 마르크스 공산주의 이념이 삶에 아무 쓸모도 없다는 사실과 위선의 특징을 나타내 주고 있는 것이다.

● 정치국은 밖에서 간파될 수가 없었습니다. 비밀을 탐지하는 것이 허용되지 않는다는 사실이 무능의 표시였습니까? 아니면 능력의 표시였습니까?

이런 태도는 마르크스가 시작했던 시기에도 이미 있었다. 절대적인 역사의 진실이 소유하고 있는 것을 잘못 파악하고 있을 뿐만 아니라 자신이 제거하고자 하고, 제거해야만 하는 위험한 환경이 현존하고 있기 때문에 자신이 정당하다고 설명하고 있는 모반자 집단은 비밀유지에 의존할 수밖에 없다.

이 사실이 바로 이 집단의 구성원들에게는 딜레마였다. 게다가 그 구성원들은 경솔해서 자신과 자신의 일에 대해 언급하지 않게 된다. 그렇지만 노력을 기울였던 혁명에 필요한 대대(大隊)를 이용하기 위해서 자신의 저변을 동시에 확장시켜야만 했다.

그러니까 비밀유지와 열망에 넘치는 대중에게 미치는 영향의 사이에서 줄타기를 하는 것은 오늘까지도 변화되지 않고 있다. 따라서 정당은 권력을 획득한 이후에도 그렇게 하는 것이 전형적이다. 그런데도 정당은 자신의 독점을 유지하고자 했을 뿐만 아니라, 인민들을 동시에 동원하고자 했고 이끌고나가고자 했다.

그래서 당원들은 '계층별 세계대전(Klassen-Welt-krieg)'에서 엄격하고 거의 군사적인 규율을 유지하도록 훈련을 받았다. 그 훈련으로부터 조직 내에 서술되어 있는 전체 구조들이 밝혀졌다. 밝혀진 결과는 엄격한 규정들이 있는 독재적인 중앙당 즉, '새로운 유형의 정당(Parteineuen Typus)'이었다.

따라서 어느 누구도 즉시 당원이 될 수 없었다. 지원자는 당에 가입하기 전에 2년 동안 입후보해야만 했고, 등록된 공산주의자들이 문서로 작성된 2개의 보증계약들을 제출해야만 했다. 그리고 전당대회 동안에 소위 기본조직에서 실제적으로 가입이 이루어졌다. 그러니까 당원들은 후보자들 자신에게 질문을 함으로써 당사자가 당을 위할 자세가 되어있었는지에 대해 확신을 가질 수 있었다.

몇 년의 간격을 두고 정당의 모든 단위들은 점검을 받은 다음에 당원들이 표준에 적합하지 않을 경우에는 당원들의 일부가 취소되었다. 겪었던 이 현장실습들은 물론 세월이 흘러가면서 헛된 의식으로 더욱 더 변하고 말았다. 예를 들면, 독일 사회주의통일당의 당원들이 이와 같은 안전조치에도 불구하고 230만으로 증가했다.

그렇지만 독일 사회주의통일당이 1989~1990년에 권력을 상실한 후에는 당원의 숫자가 잠시 동안에 10만 명 이하로 줄어들었다. - 그러니까 직업이 혁명가인 키트(Kitt)도 자신의 구금력(拘禁力)을 빠르게 상실해버렸다.

● 당원들을 실망시키는 상징들 중의 하나는 정치국원의 이전 주소지가 당 간부들의 호화 거주지인 반트리츠였다는 사실이었습니다. 그곳에서 당신도 살았습니다. 동독 인민에게 당 간부들의 호화 거주지인 반트리츠는 무엇을 상징하고 있는 것이었습니까?

베를린의 스펙크 구역에 있는 북쪽 가장자리의 작은 마을은 동독의 종말시기에 분노의 대상일 뿐만 아니라 독일 사회주의통일당 - 지배에 저항을 했던 인민들의 증오의 대상이 되었다. 정치국원들이 사용했기 때문에 주위에 담을 쌓아놓았던 작은 마을의 숲속에 삼엄하게 감시를 하는 은밀한 국유의 은신처들이 25개나 있었다.

그리고 비밀주의, 인간의 소비열망, 공식적으로 맹세했던 평등이념과 특권이 부여되는 다시 말해서, '특별지위가 주어진다는 것'을 누설했던 정보 때문에 그 작은 마을은 무절제한 자에서부터 과도한 자에 이르는 향락을 쫓는 자를 구체적으로 생각나게 하였다. 따라서 당 간부들의 호화거주지인 반트리츠(Wandlitz)는 사회주의 사회가 부추겼던 부패와 동의어가 되고 말았다.

● 특권들은 어떤 모습을 띠었습니까?

바나나와 오렌지가 항상 있었다. 원산지 카탈로그에서 서방의 상품들을 주문할 수 있었고, 서독의 1마르크 대 동독의 2마르크의 비율로 구입할 수 있었다. 그렇지만 서방의 상품들은 외국환이 없는 보통의 소비자들에게 판매될 수 없었다.

그렇지만 외환거래 수입 상품점에서 서방의 상품들이 자유로이 거래될 수 있는 경우에는 반트리츠에 조달될 수가 없었다. 상상했던 금 수도꼭지는 욕실에 없었지만, 수도꼭지들은 특수강으로 만들어졌을 뿐만 아니라 크롬으로 도금처리 되어 있었다. 동독에서 생산된 플라스틱 수도꼭지에 비해서 물방울이 뚝뚝 떨어지지는 않았다.

그리고 정치국 - 고관들은 간혹 목이 마를 경우에 '외국에' 있는 레데베르거 맥주와 베르네스그뤼너 맥주를 마음대로 마셨다. 물론 이와 같은 범위의 소비특권들이 즉시 주어진 것이 아니라 점차적으로 주어진 것이었다. 그렇지만 국가적으로 기초가 튼튼한 공산주의에서 당 간부들의 호화 거주지인 반트리츠는 엘리트들의 안전보장 노이로제와 밀접하게 관련되어있다.

물론 모든 사회주의 형제국에도 당 간부들의 호화거주지인 반트리츠처럼 지도부의 친척들을 위해서 울타리가 처져있을 뿐만 아니라 관리인이 있는 지역들이 있었다. 그런 것을 만든 자는 소련이었다.

1950년대 - 1953년 6월 17일 이후와 1956년 헝가리에서 일어났던 봉기 이후 - 소련에서 왔던 프리카스가 안전을 이유로 정치국원의 숙소들을 베를린 - 니더쉔하우젠에 있는 전쟁 전의 고급저택들로 구성된 판케 지역에서 당 간부들의 호화거주지인 반트리츠의 혼합림으로 이전시키기 위해서 울브리히트에게로 왔다. 그렇게 되면 '반공산주의 혁명세력' 이 요즈음 집단적으로 항의를 할 때 인민들이 높은 분들이 있는 지역에서까지 집단적으로 미친 듯이 날뛰는 것은 불가능하게 될 것이다.

그래서 1960년에 소위 숲속마을(Waldsiedlung)에 숙소들이 생겨났다. 따라서 당 - 고관들은 우직하고 단단하게 실내장식을 했던 아주 초라하나 넓은 집들로 이사를 했다. 그 당시에 그곳에 특별 담당 관청들이 세워졌다. 그런데 특권성향들과 소비욕망 때문에 점증적으로 서방의 상품들을 그 관청들이 받아들였기 때문에, 그 관청들은 격려를 받았고, 전체 공용시설에 방수시설을 함으로써 총애마저 받게 되었다.

당 간부들의 호화거주지인 반트리츠는 수포로 돌아가게 되었던 유토피아의 또 다른 상징으로 작은 마을이 있다. 그렇지만 민주사회국가가 제약들에 저항할 수가 없으면 없을수록 더 많이 퍼지고 있는 동독의 만성적인 미화(美化)의 관점에서 당 간부들의 호화거주지인 반트리츠에 대한 추억은 의미가 있다.

물론 당시에 많은 사람들을 분노하게 했던 정치국의 서방상품에 대한 탐닉을 묘사하였기 때문에 오래 전에 표준 소비자들에게 미쳤던 자극력이 감소되었다. 왜냐하면, 표준 소비자가 크벨레와 네커만이라는 통신판매회사가 가지고 있는 매력에 빠져있었기 때문이다. 당시에 신분이 좋은 사람들이 모젤 포도주를 마실 수 있었다는 것이 누구를 여전히 자극하고 있는가.

오늘날 어느 곳의 모든 슈퍼마켓에는 수입해온 포도주병으로 진열장이 꽉 차있지 않은가. 그리고 독일 사회주의통일당 - 감사기관의 호화로운 생활에 대비하여 두드러졌고, 마찬가지로 동일한 것들 가운데 가장 동일한 것들에 대해 분노를 자아냈던 도시들과 소도시들에 있는 쇠퇴한 건물전면들도 그 이후로 포괄적으로 사라졌다.

이미 1989년과 1990년에 당 간부들의 호화거주지인 반트리츠를 처음 순례했던 순례자들을 실망시켰던 동독지도자들의 삼류 사치에 대해서 보다 젊은 사람들은 어쩌면 오히려 깜짝 놀라거나 고소하다는 표정으로 한바탕 웃었을 것이다.

5

독실한 믿음
반란의 이데올로기

● 당신은 쉽사리 믿어버리는 인상을 주지는 않습니다. 그런데 당신은 어
떻게 공산주의 이념에 속아 넘어갈 수 있었습니까?

그 질문에 대한 대답은 너무 간단해서 늘 새로운 의구심을 불러일
으킬 정도였다. 정치적 종파주의자의 정신적 오류에 한 번 빠져보았고
사회계급의 전투대형으로 그와 같은 사람과 같이 행군을 해보았던 자
는 그 정신적 오류에서 그렇게 빨리 또 다시 벗어나지 못한다. 그렇지
만 규율이 옳다는 것을 예외적인 것들이 증명하고 있다.

그래도 유토피아가 의심의 여지를 남겨두지 않는 미래를 향해 가는
길을 우리에게 규명해주고 있는 한, 유토피아는 자신의 정당성을 지니
고 있을 것이다. 이미 언급된 것처럼 파울 바츠라비크가 그 사실을 아
주 잘 기술했다.

● 미래를 알고 있다고 믿는다면, 그렇다면 그 사실은 꼭 일어날 수 있습니다.

맞다. 정치가 예언적 능력을 받았다는 것을 알게 된다면, 정치는 독선적으로, 비인간적으로 되도록 현혹된다. 앞으로 여전히 지속될 수 있고, 내가 어디선가 읽었고 나에게 생각나게 했던 "우리의 편견관점(偏見觀點)이 이 체제는 실수를 하지 않는다."라는 상투어에 수용될 수 있다. - 그것이 실수다!

● 도대체 중대한 실수가 무엇입니까 ?

체제는 의심을 허용하지 않는다는 것이 중대한 실수다. 몇 년 전, 나는 도미니크회의 수도사 신부님을 만났다. 우리가 대화를 하는 동안에 그 신부님은 논리에 맞게 말했다.

"나는 신앙심이 깊어도 많은 의심을 하며 살고 있습니다. 올바른 것이 무엇인지를 늘 정확히 알고 있는 사람들이 내 생각에는 의심스럽습니다."

아마 20년 전에 자신의 종교적 교리론(敎理論)이 현실에 대한 자신의 시야를 가로 막고 있다고 했던 한 사람, 즉 한 가톨릭 신도가 그것을 말했다. 오늘 나는 위의 진술에서 공산주의적 세계관이 왜 정신을 변형시키는가 하는 질문에 대한 대답을 알아차리게 된다.

다시 말해서, 우리가 결코 의심을 하지 않았기 때문에 우리는 우리 자신을 우상화했던 것이다. 그 사실이 물론 보편적인 현상이다. 인간은 자신의 의식정도를 과대평가할 수밖에 없었다.

● 아무튼 마르크스주의는 150년 동안 세계의 대부분을 움켜쥐었습니다.

초기 자본주의 세계의 단점들 때문에 상황들의 변화, 혹은 혁명에 대한 욕구가 생기게 되었다는 것은 분명하다. 그러나 세계의 일부들에 있는 마르크스와 레닌의 이념이 가지고 있는 바로 절대적 권세가 그 이념이 예견하는 것들을 증명할 수 없다는 것과, 그 이념이 해방을 요구하는 반인간성을 폭로시켰다고 했다.

물론 우리는 제 3세계에서만은 아니지만, 백만 명들, 그리고 수백만 명들이 자신들의 해방을 기대하고 있다는 것을 단념하지 않는다는 사실을 간과하면 안 된다. 왜냐하면, 마르크스주의와 그 마르크스주의의 레닌 - 스탈린적 변형들이 그렇게 치욕적인 모욕을 당했기 때문이다. **새로운 사회의 우수성들과 해결책들을 발전시켜나가는 오직 민주주의의 능력이 민주주의적 희망에 대한 대답일 수 있다.**

● 아무튼 이데올로기는 당신이 그 사실을 신뢰했을 정도로 그렇게 납득이 되었습니다. 게다가 그 이데올로기가 당신의 삶을 결정했을 정도로 훨씬 더 납득이 되었습니다.

내 인생에서 가장 긴 시간 동안 나 자신을 사명감이 있는 공산주의자로 간주했다. 이 상황에서 나는 나치전쟁의 말에, 그리고 공산주의자들이 세계에 언명했던 것을 납득했던 초창기에 '각성(覺醒)'을 체험한 사실'을 기술했다. 그러니까 정책은 이데올로기의 전술적 발로(發露)로 이해되었고 실현되었다면,

나의 경우에는 정책은 2년이 지나서야 목표와 효과를 달성했던 것

이다. 게다가 정책이 민주주의에서 가능성의 예술이라면, 치명적인 것은 항상 절대적인 것, 즉 일종의 유태인들을 전멸시키는 계획을 초래했던 이데올로기에 있다. 그래서 나는 여기서 의도적으로 이데올로기를 윤색하는 것보다 이데올로기의 개념을 더 많이 생각하고 있다.

결국 우리가 현실에 대해서 진술한 모든 것은 이데올로기적 특징이 있는 것이다. 그리고 이데올로기는 역사적 과정들의 결과들일 뿐이다. 뿐만 아니라, 이데올로기는 각기 인간들의 인식정도에 따라 결정된다. 그런데 나는 폐쇄된 체제보다는 이데올로기를 훨씬 더 중요시 한다.

그렇지만 **이데올로기의 절대성을 요구하게 되면 마르크스주의 같은 이데올로기를 옹호하는 자들은 자신들의 유토피아를 황폐화시켜버리고 만다. - 한편은 그 옹호자들은 배척(排斥)당하는 상황을 야기하고, 다른 한편으로는 그 옹호자들은 다른 사람들을 교화(敎化)하고, 솜씨 있게 다루기 위해서 자신들의 이데올로기를 오용(誤用)하게 된다.**

● 이 절대적 믿음은 어떻게 강화됩니까?

자동적으로 암시하는 효과는 그 문제와 관련해서 분명히 두드러진 역할을 한다. 그렇지만 어느 누구도 제한된 인간의 인식으로는 미래를 타당성 있게 예언할 수는 없다. 그렇기 때문에 예를 들면, 오늘날 우리는 헤르만 칸(Herman Kahn)과 같은 미래학자들이 예언한 미래의 모습들을 조롱하고 있는 것이다.

마르크스가 예언했던 노동자 계급을 전적으로 궁핍하게 하는 것은 어찌 되었는가?

세계의 혁명은 더욱이 어찌 되었는가? 현대적 테크놀로지 때문에 우리를 깜짝 놀라게 했던 가속성과(加速成果)를 누가 미리 알았겠는가?

그런데도 우리는 세계화, 국제 테러리즘 - 네트워크들과 종교적 근본주의의 문제들을 명백하게 기억하고 있다. 그러므로 **인간은 관찰자가 아니고, 신뢰할 수 있는 예언자도 아니다. 그러므로 인간은 자신을 신으로 간주하지 말아야 했다.**

● 엄격한 공산주의자는 그렇지만 자신의 미래에 대한 비전이 순수한 믿음에 관한 일이라는 것을 격렬하게 부인할 것입니다.

반대로 그 공산주의자는 자신의 미래에 대한 비전을 현실이라고 맹세할 것이다. 바로 그 점에서 이 공산주의자의 가짜 신앙심이 드러나게 된다. 공산주의자의 견해들이 반신반의되기 때문에, 공산주의자는 대답할 것이다. 공산주의가 사회에 대해서 예측하였던 것이 마르크스의 이론을 통해서 학문적으로 확증이 되었다.

마르크스 이론은 사회에서 아랫사람으로부터 보다 높은 사람으로 발전되는 것이 적법하다는 것을 명시하고 있다. 그러므로 마르크스 이론은 이전의 세계를 개선시키려는 모든 시도들, 즉 조금 전까지 단지 유토피아였던 것들과는 구별된다. 물론 어떻게 인조인간을 만들어낼 수 있는가하는 근거를 100번이나 검시된 시신에 둘 수는 없는 것이다. 그렇지만 미래를 소위 학문적으로 날카롭게 예견하는 것이 역시 매력적인 전제조건으로, 즉 신화(神話)로 남아있는 것은 사실이다.

● 그렇지만 겨우 나중에 가서야 그 사실을 당신도 분명히 알게 되었습니다. 공산주의자들이 되풀이해서 이용했다는, 자신이 미래를 만드는 것이 아니라 모든 사람이 하나의 목표를 추구할 때만 미래가 열린다는 논거는 어떤 가치가 있었습니까?

모든 것이 마르크스의 경우에는 키메라가 아니다. 자본에 있는 타락의 위험성을 마르크스가 비판적으로 분석한 것들이 오늘도 여전히 적합할지도 모른다. 그러나 **마르크스는 자신의 비판적 분석에서 밝혀진 예언을 미래가 표준으로 삼아야만 하는 법칙들의 형식으로 여과(濾過)시키는 그 순간에 마르크스는 현실에서 멀어지고 말았다.**

그런데도 마르크스에 따라 만들어졌던 사회발전에 대한 법칙들은 오직 인간의 의식적 행동을 통해서 진행될 것이기 때문에, 마르크스는 계급이 없는 이상세계로 가는 선발대와 우두머리로서 모든 공산당들이 유일무이하게 역할을 해야 한다는 사실을 알아차렸던 것이다.

● 다시 말해서 학문이 여기에서 약속을 보증하게 됩니다. 결국 그렇게 하는 것이 심리학은 아니지요?

심리학은 훌륭한 슬로건이다. 그렇지만 **이데올로기에 의존한다는 것**은 내 생각으로는 바로 전의 과거로 돌아가는 경우에 한 구간에 만족하는 것을 의미할지도 모른다. 그렇지만 종착역은 심리학을 나타낸다. 왜냐하면, 결국 신들린 상태가 중요하기 때문이다. 게다가 이데올로기 때문에 특별한 신분의 사람이 신들린 상태에 **빠지게** 되는 것이다.

그러므로 인간의 정신을 변화시키는 것에 성공한 이데올로기를 주창하는 자가 승리자가 될 수밖에 없었다. 또한 공산주의의 활동성들 혹은 결정들을 국가 간의 영역에서 판단하는 것이 중요하다고 하더라도, 그 사실은 마찬가지로 유효했다.

● 그 사실은 어디에서 나타나고 있습니까?

프랑스 사회학자이며 전체주의와 네오 - 마르크스주의 정책에 대한 유명한 분석가인 레이몽드 아론(Raymond Aron)은 마르크스주의를 위해서 '세속적 종교'의 개념을 창안했다. 그렇지만 이 개념이 - 인민을 위한 아편으로 종교를 낯설게 표현함으로써 - 동시대인들의 영혼 속으로 들어갔으나, 결국 지식층들의 영혼 속으로 들어가지 못했을 뿐만 아니라 사라진 신앙을 대신하지도 못했다. 아무튼 아론은 종교를 지식층에 대한 아편이라고 불렀다. 같은 제목으로 출간되었던 그의 책에서 그는 다음과 같이 쓰고 있다. 종교는,

"세계적 교회라기보다는 오히려 종파의 심리학이다(…). 종파의 추종자는 모든 사람의 행복을 짊어지고 있는 소수의 선택된 자들이라는 것이 납득이 된다. 그러니까 지그재그로 그어진 선을 따라가고 서로 교대하는 모순투성인 설명을 따라서 영리하게 기도하는 신자들(예를 들면, 독일 러시아 동맹 - 히틀러 스탈린 동맹으로 말하십시오 - 때문에 혹은 흰 가운을 입은 살인자들의 음모 때문에 - 스탈린의 서거 직전에 의사들이 행했던 박해가 생각났다)은 말하자면 새로운 인간들이 될 수밖에 없습니다."[6]

따라서 자신을 위해서 그러한 종말론적인 집단을 바라고 있는 정당

---

6) 레이몽드 아롱, 지식층을 위한 아편. 쾰렌 1957.

은 자신이 했던 결정들을 공개하는 정도를 결정해야만 하고 그때마다 정당이 내렸던 결정들이 목적과 인민에게 확실하게 가장 도움이 된다고 늘 믿고 있다. 그렇다고 해도 공산주의적으로 심리학을 고려했기 때문에 자유, 개방, 다원주의 혹은 객관성과 같은 범주들은 진실이 아니었다고 우리는 파악한다. 따라서 우리의 사회적 필요조건들과 관련지어 보면 그 범주들은 중요하지 않았다.

● 물론 그렇기 때문에 서방에 이용될 수 있었던 공개된 측면이 생겼습니다.

서방에서는 그 사실이 믿어졌다. 자본주의의 서방이 현실적인 사회주의에 있는 자유 등의 부제를 비판했다고 해서, 우리의 경우에는 자본주의의 서방이 우리를 부끄럽게 하는 이유가 되지는 않았다. 그래도 '무의식'에 대한 비판과 숙고가 우리의 귀에 들렸다.

● 그렇지만 자본주의의 서방이 의심의 여지가 아주 없을 수는 없습니다.

그런데 평상시에는 동독 - 지도부 그룹이 서방의 정치무대와 외관상 유사하지 않았으면 좋았을 텐데.

서방의 정치무대와 외관상 유사한 것은 순전히 전술상의 이유들 때문에 생긴 것이었다. 왜냐하면, 우리는 다른 편의 기대를 외관상 유사하게 충족시켜주었기 때문이다. 그 기회들 때문에 동독의 국제적 관계가 드러났을 뿐만 아니라 동독의 상황도 드러났다. 예를 들면, 가짜 다원주의가 동독의 상황에 해당된다. 아무튼 가짜 다원주의는 서방의 정치적 협상파트너들 뿐만 아니라 경제적 협상파트너들에게 알맞은 것으로 보이는 몇 개의 연합정당들이 현존한다는 것을 가장했다. 그렇지만 몇 개의 연합정당들은 일당지배의 환상을 마땅히 버려야만 했다.

그러나 마찬가지로 국내에 있는 겉치레 자체 때문에 여러 인민계층들은 정치적으로 독일 사회주의통일당의 방침으로 유도되었다. 따라서 인민 전선과 동맹을 맺었기 때문에, 독일 사회주의통일당이 지도자의 역할을 하는 것에 명확히 동의했기 때문에, 중앙위원회 - 부서가 '연합정당들'에게 영향력을 행사했기 때문에, 독일 사회주의통일당이 인가된 국고금을 융자받았기 때문에 연합정당들의 행동영역은 제한을 받게 되는 것이다.

● 독일이 전환기를 겪고 난 다음 봄에 당신이 저작했던 책 《추락》에서 마르크스의 생각들이 평균과 도그마가 되었다고 언급한 점에서 당신은 특히 공범으로 보입니다. 당신은 오늘도 마르크스의 생각에 대해서 여전히 그렇게 이야기할 것입니까?

우리가 마르크스를 무책임하게 왜곡했다고 오늘날 더 이상 말하지 않을지도 모른다. 더 정확히 말하면, 마르크스가 원했던 것처럼 그렇게 중요하게 우리가 그를 받아들였다고 나는 믿는다. 그렇다고 해서 그 사실 때문에 우리가 면죄되는 것은 아니고, 사후에 그가 유죄판결을 받는 것도 아니다. 그러므로 철학자의 사상이 거절될 수는 없는 것이다. 물론 철학에 대한 가장 비열한 적들은 철학에 대해 법원판결처럼 법을 집행하고자 하는 자들이다.

독일 민주사회당만은 제외하고 남아있는 좌파들 때문에 범죄자 스탈린은 마르크스주의의 변질에 대한 책임을 지는 것이다. 그 사실이 서방에서 지적되기 때문에 마르크스의 명예를 회복시키려고 애쓰는 것에 도움이 될 것이다. - 정치학자이며, 마르크스 비평가인 콘라트 뢰브(Konrad Löw)에 대해서 신문이 비난한 것들에 시선을 돌릴 필요가 있다. 왜냐하면, 받침대에서 굴러 떨어진 주두은자(柱頭隱者; 금욕하는 고행자)들의 유산에서 사용(私用)을 위해 훼손되지 않은 것을 골라낼 수 있다는 희망이 비난들 속에 있기 때문이다.

변질되어 버렸지만 권력을 탐낼 뿐만 아니라 자격도 없는 별난 사람들이 이루어놓았던 업적인 사회주의의 대실패에 초점을 맞추는 것이 겉보기에는 분명히 그 희망에 도움이 되고 있다. 그 사실 때문에 마르크스와 엥겔스에게 눈길이 모이게 된다. 그들에게 나쁜 전력이 없었다면, 그들과 맺은 친숙한 관계는 유지되고 있을 것이다.

아무튼 독일 사회주의통일당의 지도부인 내가, "스탈린주의의 외투를 입고 철두철미하게 마르크스주의자로서 행동했고[7]" - 이해했지만 미심쩍어했던 방안(方案)들에 정통했던 사람인 토마스 노이만(Thomas Neumann)을 소환한다는 것이 의도적으로 이쪽의 관점에서 도외시되고 있다.

● 그러나 스탈린의 공산주의는 극단의 예외적 경우가 아니었습니까?

변질이 흔하지 않다는 것은 분명하다. 그러나 변질의 가능성은 양

---

7) 토마스 노이만, 조치, 레인벡 1991.

자택일을 허용하지 않는 사회에서 이미 존재하고 있다. 그러니까 변질의 가능성은 사회의 단일구조에서 나타나는 것이다. 따라서 이 변질의 가능성 때문에 다원론적 민주주의에 있는 논쟁문화를 통해서 계속 추론되어온 의심스러운 것들을 청산하기 위해서 현명한 항해사에게 집착하도록 되풀이해서 유혹을 받는 것도 사실이다.

결국 스탈린은 마르크스주의를 실행할 수 있는 한 가지 방법이었을 뿐이었다. 왜냐하면, 마르크스주의가 유토피아에 접근할 수 있었기 때문이었다. 게다가 예견을 하는 전위부대가 있는 마르크스주의의 당 - 사상은 당이 독재를 하기 위한 정신적 전제조건에 지나지 않았다.

● 그렇지만 이미 울브리히트와 호네커는 스탈린과 다른 지도스타일을 훨씬 더 많이 가지고 있었습니다.

울브리히트와 호네커는 바로 마르크스에 의해 제기되었을 뿐만 아니라 《혁명에서 무의식적으로 주제로 삼고 있는 노동자 계급을 대변하는》8)문제에 대한 해결책을 스탈린에게서 찾아냈던 것이다. 그렇다고 동독은 사회주의의 실험실에서 하는 실험이 아니었다. 따라서 동독의 발전과 동독의 종말이 그릇되게 해석되었든, 혹은 올바르게 해석되었든 마르크스주의의 산물로서만 설명될 수는 없다.

그러니까 동독은 2차 세계대전의 전후에 유럽에 있었던 강대국들의 정세에서 사회주의의 시작(試作), 냉전의 전초기지, 스탈린과 스탈린의 추종자들이 만들었던 당당한 계획들의 토대로써 생겨났던 결과였다.

---

8) 위의 책.

그러므로 그 모든 것 때문에 동독의 모든 사회가 요구했던 것이 파괴되지 않을 수 없었다.

그렇지만 나는 나 자신의 책임을 부정하지 않을 뿐만 아니라, 동독 체제의 결점들과 비인간적 행동들 때문에 오늘날 몹시 비난을 받고 있는 모든 것에 대해 소련이 엄청난 공동책임을 지고 있다는 것을 나는 밝혀내야만 한다.

1989년 이후 동독이 감명을 받았던 것에 동독이 도덕적으로, 그리고 정치적으로 관심을 나타냈던 사실에 대해서 당시에 모스크바의 간부집단에 소속되었던 일부의 유력인사들이 더 이상 어떤 것도 알려고 하지 않았다는 것을 당황해하면서 알아차렸다.

● 공산주의의 설득력이 도대체 어디에서 나왔습니까?

미래 사회에 대한 마르크스적 구상은 자신의 유토피아가 사후의 생(生)처럼 그렇게 증명되지 않는다는 사실은 종교와 마찬가지다. 그렇지만 그 사실이 믿어지지 않을 수가 없었다. 게다가 증거가 부족함에도 불구하고 충성관계를 확실하게 하기 위해서는 생각들이 교화(敎化)되어야만 했다. 그런데 당의 지도부 간부만 공포할 수 있는 능력을 가지고 있었으므로 당 지도부 간부는 이단으로부터 순수한 마르크스적 교리를 보호했어야만 했던 종교재판소의 역할을 했던 것이다.

● 이 체제에서 경탄할 만 한 것은 이 체제가 불이익을 당한 사람들을 돕

고자 했지만 그들을 전혀 개인들로 인지하지 않았다는 것이었습니다. 이 사실은 어떤 종류의 인권 파악이었습니까?

외관상 공동의 사회적 인권들과 개인적 인권들의 상호관계를 고려하다 보면 우리의 무지가 치명적이다. 더욱이 사건에서 하나의 사건이 다른 사건들보다 더 높이 평가되지 않는다는 것을 배웠다. 그런데 공동의 사회적 인권들을 더욱 중요하다고 간주했던 우리의 체제는 모든 인권이 항상 개인적 권리라는 것을 간과했다. 하지만 모든 인권은 단지 개인적 권리로 인식될 수 있는 것이 현실이다.

뿐만 아니라, 임의적 이주권이 노동권을 받쳐주지 않는다면 노동권은 노예의 의무 밖에 남아있는 것이 없다. 그런데 자신이 정치적 생각을 가지는 것을 거부당한 자는 자신의 강박관념에서 조만간 벗어날 것이다. 그렇지만 개인적인 권한을 배타적인 정도의 자유로 간주하고 있는 자는 마찬가지로 큰 과오를 범하는 것이 될 것이다.

그리고 전형적인 자유와 품위는 다른 동료 인민을 침해하는 결과를 낳고 만다. 그런데 기능을 발휘하고 있는 현대사회는 사회적 연대감과 마찬가지로 견고해진 정치구조들을 수시로 크게 변화시키는 유익한 비고정화, 즉 민주주의를 필요로 하게 된다.

그렇지만 총계를 보면, 모든 것이 개인의 역할을 추상적인 공공복지보다 더욱 저평가하고 있는 자신의 사회관념이 무의미하다는 사실을 결국 초래하고 말 것이다. 다시 말해서, 그 사회관념은 아서 쾨스러씨의 집에 있는 그림을 빌리려는 각 개인은 50억을 50억으로 나눈 몫에 지나지 않지만 인류는 비인간화되고 만다는 것을 간과하고 있는 것이다.[9]

그렇기 때문에 민중들은 히스테리를 일으키거나 전쟁에서 전사할 수도 있다. 그러나 개인만이 행복, 안전, 보호와 품위를 경험할 수 있다. 따라서 유토피아는 융통성이 없는 체제로 변질될 우려가 없다. 그렇지만 실현되고 있는 유토피아는 개인이 의심스러워하지만 이상적인 척도를 고려하지 않은 채 단련을 받고 있는 이미 융통성이 없는 체제인 것이다.

● 그러나 젊었을 때의 마르크스는 공산주의 선언에서, "모든 사람의 자유로운 주장은 모든 사람이 자유롭게 발전하기 위한 전제조건이다."라고 역시 강조했습니다. 그렇다고 대체로 이론가에게 실천에 대한 책임을 물을 수가 있습니까?

마르크스의 경우에도 자유는 자제력이 없는 숭고함과는 전혀 다른 것이다. 실제로 역사에 대한 마르크스의 법칙에 따르면, 자유는 인식에서 부터 필요성에 따라만 했다. 다시 말해서, 자유는 마르크스 법칙에서 더욱이 영원불멸에 의도적으로 순응하는 행위이지, 인식에서부터 순종을 거부하는 의견이 다른 사람의 자유는 더욱 아니다.

그러나 오늘날 우리의 경우에 이 말은 무엇을 의미하는 것일까?

인간은 비합리성으로 대피하면 안 된다. 따라서 오늘도 경제문제에 직면해서 비합리성으로 대피하면 안 되는 것이다. 20년이 지났어도 아직 우리의 민감한 통일에서 위의 것과 관련된 징후들이 지금도 있다. 그 모든 것의 핵심은 우리로 하여금 인간다운 사회적 판단력을 연습하

---

9) 아르투어 코에스트러, 일식. 비인/쥐리히 1991.

게 하는 것이다.

● 경제적으로도 공산주의는 개인을 신뢰하지 않았습니다. 왜 신뢰하지
않았습니까?

중앙에서 조종하는 것이 경제적 효율성을 높인다고 우리를 설득했
다. 그렇지만 모든 사람이 원하는 것을 한다면 우리는 납득이 되지 않
았다. 그런데 사회의 물질적 토대들을, 특히 생산수단들을 특별히 국유
화하는 것이 중앙에서 조정하는 것이다. 왜냐하면, 사회주의 시대의 인
민들을 위해서 더 좋은 빵을 이런 식으로 구울 것이라는 것을 우리는
분명히 믿을 수 있었기 때문이다.

엥겔스는 이 기대들을 아이러니하게도 '미래의 대중음식점을 위한
요리법'이라고 불렀다. 그렇지만 그 기대들이 어떻게 하면 실현될 수
있는가를 엥겔스와 마르크스는 같이 전파시키지 않았다. 그래도 우리
는 일종의 마르크스의 신학을 믿었다. 즉 목표인 구세전능(救世全能)이
이미 필요한 형태들을 만들어낼지도 모른다는 것을 우리는 믿었다. 그
런데 목표인 구세전능은 잠자고 있는 이성이 아니라, 괴물을 낳는 나
쁜 이성이었다.

그렇지만 마르크스주의의 악의에 찬 충동인 스탈린주의는 그렇지
않았다고 하더라도 이미 마르크스주의는 비정상적이었기 때문에 괴로
워하고 있었다. **한편으로는 사회의 공공기관들에게 보수적 시대정신이
널리 입혀놓았던 영원불멸의 외투를 벗기기 위해서 마르크스주의는 인
간의 정신에 있는 무한한 인식능력을 선언하였던 것이다.**

다른 한편, 마르크스주의는 유일하게 진실된 세기종말의 시기에 대해서 알아야 한다고 주장했다. 그리고 평등과 자유가 있는 사회의 형태에서 생산적 재산을 공동으로 소유하였기 때문에 판단력이 승리한다는 것을 공산주의적 종말론은 파악하게 되었다. 그렇지만 마르크스주의와 합리성이 조화를 이룬다는 것은 자기기만이었다.

이와 같은 세계관의 특징이 애매모호하기 때문에 자신의 불합리성이 드러나게 되었다. 그런데 불합리성을 인간존재의 일부로 간주하는 것이 거절되니까 이 세계관은 드러나고 말았다.

움베르토 에코조차도 자신의 이론적 저서들 중 하나에서 마르크스주의와 레닌주의에 있는 인식론의 요소들을 지적하고 있다. 뿐만 아니라, 그도 역시 정당은 창끝으로 간주되었다는 것, 즉 인지의 열쇠, 따라서 해방의 열쇠를 가졌던 선택된 사람들의 그룹으로 간주되었다는 것을 알고 있다. 그리고 공산주의 운동의 실패는 잘못된 분별력에 가장 확실한 근거를 두고 있다.

● 1989년 이후 동독은 사회주의를 하지 않고는 가능하지 않았을지도 모르겠군요?

동독은 완전히 무의미한 구조였을지도 모른다. 좌우간 동독이 그 정책에 그렇게 신속히 동의했든지 혹은 아니었든지 간에 동독은 부득이하게 또다시 독일의 일부 지역으로 변했다. 그래서 동독의 실패를 관찰하기 위해서는 역사적 현상들을 논리적 핵심으로 깊이 따져보아야만 한다. 그런데 동독에만 논리적 핵심이 존재하지는 않았다. 게다가 독일인들의 경우에 민족의 색체가 물들여진 감각을 경험하였다는 것은 세계적인 체제가 무너져가는 하나의 단계에 들어갔다는 것이다.

두 번째 독일 통일은 획기적으로 대개혁을 이룩해낸 결과다. 그러므로 시민 - 자본주의 사회에 대해 반대하는 초안으로 간주되었던 작은 나머지 체제들까지도 세계역사의 무대에서 슬그머니 사라졌다. - 사회주의 발상지에서조차 페레스트로이카라는 거친 치료가 연루되어있는 치료효과는 고르바초프 같은 사람에게 주어지지 않았다.

그리고 의학에서는 이식조직의 비조화성이 알려져 있다. 다시 말해서, 신체는 이식된 것에 반발을 불러일으킨다. 마찬가지로 사회구조도 사회구조에 이식되어진 쓸모없는 것에 그렇게 반응할 수 있는 것이다.

● 정치국의 세계는 공모(共謀)들로 가득 차 있었습니다. 의아하게 여기게 되어야만 했을 정도로 공모들이 그렇게 많지 않았습니까?

우리 정치국의 세계는 - 그리고 그것은 아마 오늘도 그렇다 - 공모(共謀)들로 넘쳐나고 있었다. 그럼에도 불구하고 공모들을 부인하려는 노력이 시류에 맞는 것이다. 지금 우리가 드물지 않게 공모를 암시했던 돌발사건에 대한 증인들이 되지 않고 있음에도 불구하고, 공산주의는 공모를 빼고는 생각할 수 없다. 게다가 **공모는 마르크스가 가르쳐 주었던 전형적인 특성이다. 그래서 마르크스의 이론에 따라 공산주의자들은 역사, 세계관과 미래에 대한 숭고한 해석을 내면화했던 것이다.**

따라서 공모를 전력을 다해 부정하는 것은, 물론 비생산적이고 또 다시 격렬한 억측을 불러일으킨다. 그렇지만 적당한 불명예를 안고 있는 전문용어인 공모이론(共謀理論)은 신속하게 활용될 수 있다. 그래서 공모, 쿠데타 혹은 음모를 나쁘게 생각하는 것은 모두 사리에 어긋난 행위로 규정되고 있다. 그렇지만 우리 시대에서 - 통속주간지로부터 텔레비전까지 - 신빙성이 없는 각종 어리석은 언동이 공모로 불리어지고 있다는 사실을 간과하지 말아야 한다.

그 사실 때문에 "네, 네, 외국인들이 이미 오랫동안 우리 가운데에 있습니다."라는 모토에 따라 실재의 공모들을 우화(寓話)로 만들어버리는 것이 용이하게 된 것이다. 그렇다고 서로 속이지 맙시다. 악마의 가장 유치한 눈속임(트릭)은 사람들이 악마가 존재하지 않는다는 사실을 믿게 만드는 것이다.

● 근거 없는 공모이론(共謀理論)들로 이렇게 가볍게 처리하는 것이 도대체 무엇에 유익할 수 있습니까?

성급하게 부정하는 것은 일종의 의도적인 위장정보다. 그리고 권력기구들은 민주주의의 공개규정을 거역해서 처리한다. 따라서 일종의 의도적인 위장정보는 권력내부의 사항이 알려지지 않도록 하려는 노력에서 생겨난다.

그리고 공모를 완강하게 부정한다는 것은 의혹에 이상이 있다는 자백을 실제로는 강제로 하는 것을 의미한다. 또한 권력을 획득하고 권력을 취하라고 충동하는 것은 집단심리 현상의 전형적인 징후다.

중요한 그룹의 영향력이 있는 집단이 살아있는 권력조직에 중요한 개인 혹은 경쟁하는 그룹 때문에 위태롭게 되었다면, 권력을 빼앗아

버린다. 그래서 구성의 프레임이 합법적 변화를 허용하지 않는다면, 권력을 가장 잘 취할 수 있다고 믿고 있는 사람들은 공모하기 위해서 동맹을 맺게 된다. 그렇지만 공모 때문에 마찬가지로 권력구조가 파괴될수 있고, 권력구조의 적대자가 소유할 지배권이 마련될 수 있다.

● 동독의 멸망 단계에서 공모(共謀)는 어떤 역할을 했습니까?

동독이 멸망하는 단계에서 공모를 통해서 권력을 보존하려는 시도와 관련된 최근의 예를 한 예로 들 수 있다. 1989년에 동독에서 일어났던 집단탈출은 독일 사회주의통일당의 지원을 받았던 정부의 명성을 해칠 우려가 있다는 견해를 3명의 정치국원들, 즉 크렌츠, 로렌츠(Lorenz), 그리고 내가 주장했다. 그래서 동독정부는 축적된 문제에 대해서 공개적으로 토의를 감행할 수 있었고 토론을 하고자 했다.

그렇지만 호네커가 강압적으로 그 문제들을 해결하는 것만을 기대할 수밖에 없었다. 그렇기 때문에 비밀회동을 했을 때, 우리는 정치국에 있는 몇 사람의 여론 조성자를 구한 다음에 그 여론 조성자들의 도움을 받아 회의 동안에 총서기를 실각시키자는 데에 의견의 일치를 보았다. 동시에 동독을 안정시키기 위한 광범위한 여행규정과 연방공화국과 맺는 재정협정이 곧 성취될 것으로 전망되었다. 그것은 물론 착각이었으나 그래도 그 착각은 잠시 동안 지속되었다.

결국 정치국에서 행해졌던 투표에서 호네커의 해임을 지지하는 투표를 했다는 것이 호네커에게는 전형적인 모반적인 표현이었다. 그래서 그는 결사(結社)로부터 완전히 추방당하지 않기 위해서 어느 정도 충성의 징후로써 그가 소속된 공동 광명회(光明會)의 회원들이 내린 결정을 따를 수밖에 없었다.

그런데 그 사실이 장벽을 붕괴시키고 말았다. 아무튼 그렇게 함으로써 지독하게 비극적인 사건이 방지는 되었지만, 독일 사회주의통일당의 정부는 바로 최종적으로 붕괴되기 시작했던 것이다. 어쨌든 환상주의, 전략적 자만과 근시안이 공모적인 행동의 기본 특징이다.

한편 공모자는 자신의 목표만을 인정한다. 그리고 그 목표를 향해서 가는 길에 하찮은 허튼 소리에 절대로 현혹되지 않는다. 다른 한편 이데올로기적으로 현혹당하면, 쿠데타를 준비할 때 드러나지 않은 헛수고와 같이 실제적인 계획수립은 전혀 불가능하게 된다.

그런데 사건들 때문에 수면 위로 떠올랐던 호네커의 해임과 관련해서 모스크바로부터 추진되었던 공모가 야릇하게도 잇달아 있었다. 더구나 2개의 기뢰부설차 - 특별부대들도 서로 아무 것도 몰랐다. 이것이 바로 공산주의 체제의 공모적 성향과 관련된 한 예다.

● 그런데 이 돌발적 사건은 정말 특별한 케이스였습니다. 평일은 어떻게 되어가는 것이었습니까? 권력이 그렇게 절대적이라면, 권력은 무슨 목적으로 여전히 공모(共謀)를 필요로 하는 것입니까?

공모를 졸렬하게 모방하는 것을 유포시켰기 때문에 권력에 항의하는 일이 일어나는 것이다. 그렇지만 공모자들은 자신들의 목적을 달성하기 전에 발견되지 않고, 유해(有害)한 힘이 제거되지 않기 위해서 은밀한 처치방식들과 기술들을 사용할 수밖에 없기 때문에 공모자들은 소수에 지나지 않는다.

또한 전복시키고자 하는 상황에서 일시적으로 그럴싸하게 보이도록 완벽하게 적응하는 것뿐만 아니라 비밀회동과 협정도 은밀한 처치방식들과 기술들에 해당된다. - 예를 들면, 도청될 위험을 피하기 위해서 잠들어 있는 당 간부들의 호화거주지인 반트리츠를 가로지르는 야간 산보를 하면서 호네커가 실각되는 시점과 상황들이 논의되었다.

세계 역사에서 쿠데타처럼 개개의 공모들이 어느 정도 중요했던 경우에 그 공모의 대부분 이 특징들이 적용되었을 것이다. 나아가 공모자들이 자신들의 목표를 달성했다면, 권력에 스스로 순응을 했거나, 공모자들의 눈에 유해한 경향들이 수정되었다면, 토의를 중지하고 의사일정에 따라 행동하게 된다.

그런데 공산주의의 공모는 다른 메커니즘들을 제시하고 있다. 그러니까 공모의 초기에 다시 말해서, 마르크스와 엥겔스가 공모에 대해서 자의적으로 정의를 내리는 단계에서 공산주의의 공모는 공모의 전형적인, 좀 심하게 말하면, 병리학적인 많은 특징들을 나타내고 있다. 그리고 마르크스와 엥겔스가 자신들의 저서들로 세상에 널리 알려졌다는 사실은 아주 분명하다. 오히려 그 사실 때문에 공산주의의 공모에 숨겨있던 딜레마가 암시되고 있다.

공모자는 남모르게 혼자 행동할 수 있는 것이 아니라, 마르크스주의의 주제들을 인민 전반에 선전하는 효과를 얻으려고 노력해야만 했다. 공모자들의 생각에 따르면 오직 그렇게 함으로써 무산계급은 혁명적 결전을 위해서 모든 것을 극복하는 군대가 될 수 있었다.

- 그렇다면 무엇이 마르크스와 엥겔스의 막역한 친구들을 수십 년 동안 문외한으로 만들었습니까?

한편 군주국과 귀족의 특권에 대항해서 그들의 편에 서서 싸웠고, 인민을 위해서 민주적 권리를 강력히 요구했던 사회단체들이 마르크스와 엥겔스의 극단주의를 받아들이지 않았다. 다른 한편 마르크스는 경찰의 감시를 받았기 때문에 권리를 제한받고 있었다.

그런데 불법적인 것이 지니고 있는 신비한 효력은 마르크스의 행위보다 뛰어났다. 그래서 지나치게 활동적인 비밀단체의 조직원이 활동하고 있을 뿐만 아니라, 자신의 예측을 증명할지도 모르는 혁명이 일어나기 직전에 있다는 것을 확신하기 때문에 마르크스는 점증적으로 그 사실에 반응을 나타내기 시작했다.

다른 정치적 공모들에 반해서 마르크스가 대표하고 있었던 사회의 연대의식(連帶意識)을 증진시키자는 가정은 단순히 권력을 교체시키는 것을 지향하지는 않았다. 그런데 **트리어**(Trier) **출신의 광신자는 사회를 완전히 다른 쪽으로 굴리고자 했을 뿐만 아니라 기독교** - 인본주의의 세계관을 물질적 - **무신론적 세계관으로 대체하고자 했다.**

그 광신자의 세상에서는 인간이 - 그래서 기만적인 암시 - **인간 자신의 신(神)인 것이다. 그러나 실제로는 인간은 현세의 신(神)인 마르크스와 인간이 선택한 설교능력이 있는 반신(半神)들을 숭배해야만 한다.**

- 따라서 공산주의의 드러난 전체주의적 요구와 특징은 공산주의의 공모적(共謀的) 실천과 관계가 나빠지지 않고 있습니까?

맞다, 훨씬 더 많이. 공산주의는 마르크스주의적 공모의 핵심과 본질인 것이다. 현존하는 법규의 모든 생존권을 부인하는 자는 현존하는 법규를 적으로 간주하기 때문에 제거하려고 하고, 현존하는 법규를 자신의 초안에 따라 새롭게 만들고자 하므로 결국 공모의 수단으로만 자신의 목표를 추구할 수밖에 없다. 따라서 세계 개혁의 목적이 가장 비인간적인 수단을 역시 정당화시킨다는 사실에서 세계 개혁에 대한 무서운 논리학이 나타나고 있는 것이다.

● 그렇지만 세계개혁에 대한 무서운 논리학은 마르크스와 레닌이 생각해 보았었던 것을 스탈린주의적으로 표현한 것이 아닙니다.

그렇다. 그 근거들을 이미 마르크스와 레닌이 제시했다. 그런데 테러를 반대하는 사람인 레닌의 신화를 페레스트로이카(Perestroika)의 추진자들이 스스로 견지했지만, 공산주의 제국의 멸망과 비밀기록보관소의 개방과 더불어 개혁자에 대한 정치적, 사적이고 개인적인 세부사항들이 밝혀지고 말았다. 이미 1903년에 레닌은 기술했다.

"전투의 일정한 시점과 전투병력의 일정한 상황에서, 일정한 조건 하에서 전투행위는 근본적으로 아주 적절하고 더구나 필수적이다."

그리고 레닌의 전쟁위원인 토로츠키는 다음과 같이 기억하고 있다.

"우리가 어디에서 독재체제를 가지고 있단 말입니까?"라고 레닌이 말했다.

"독재체제가 그래도 우리에게 분명히 설명하고 있습니다! 우리는 잡탕을 가지고 있지, 독재체제를 가지고 있지 않습니다."

"우리가 사보타주하는 반동분자를 총살하지 않는 것을 이해한다면, 그것이 도대체 무슨 종류의 큰 혁명입니까? 그렇다면 인민계급의 천민이 신문에 무엇을 쓰고 있는지를 보십시오! 그렇다면 도대체 독재체제는 어디에 있습니까? 오직 허튼소리와 뒤죽박죽 쓰고 있습니다!"

"그렇지만 우리는 매우 잔인한 테러를 하지 않고 승리자로서 떠나 버린다고 너희들은 생각하지 않느냐?"

"난센스!"라고 레닌은 늘 되풀이했다.

"총살을 하지 않고 혁명이 어떻게 성취될 수 있는가? 너희들 스스로 무장을 해제하고도 모든 적들보다 너희들이 세다고 생각하는가? 도대체 아직도 어떤 종류의 강압적 조처들이 있는가? 구류인가? 어떤 쪽이 승리하기를 소망하는 인민전쟁에서 구류를 누가 진지하게 받아들이겠는가?"

"구류가 이성적인 인간사회에 적합하지만, 실제로 모든 늑대들이 근절되어야만 했습니다."라고 레닌은 나중에 썼다.

그리고 그는 다른 장소에서 재삼 확인한다.

"여기서 감상(感想)은 너무나도 적절하지 않습니다. 여기에서 감상은 여느 때와 같은 범죄일지도 모릅니다."

40년대 말과 50년대 초에 당 수련과정에서 레닌처럼 마르크스도 수단으로 사용되었던 테러에 분명히 항거했을지도 모른다는 사실이 치밀하게 계산된 평가를 받으면서 공산주의의 대가들인 우리의 머리에 주입되었다. 그렇지만 '대량 테러'라는 전문용어는 슬로건과 마찬가지일지도 모른다.

그래서 그 슬로건을 가지고 백인들을 교사하고 자본주의로 백인들을 교사(敎唆)한 자들은 자신들이 획책했던 내전을 볼셰비키가 저질렀던 범죄로 언급하려고 했고, 혁명적 노동자들과 농민들이 수행했던 투쟁을 비방하려고 했다. 그러나 레닌은 청년시기부터 테러리스트들의 행위에 반대하고 있었을지도 모른다. 왜냐하면, 레닌의 형인 알렉산더 울야노프(Alexander Uljanow)가 1878년 황제를 살인하려는 음모를 준비하는 과정에 관여해서 교수형에 처해졌기 때문이다.

어쨌든 실각되었던 정부의 중요 인물들 개개인을 살해하는 일에 집착하고 있는 자는 신뢰할 수 있는 혁명운동을 손상시킬지도 모르고, 결정적인 것에 관심을 가지지 않을지도 모르고, 다시 말해 봉기시키려고 민중들을 동원하는 것에 관심을 가지지 않을지도 모른다.

게다가 테러 때문에 지배하는 자들의 반테러를 초래할지도 모른다는 사실이 추가될지도 모른다. 그렇기 때문에 붕괴하고 있는 체제 내에서 합법적으로 저항할 가능성들은 - 노동조합들의 회원 자격처럼 - 여전히 거의 없다.

● 다시 말해서, 합법적으로 저항하는 것은 개인적 테러와 표면적으로, 그리고 작전상으로 거리를 두는 것이었습니까?

맞다. 그리고 공산주의자들은 혁명적인 전복이 성공한 이후에도 유례없이 잔혹한 대량테러를 범하지 못하도록 하지는 않았다. 예를 들면, 공산주의자들은 아이들을 포함해서 전체 황제 가족들을 시베리아의 추방형무소에서 즉결총살을 하게 했다. 그 사실 때문에 적군파의 테러리

스트들에게 동독의 비밀은신처를 제공해주는 것을 호네커가 못하게 하
지는 않았다.

반면에 호네커는 미국의 퍼싱 미사일에 반대하는 합리적인 제휴를
헬무트 슈미트(Helmut Schmidt)와 맺기를 희망했다. 혁명의 이름으로 행
해졌던 모든 놀라운 범죄들임에도 불구하고 공산주의자들이 테러리즘
과 특히 공산주의자들을 외형상으로 구분 짓게 만들었던 인민위장(人民
僞裝) 때문에 공산주의자들의 적대자들을 되풀이해서 속일 수 있었다고
나는 주장했다.

게다가 마르크스의 근본적 견해들을 전체적으로 공유하고 있지 않
았던 동지들에 대한 증오심이 가득 찬 수다들이 마르크스가 문자로 썼
던 표현에서 누차 다시 나타났다. 그렇지만 마르크스의 혁명목표들을
나중에야 고쳤던 자들에게 영향을 끼치는 효과가 없었다면 그러한 일
은 일어날 수 없었을 것이다.

● 마르크스에 대한 이 비방들은 극단주의 노선을 따르는 스탈린을 자극
  했고 더 강하게 했습니까?

공산주의 운동의 공모적인 기본특징은 어쨌든 소련의 영향력 하에
서 자신의 동지들을 향해 비판적이었던 테러를 특별히 변형시키는 것
으로 바뀌었다. 대부분의 고참 직원들은 전체노선에서 벗어났다는 평
계를 들어서 살해당했다. 스탈린이 기획했지만, 공산주의의 숙청에서
모범이 되고 있는 기괴한 전시용 공개재판들이 1937~38년에 모스크바
에서 시행되었다.

● 어떤 동기들 때문에 비인간적이고 웃기는 이 재판장난이 시행되었습니까?

그 재판들은 소련국가의 최고위 간부들에 대해 비판적이었다. 그 간부들 가운데는 더구나 장관평의회 의장, 다시 말해서 수상이 있었다. 그 간부들이 트로츠키주의의 다시 말해서, 반혁명적 공모의 배후인물일지도 모른다는 평계를 들어 이 재판이 기획되었다. 이 재판들은 스탈린의 적대자이며 망명했던 레오 트로츠키를 가장 위험한 소련의 적으로 낙인찍었다. 그래서 레오 트로츠키를 멕시코 망명지에서 나중에 지시 살인할 수 있도록 1940년에 기틀을 마련하고자 했을지도 모른다.

트로츠키는 스탈린 정책의 공공연한 적대자였다. 이 사실 때문에 러시아에서 공산주의자들이 국가권력을 확장하는 계기가 되었다. 그는 수정될 수 없는 유토피아주의자로서 계급이 없고 특권을 부여받는 것이 없는 사회가 조직되는 것을 지체 없이 보고자 했다.

뿐만 아니라, 그는 멈추지 않는 항구적인 세계혁명을 역시 믿고 있었다. 그렇지만 결국 무한한 힘이 있는 공산주의의 관료기구가 가장 오랫동안 러시아에서 권력을 찬탈하고 말았던 것이다. 이 관료기구는 국가의 모든 부서를 그들의 손아귀에 넣었을 뿐만 아니라 증가하는 특권마저도 가지게 되었다.

그런데 스탈린은 이 관료기구를 기반으로 삼아 소련정부를 관료주의적 전제정치로 변화시켜놓았다. 그 과정들 덕분에 스탈린과 그의 배타적인 간부집단의 독제권력이 확보되었는지도 모른다. 또한 동일한 이유 때문에 스탈린은 '계급투쟁을 끊임없이 강화시키는 것'과 관련된 주제를 퍼뜨렸다. 그래서 적들은 우리 가운데에 있다. - 이것이 소련 선전활동의 슬로건이었다.

그렇기 때문에 도처에서, 그리고 언제나 혁명적으로 경계하는 일을 연습하자는 슬로건에 인민은 고무되어서 다수의 밀고자가 되었다. 뿐만 아니라, 동시에 인민은 관심을 여전히 어려운 생활환경으로부터 다른 곳으로 돌렸는지도 모른다.

그렇지만 스탈린은 관심을 다른 곳으로 전환할 때 신문, 방송 혹은 정당의 정치선동가를 믿지 않았다. 왜냐하면, 그는 그 과정에서 훨씬 더 큰 효과가 나타나기를 기대했기 때문이었다. 최고의 열강들이 모인 회의의 구성원들조차 노동자계급의 적에게 매수되어서 위대한 지도자를 살해할지도 모르는 정보요원들이 되었다는 것이 밝혀졌다고들 한다.

물론 그 문제와 관련해서 고발과 허위논거들만으로는 충분하지 않다. 그렇지만 희생자들은 자신들이 당했던 명목상의 파렴치한 짓들을 스스로 고백했다고들 한다. 그리고 거의 모든 과정의 희생자들은 협력을 했고, 공산주의의 종파적 자살로 받았던 비난들을 인정했다. 그렇지만 아무리 그래도 그 사실을 이해할 수 없는 것 같다.

그 과정들은 '트로츠키주의자들, 스파이들, 해충들과 매국노들'을 전국적으로 몰이사냥을 하겠다는 신호탄이 되었다. 그래서 1937~38년부터 체포되었던 자들과 유죄판결을 받았던 자들의 숫자는 백만의 한계를 훨씬 넘었다. 뿐만 아니라, 68만 명 이상이 2년이 지나서 총살당했다는 것이 증명되었다. 게다가 모스크바의 망명지에 있었던 외국 공산당 당원들도 살해되었다.

또한, 히틀러의 앞잡이들보다 더 많은 독일 공산당의 지도간부단이 스탈린주의의 테러에 희생되었다. 더구나 히틀러 - 스탈린이 동맹을 맺었던 시기에 스탈린은 러시아에 피난을 와 있었던 독일 공산당 당원 600여명을 독일 게슈타포에게 인도하기도 했다.

정권을 잡고 있는 공산주의자들은 자신들이 결코 정리하지 않았던 공모자에 대한 독특한 묘사법을 국가의 실무경험으로 만들었다는 사실을 모든 것이 근본적으로 증명하고 있다.

● 배신자들에 해당된다는 그 고백은 기괴하게도 자신의 충성을 당에 증명할 수 있는 것으로 간주되는 것이 아니었습니까?

맞다. 반스탈린주의의 공모자가 아니면서 반스탈린주의의 공모자들이라고 임의적으로 자백을 했던 자는 아마도 총살당했겠지만, 당원의 충성에 대한 소송사건에서는 면죄를 받았다. 그런데 헤어베르트 베너 (Herbert Wehner)는 스탈린 치하에 있었던 이와 같은 상황에 대한 망상과 관련된 한 가지의 예를 제시하였다. 그렇지만 함부르크 출신의 역사학자 라인하르트 뮐러가 그 한 가지 예를 공개했다. 그는 모스크바 비밀정보기관의 서류보관소에서 발굴했던 서류들에 근거를 두고 있다.

"그는(헤어베르트 베너) 결백의 수호자로서 항상 정당했고, 이 결백을 어디선가 흡사 위태롭게 할 수 있었거나 위태롭게 했던 모든 사람들을 물론 당 밖으로 몰아냈고, 서류다발들을 작성했고, 그들의 특성을 기술했고, 모스크바에 있는 독일 공산당을 의인화했던 기념물로 간주되었다."[10]라고 뮐러가 말했다.

모스크바에 있는 독일의 토로츠키주의자들이 수행했을 뿐만 아니라

---

10) 레인하르트 뮐러, 헤어베르트 베프너 - 모스크바 1937, 함부르크 2004.

명칭들과 동기들과 필수적 조처들이 포함되어 있는 표면상의 공모에 대한 비밀정보기관의 지시편지는 베너의 정보에 근거를 두고 있었다. 12명의 독일 공산주의자들은 그 사실 때문에 스탈린의 비밀정보기관으로부터 주목을 받았고, 체포되어서 고문을 당했고 총살당했거나 시베리아 강제수용소에서 비참하게 죽었다.

그런데도 베너는 공산주의자로서 자신의 시간을 결코 비밀로 하지 않았다. 왜냐하면, 자신의 범행에 대한 상세한 내용들은 모스크바 기록보관소에 영원히 보관되어 있을 것이라고 베너는 믿었기 때문이었다. 그래서 보충질문들은 원하지 않았거나 비방으로 간주해서 단호히 거절하였다.

"내가 공산주의자였다는 것을 나는 결코 부정하지 않았습니다. 그렇지만 특허를 받은 기독교인들 덕분에 나는 그 사실을 일생 동안 참회할 것입니다."라고 베너에 대한 논평에서 언급하고 있다.

뮐러의 최종 결론은, "이 감시, 이 기록, 이 서류다발의 작성, 의견이 다른 사람들을 자동적으로 제거하고 취조하고, 통제하는 이 강요 - 이것들이 헤어베르트 베너가 가지고 있는 인품의 특징을 역시 나타냈습니다. 다시 말해서 통제하는 이 강요는 분명히 스탈린주의의 모범적 변형입니다."[11]

● 동독의 후기에 해당하는 80년대에도 여전히 그런 것이 있었습니까?

그렇다. 헤어베르트 헤버의 경우가 변화된 형태다. 헤버 교수와 더

11) 위의 책.

불어 호네커는 모스크바에게 가장 미심쩍은 외교정책의 영역에서 다시 말해, 두 독일국가들 사이의 상호관계에서 명망을 얻었다. 계파연합을 인식하는 것을 근거로 작은 활동여지를 찾아내려고 노력했던 호네커는 헤버를 정치국에서 직접 동독비밀경찰의 정신병원에 보냈다고들 했다. 그런데 헤버는 이미 울브리히트 시대에 에어푸르트와 카셀에서 브란트와 슈토프가 만나는 것을 준비하는 일에 깊이 관여했고, 이때부터 권력을 행사했던 호네커와 매우 신뢰하는 관계를 형성하고 있었다.

그렇지만 동독의 국제법상 중요성이 증가함에 따라 바르샤바 동맹에서 당 지도자와 국가 지도자의 위상이 올라가는 기회를 호네커는 알아차렸다. 또한 동구권에서 그는 독일연방공화국에 대한 전문가로서 존경을 받았다. 그래서 호네커는 헤버를 연방공화국에 주재하는 항구적인 특별대사로 임명했다. 더구나 헤버가 대화파트너들을 적어놓은 목록은 연방공화국의 정치 인명사전(Who's who)과 같은 인상을 주었다.

그러니까 호네커와 가깝게 지내려고 애를 썼던 헤버의 생각은 본 당국과 타협을 지향하고 있었다. 그럼에도 불구하고 헤버는 물의를 일으키면서 등장하는 것을 꺼려했던 자신의 여행에 대해서 정치국에 보고하는 것이 아니라, 전적으로 호네커에게 보고를 했다.

따라서 독일연방이 그와 접촉을 한다는 것은 전문지식이 있고 비독단적이고 열려있는 대화파트너로서 인정한다는 것을 그는 호네커에게 나타내는 것이었다. 다른 이유들 때문이라고 하더라도 아무튼 그 사실로 인해서 정치국에서 온 4명이 그를 감시하는 결과를 낳고 말았다.

한편, 호네커에 비해서 자신이 독일 연방의 유력한 경제인들을 접촉하고 있다는 사실을 매우 자부했고 공명심을 가졌던 사람은 동독 명령경제의 수장인 미타크였다. 다른 한편, 모스크바에 있는 자신의 후원 자들을 위하여 결국 헤버가 그때 서방에서, 그리고 호네커와 무엇을 묵계(黙契)로 정했는지를 알려고 하지도 않았던 자는 밀케였다.

그러나 역시 수상인 슈토프와 정치국원인 크로리코프스키 (Krolikowski)가 '국수주의적 경향들과 책략' 때문에 모스크바에 항구적 으로 헤버와 호네커를 밀고했다. - 그 사실은 1989년 이후에 알려졌다.

아무튼 1984년에 헤버는 호네커의 권유로 정치국원이 되었다. 그 시기에 호네커는 연방공화국과의 관계들을 확장하고자 애를 썼다. 그 사실 때문에 정치적으로 마지막 순간이 될지도 모르는 헤버의 중대한 순간이 야기되었다. 그러니까 호네커가 연방수상인 헬무트 슈미트에게 이성적인 동맹을 제안하는 편지를 바로 헤버가 작성했다.

이 사실은 모스크바에 대한 엄청난 도발이었다. 결국 소련은 퍼싱 미사일을 배치한 것에 대한 대가로 서방과 특별히 연방공화국을 징계 하고자 했다. 이와 같이 첨예화된 상황임에도 불구하고 긴장완화라는 부드러운 식물이 시드는 것을 포기하지 않으려고 호네커가 연방공화국 으로 여행하는 것을 헤버는 지지했다.

● 이 여행계획에 대해서 모스크바에서는 어떻게 반응을 했습니까?

헤버가 정치국으로 올라간 지 거의 3달 후인 1984년 8월에 호네커 는 모스크바로 소환 당했다. 그곳에서 모스크바 당국은 호네커에게 연 방공화국으로 여행을 가지 말아야 한다는 것을 거칠게 설명했다.

그 이외에도 연방공화국에서 행했던 헤버의 행동에 대한 책임이 호네커에게 지워졌다. 그래서 소련이 헤버에 대한 지시를 포함해서 자신을 비평했을 뿐만 아니라, 자신에게 협상할 여지를 주었다는 것을 호네커는 즉시 알아차렸다.

"그 남자와의 관계를 끊으십시오. 그러면 당신은 살아남습니다."

결국 헤버가 베를린으로 귀환되자 바로 입원을 한 다음에 질병 때문에 정치국원에서 면직시켜줄 것을 요구할 정도로 부담을 느끼게 되었다. 동시에 밀케는 헤버를 압박하기 위해서 헤버에게 불리한 자료들을 제출할 수밖에 없었다. 헤버가 재차 병원에 입원해야만 했을 때, 병원에서 그에게 수많은 의약품을 투여했고, 그는 3일이 지나서 비밀경찰의 감시 하에 정신과로 보내졌다.

그러다가 몇 달이 지난 후, 또다시 집으로 보내졌다. 그러니까 헤버를 정치국에서 탈퇴시켰다는 것은 이론의 여지가 없이 외적으로 낙인을 찍었다는 것이다. 물론 진단의 내용은 건강상의 이유들과 특히 책임을 감당하는 정신적 능력의 부족이었다.

● 공산주의에서 공모(共謀)적인 것으로 향하는 경향은 다시 말해서, 공산주의의 후반기에는 평상시에도 사라지지 않았습니까?

공모적인 것으로 향하는 경향은 공산주의에 해당된다. 소련 연방이 형성된 후에서처럼 러시아 황제 국가를 합병한 후에 공산주의의 비밀 도당(徒黨)을 만드는 시작단계에 있든, 합법적 혹은 비합법적 정당으로서든 아무 상관이 없다.

● 아무리 동구와 서방에 차이점들이 있다고 하더라도 무엇이 서방의 관찰자들로 하여금 자신들이 결국 유사하게 행동하는 적수들과 관련되어 있을지도 모른다는 것을 믿게 만들었습니까?

사람들은 좋든 나쁘든 외형적인 것들에서 내적인 것을 쉽게 추론한다. 그렇기 때문에 서방에서는 다음과 같이 생각할 수 있다. 사람들은 우리처럼 신발을 신었고, 옷을 입었지만, 외투를 걸치지 않았고, 거친 수염이 없고, 안대를 하지 않았다. 그렇다. 외형적인 것들과 직접적인 관련이 있다면, 그들은 거부하지 않는다.

비밀결사인가? 비밀결사는 특히 공산주의가 탈바꿈해서 공산주의의 본래 형상에 중첩되어 나타났었던 국가를 대행하는 존재였던 것이다. 그런데 공산주의자들이 정권을 차지했고 국가의 모든 훈장들을 받았다고 해서, 그 공산주의자들에게 공모충동을 전가시키려고 하는 것은 여하튼 정신이 좀 이상한 것 같다.

● 당신의 견해에 따르면 비공산주의 세계는 어떻게 생각됩니까?

분명히 공산주의자들은 적들이다. 분명히 공산주의자들은 우리와 다른 세계관과 가치관을 가지고 있다. 그리고 그들은 대량학살을 하는 핵무기의 잠재력을 보유하고 있었다. 그렇지만 그들은 협정에 참가하고 있다. 그런데 이 공산주의 국가들도 근본적으로 다른 나라들과 동일한 나라들이 아닌가? 소련은 미국, 영국, 그리고 프랑스와 공동으로 반히틀러 연합을 형성하지 않았는가?

우리는 동구권의 나라들과 마찬가지로 국제연합의 일원이 아닌가?

우리는 그 국가들과 외교적 관계를 유지하고 있다. 또한 우리는 그 나라들과 군축문제 때문에 다투고 있다. 그렇지만 경제적 교역은 번창하고 있다. 게다가 우리는 그 나라들과 동구조약들과 같은 조약들을 체결하고 있다. 이런 여건 하에서 공모의 본질은 도대체 어디에 있는 것인가?

● 그렇다면 무엇이 여전히 선명하지 못한 판단력을 야기시켰습니까?

아마 외교의 예가 그것을 분명하게 해줄 수 있다. 그런데 외교사회에서 동과 서의 접촉은 아주 격렬하다. 그렇지만 이해관계의 대립들은 대화를 통해서 무마되어졌다. 그리고 공산주의의 외교관들은 일종의 마법 외투처럼 자신들의 공식 직업 명칭들을 가지고 다녔다. 국가가 확고한 지위를 차지하게끔 하기 위해서 공산주의의 외교관들은 자본주의의 국가들과 교제에서 관례들을 찾아내라는 강요를 받았다.

그렇다 보니 모방에 대한 규정 때문에 기이한 효과들마저 나타났다. 그러한 특별한 계기들 때문에 소련의 외교관들은 더군다나 옛 러시아 황제의 추밀원 제복과 광부 유니폼을 혼합해서 만든 데다 계급장을 달고 있는 고풍스러운 신분의복을 무리하게 입을 수밖에 없었다. 그렇지만 우선 소련의 외교관들은 당의 전체 노선을 관철시켜야만 했던 공산주의의 간부들로 이해되어야만 했다.

그렇기 때문에 소련 외교관들이 소속되어 있는 정부의 결정들과 협정들을 준비하기 위해서, 그리고 실현시키기 위해서 필요로 하는 전형적인 외교의 활동여지와 같은 활동여지가 소련외교관들에게는 없었다.

게다가 체제 국에 대한 이해심과 같은 그러한 것을 육성한다는 것은 심지어 공산주의의 외교관들에게는 금지되었다.

그 사실 때문에 공산주의의 외교관은 의심을 받았을 지도 모른다. 게다가 모든 대사관에는 외교관을 사찰하기 위한 비밀정보기관의 주재원이 한명씩 있었다. 따라서 각기 나라가 쌍방 혹은 국제 관계에서 초점이 되었을 때면 대개 대사관들이 주재원들의 조타수 역할을 여러 번 했다고 절박하게 이야기하는 경우도 있었을 것이다.

● 그것은 서방에서도 유사하지 않습니까?

소련 외교관들은 우선 공산주의의 '투사들'로 이해되어야 했다. 그렇기 때문에 그들과 해외에서 작전들을 하고 있는 KGB - 간부들이 근본적으로 서로 교환될 수 있었다.

눈에 띄게 비밀정보기관의 수장인 유리 블라디미로비치 안드로포프(Yurii Vladimirovich Andropov)는 1956년에 헝가리에서 폭동이 일어났던 당시에 부다페스트 주재 소련대사였다. 나중에 안드로포프의 후임자가 되었던 크리유취코프(Krjutschkow)는 같은 시기에 부다페스트에 주재하는 대사관의 제 2인자였다.

물론 공산주의의 외교관들이 자신들의 환경에서 리모컨으로 원격 조정되는 것처럼 행동했다는 것이 그것을 의미하는 것은 아니다. 반대다. 때때로 이와 같은 유형에 직면할 수 있지만, 다수의 외교관들은 이데올로기적 원칙에 무제한적으로 충실하기 때문에 외형적으로 유연해질 만한 입장을 바로 취하게 된다. 그리고 '행동은 단호하게'와 '태도는 부드럽게'를 행했던 자는 자신의 나라에서도 입신출세할 수 있었다.

예를 들면, 아나토리 도브리닌(Anatoli Dobrynin) 혹은 바렌틴 파린(Valentin Falin)은 1986년 내지는 1988년에 공식적인 외교관들을 당의 정치노선에 따라 감시했을 뿐만 아니라, 자본주의 외국과 제3세계에 있는 형제당들을 교화(教化)하고 형제당들에게 자금을 조달하는 책임을 떠맡고 있었던 당 중앙위원회에 소속되어 있는 국제부서의 리더가 되었다.

그리고 공산주의 독재국가에도 외교적이고 외교정책상의 역점사항을 변경시키는 경우들이 있다. 그래도 그 경우에서는 항상 전략적인 일반노선을 따랐다. - 그러니까 소련을 위해서 세력분포를 변화시키고 적대자를 약화시키는 것을 지향했던 것이다.

예를 들면, 스몰렌스크 광장에 있는 소련외교부에 소속되어 있는 소위 미국 부서와 독일 부서의 경쟁에 대해서 일반노선에 따라 판결이 내려졌다. 서방의 권력중심인 워싱턴에 대해서 하나의 노선이 정해졌다면, 다른 노선들은 유럽에 미치는 미국의 영향을 약화시키고 북대서양조약 기구와 결합함으로써 부담을 없애기 위해서 본 당국과 협정을 맺을 것을 권고했다.

그러니까 파린과 같은 유형의 사람도 사회주의적 현실주의와 정반대의 입장에 있기 때문에 예술에 정통한 애호가로서 처세에 능한 자신의 외형을 숨기고, 항상 정치국의 결정상황과 KGB가 허용했던 활동여지를 유념하였던 것이다. 그렇지만 공산주의 제국의 외형이 확고한 위상을 가지고 있는 국가로서 지위에 걸맞은 특성을 더 많이 가지면 가질수록, 그 특성을 가지고 있는 국가들은 정치적 책임이 있는 서방국가들과 더욱 유사해지는 것 같았다.

- 그러나 다른 국가들은 이 경향에 저항하지는 않았습니다. 발전의 세계
  적 상징이라고 주장했던 나라는 점점 더 뚜렷하게 나타났던 징조들과
  더불어 점점 더 경직되어갔습니다.

그렇다. 소련의 경축일에 참석한 권력자들이 스스로 표명했던 그들의 가장 중요한 인물이 신성하다는 것을 나타내고 있는 시위행렬들의 거대한 초상화들이 바로 이 변화에서 나타났던 외적이고 어처구니없는 특징이다. 그렇지만 출판물로 되풀이해서 발행되었던 그 초상화들은 10년 이상이 지나도록 변화되지 않았다.

그러니까 공산주의의 오만을 표현한 초상화들의 목적은 "우리는 육체적으로나 정신적으로 영원히 변하지 않는다"라고 말하는 것이었다. 그렇지만 초상화로 그려졌던 인물들은 실제로 노쇠해져서 결국 모든 육신이 가는 길을 선택할 수밖에 없다는 것을 그 권력자들도 막을 길이 없었다.

텔레비전의 시대에는 러시아 공산당 기관지 프라우다(Pravda)의 삽화를, 거기에는 뻣뻣한 모자를 쓰고 뚱뚱하거나 주름이 있는 고집불통의 배우들이 자리 잡고 있는 크렘린 궁전의 연단을 비추고 있는 텔레비전 영상들이 기괴하게 병존하고 있는 것은 불가피한 일이었다. 그렇지만 우리는 중요하지 않은 부수현상은 전혀 고려하지 않았다.

그런데도 많은 충돌을 내포하고 있는 정상적인 상태, 다른 상대자들과 수십 년 동안 평화스럽게 공존해왔다는 것, 그리고 그 사실과 연

관된 강박관념들 때문에 서방의 관찰자들은 화해의 가능성이 있다는 것을 암시받았다. 왜냐하면, 서방의 관찰자들에게 장시간 가장 큰 영향을 미친 것은 세계 2차 대전 때의 동맹이었기 때문이었다.

그렇지만 누차 돌발하고 있는 이해관계의 갈등 때문에 일상의 모든 일에서 느껴지는 인상은 점점 더 뚜렷해져갔다. 그렇기 때문에 그 이해관계의 갈등 자체가 냉전으로 간주되게 되었다. 그렇다고 해도 결국 자기를 보존하는 것, 자신의 관직을 유지하는 것, 프라그, 부다페스트 혹은 소피아에서처럼 모스크바에서도 마찬가지로 비밀을 지키면서 생활하는 당 간부들의 호화거주지인 반트리츠를 유지하는 것이 권력을 유지하는 것이었다.

● 그래도 세계개혁자들은 위험을 충분히 감수했었습니다. 공모자(共謀者)들이 없었다면 혁명들이 전혀 일어나지 않았을지도 모릅니다. 아무튼 공산주의의 기원은 결국 10월 혁명으로 시작되었다고 할 수 있습니다.
러시아에 있는 상크트 페터스부르크의 역사적 발전과정들과 관련이 있는 자는 역사적 사실 때문에 시각적 효과를 노리는 기만의 제물이 되고 말았다. 그러니까 러시아 황제의 통치를 붕괴시켰던 1917년 2월 혁명 동안에 미리 혁명을 예언했던 자들은 망명생활을 하게 되었다. - 레닌은 스위스에서, 트로츠키는 미국에서, 다른 사람들은 시베리아에서 유배생활을 했다. 그렇기 때문에 그들은 러시아에서 진전되었던 폭발적 상황과는 너무 멀리 떨어져 있었다.
"그들은 지금까지의 모든 인생을 혁명을 기다리는 것으로 보냈습니다. 그렇지만 그들은 혁명이 일어났던 그때에 그 혁명을 인식하지 못하고 있었습니다."라고 오르란도 피게스(Orlando Figes)가 혁명 파노라마인 《인민의 비극》[12]에서 쓰고 있다.

● 황제의 실각과 더불어 결정이 이미 내려졌을 때, 레닌은 작동하기 시작한 혁명을 공산주의의 수로로 끌어들여서 완결시키기 위해서 러시아로 돌아가려고 했습니다. 러시아에 도착하기 위해서 그는 누구를 급습할 수 있었습니까? 그의 정치적 스폰서들은 누구였습니까?

또 다시 공모가 해결책을 제시했다. 추진하는 세력은 세계 1차 대전 동안에 무기거래를 통해서 백만장자가 되었던 러시아 출신의 '세계적인 선수'이며, 별칭이 파르부스(Parvus)였던 이스라일 라자레비치 헬프한트(Israil Lasarewitsch Helphand)였다. 파르부스는 사회주의자였고 토로츠키와 레닌을 잘 알았다. 그는 독일로 망명했었다.

그런데 독일제국 정부는 두 전선의 전쟁에 끌려들어갔다. 그렇지만 독일은 러시아를 전쟁의 적으로 삼지 않으려고 했다. 아무튼 파르부스는 이미 1915년에 혁명적 변혁에 대한 레닌의 프로그램을 독일 제국 정부에 제시했다.

유사한 경우에 러시아 황제에 반대하는 간행물의 값으로 지불되었고, 파업하는 자들을 매수하는데 쓰였고, 봉기들을 모의하는데 쓰였던 백만 마르크가 파르부스에 의해서 러시아로 흘러들어갔다고 생각한다.

더구나 파르부스는 전략적으로 중요한 위치에서 진입로를 차단시킬

---

12) 오르란도 피게스, 《인민의 비극》. 베를린 1998.

지도 모르고 굶주림의 고난을 부채질할지도 모르는 폭파전문가를 양성하게 했다. 뿐만 아니라, 마침내 그는 납으로 봉인된 화물차량으로 레닌을 독일을 지나서 러시아로 이동시키는 것을 성사시켰다.

레닌의 프로그램에 의하면 파르부스의 미래정부는 흥미 있는 전제조건들로 독일과 단독강화(單獨講和)를 체결하도록 할 생각이었다는 것이 명백했다. 그런데 석유생산, 밀 생산과 석탄 생산의 1/3과 러시아에 매장된 금의 대부분을 볼셰비키가 군사적 적대자에게 양도했다.

왜냐하면, 러시아 황제는 경제적 경쟁자인 독일을 위해서 자기 자신의 나라를 결코 배제했을 리가 없었기 때문이다. 그리고 독일 쪽은 레닌과 파르부스를 이용할 수 있고, 실행하는 일이 끝난 다음에는 재빠르게 또다시 레닌과 파르부스로부터 벗어날 수 있다는 것을 예상하고 있었다. 그렇지만 이 일은 실제로는 반대의 결과를 낳고 말았다.

철저하게 조사된 책《파르부스의 기밀문서(Geheimakte Parvus)》의 저자인 오스트리아의 여성 시사평론가 엘리자베트 헤레쉬(Elisabeth Heresch)는 명백한 결론을 내리고 있다.

"레닌은 뱃머리에 있는 장식형상에 지나지 않습니다. 그래도 과거처럼 권력에 굶주리고 있는데다 파르부스의 도움을 받아서 그는 자신의 목적을 위해 전력을 다할 수 있게 되었습니다. 그럼에도 불구하고 레닌은 매수 가능성에 대한 모든 혐의를 물론 부인하였을 뿐만 아니라, 정부의 직책에 대한 희망을 가졌던 파르부스와의 접촉을 돌연 중단하고 말았습니다.

그래서 소련의 사료편찬에서 킹메이커로서 역할을 했던 파르부스는 자명한 이유들 때문에 완전히 언급되지 않게 되었습니다. 그리고 지금 여기서 한 구간 더 멀리 있는 활기 없는 세계에 혁명의 불길을 피우기 위해서 파르부스가 모스크바로 보냈던 마지막 수백만 마르크가 부메랑처럼 소련 대사관을 경유해서 독일로 다시 흘러들어왔기 때문에, 베를린에서도 파르부스를 속히 망각하는 것에 지대한 관심을 가졌던 것입니다."[13]

● 그래서 서방의 역사를 기술할 때, 애매한 오점인 '파르부스'가 빠진 채 위대한 레닌에 대해 소련이 사용한 선전형태를 왜 다소 무비판적으로 수용했는가가 결국엔 숙고되고 있습니다.

한편, 소련에서는 진실을 탐지할 기회가 거의 없었다. 다른 한편으로, 소련에서도 공산주의의 이데올로기와 혁명의 소위 기본적 효과에 현혹될 수 있었다. 게다가 적대자를 일시적으로 무의식의 협력자로 만드는 일에 공산주의자들은 성공했다.

그래서 레닌은 영원히 혁명을 하겠다는 트로츠키적 난센스를 추구하는 대신에 사회주의를 세우겠다는 자신의 구상을 실현시킬 수 있었다. 공산주의의 강력한 러시아는 지금 모든 대륙에 있는 혁명세력들을 경제적으로 강건하게 하였을 뿐만 아니라, 그 혁명세력을 공산주의적 행복을 달성하기 위한 목표를 추구할 수 있는 바탕이라고 생각했다.

● 당신은 위대한 혁명가 트로츠키와 레닌의 공모적(共謀的) 실천이 의심에

---

13) 엘리자베트 헤레쉬, 《파르부스의 기밀문서》. 뮌헨 2000.

서 완전히 벗어나지 못한 것으로 생각하고 있습니다. 왜 그렇습니까?

결국 그 이유는 국제적으로 짜 맞추어진 대자본가들의 그룹과 러시아의 지도적이고 반자본주의적 공모자들의 그룹이 모호하고 근본적으로 인류에 어긋나는 협력을 했기 때문이었다. 후자인 레닌과 트로츠키는 낙농가에서, 그리고 미국의 피난처에서 말을 많이 해서 우리를 걱정시켰다. 그런데 레닌과 트로츠키는 그곳에서 어떻게 살았고 누가 그들에게 자금을 지원했는가?

내 생각으로는, 한 가지 간접증거가 트로츠키에게 불투명하게 물질이 제공되었다는 것을 암시하고 있다. - 더군다나 은행에 남아있지 않은 증거자료, 혹은 정기적으로 현금을 지원한 시간에 대한 목격자들과 관련해서 남아있지 않는 증서들, 누가 시베리아로 추방된 자에게 배편을 이용해서 미국으로 도주하는 자금을 조달했을까?

뉴욕에 그가 체재했던 것과 관련된 자금, 1917년 12명의 당 추종자들과 같이 유럽으로 돌아오는 배편과 관련된 자금을 누가 조달했는가?

트로츠키는 자신의 기억들에 남아있는 것만, 자신이 뉴욕에서 러시아어로 발간된 신문 「새로운 세계(Nowy Mir)」에 몇 달러를 주고 가끔 기고했다는 것을 사람들이 들어서 알고 있다는 사실에 대해 침묵을 하고 있다. 그럼에도 불구하고 트로츠키 같은 사람들이 굶어죽지 않았다는 것은 틀림없는 사실이었다.

뿐만 아니라, 그들은 전화와 냉장고를 갖춘 집을 소유하고 있었다. 당시에는 이러한 집은 사치였다. 게다가 트로츠키가 미국에 체재했던 2달 반 동안에 다 합쳐서 약 250달러의 수입으로 자기 친구들을 크게 후원할 수 있었고 - 어느 경우에는 310달러 이상으로 - 사치스러운 집값을 지불할 수 있었고, 자신의 가족을 부양할 수 있었고, 마침내 1,000달러를 케나다 관청에 지불할 수 있었다는 것이다.

케나다인들이 유럽으로 돌아가는 도중인 트로츠키와 그의 수행원들 중의 몇 사람을 체포했을 때, 이 1,000달러나 되는 금액을 요구했다. 왜냐하면, 케나다인들은 러시아를 마음속에 영국 동맹파트너의 적으로 인식했기 때문이었다. 케나다의 감옥에서 트로츠키를 석방시키는 상황들도 경탄할만한 것 이상이다. 더구나 미국 대통령인 우드로 윌슨이 트로츠키의 석방을 위해서, 그리고 트로츠키가 러시아로 계속 여행할 수 있도록 하기 위해서 진력을 다했다.

● 미국인들은 그 사실에 대해서 어떤 종류의 관심을 나타냈습니까? 왜 최고위층이 트로츠키를 위해서 진력을 다했습니까?

그날의 사건들은 수수께끼로 남아있다. 극한의 자본과 반자본주의의 혁명가들이 연대했던 공모에 대한 모든 추측들이 옳다면, 그 추측들로부터 밝혀지는 설명을 바탕으로 단지 추론할 수 있을 뿐이다. 은행 - 길드는 잘못 생각했었고, 상황을 잘못 판단하고 행동했었다. 그렇지만 은행길드가 '매수한 자들'은 권력을 잡은 후에 즉시 채권자에 대한 책무를 묵살하고 말았다.

6

숨겨진 죄의 동아리

환각제를 흡입해서 혼미해진 비밀경찰

● 동독의 포괄적인 염탐기구인 국가안보처는 오랫동안 관심과 공개에 대한 불만을 불러일으켰던 주된 화젯거리들 중의 하나였습니다. 비밀경찰은 오늘날에도 여전히 주된 화젯거리입니까?

어쨌든 독일의 통일은 2009년에도 여전히 새롭지만, 동독의 특이한 사건과 관련된 상당수의 문제점들은 20년 정도는 지나야 비로소 사라지기 시작할 것이다. 그렇지만 다른 한편으로는 주된 화젯거리에 대해서 공개적으로 토론하도록 활기를 불어넣을 정치적이거나 다른 현실성이 있는 계기들이 되풀이해서 나타나고 있다. 물론 계기들이 나타나는 것도 필요하다. 게다가 베를린에서 특히 그 계기들이 나타나기를 소망했다.

1999년 베를린에서 선거운동을 하는 동안에 민주사회당의 플래카드에 민주사회당의 지도자인 기지(Gysi)의 입이 '비밀경찰'이라고 쓰인 종이 띠로 어떻게 가려져있었는가를 나는 기억하고 있다. 물론 이 풍자가 독일 사회주의통일당의 여자후임자에게 지지표를 던졌던 수도에 살고 있는 선거인 숫자를 아마 축소시키지 못했을 것이다.

그 이후로 베를린의 붉은 시청사에서 붉은 벽돌건물의 색깔에 대해 정치적으로 어떻게 적응되어 가는가를 우리는 언제나 경험하고 있다.

● 그렇다고 그 사실이 독일이 주된 화젯거리인 비밀경찰에 대하 더 이상 몰두하지 않으려고 한다는 것을 의미하지는 않습니다. '다른 사람의 인생'과 같은 영화가 왜 그렇게 성공할 수 있었습니까? 혹은 일간지 「베를린너 차이퉁(Berliner Zeitung)」에서 최근에 왜 해고가 생겼습니까. 왜냐하면 관할국장과 정치국장 대리가 비밀경찰의 밀정이었기 때문입니다. - 이와 관련된 모든 것이 2008년 초에 파문을 일으켰습니다. 혹은 과거에 비밀경찰이었던 좌파 정당의 의원이 자신에 대한 무료 인터넷 백과사전인 위키백과사전의 인터넷사이트를 왜 차단케 했습니까 - 이 모든 경우들이 대중매체들에서 광범위하게 언급되니까 독일에서는 그 사실에 대해서 흥분하게 되는 것입니다.

관심을 끌면서 공개되는 것을 보니까 그 주된 화젯거리가 아주 조심스럽게 다루어지지 않고 있거나 틀림없이 철해서 정리해놓지 않았을지도 모른다는 것은 확실하다. 그러나 광범위하게 공개하는 것이 어떻게 가능할 수 있는가? 젊은 사람들에게 비밀경찰인 괴물과 자신들의 체제가 갖고 있는 제한성에 대해서 분명하게 알리고 자유와 민주를 위해서 자신들의 의식을 날카롭게 하는 것이 특히 중요하다.

그렇지만 저항운동가들, 다시 말해서, 희생자들이 그것을 가장 확실히 할 수 있지만, 그들의 숫자는 줄어들고 있다. 그렇지만 범인들의 조직원 이었던 더 많은 이들이 자신들의 책임과 공범에 대해 이야기하는 용기를 내는 것도 중요하다.

● 되풀이해서 옛날의 상처들을 헤집는 것이 정말 어떤 이득이라도 있습니까?

오직 복수나 징벌이 문제였다면, 명백하게 이득은 없다. 그러나 공개되는 민주사회는 인민의 사생활을 알아내려는 권력소유자들에게 도움이 되었던 이들에 대해 자신들의 범행이 얼마나 비인간적이었고 부도덕했다는 것을 깨닫도록 해야만 한다. 한편으로는 그렇게 해야만 당사자들이 자신들의 숨겨진 죄의 굴레에서 벗어날 수 있을 것이다.

그렇다고 하여 보복심이 많거나 굉장히 열망하고 있다는 것을 공개하는 것은 중요하지는 않다. 왜냐하면 그러한 것을 공개하지 않는 것은 자신의 굴종을 극복하는 기회라고 우리는 부르기 때문이다. 바로 그 기회를 제대로 인식하고 있는 자는 또다시 올바르게 행동할 수 있다.

나치시대에 그들이 겪었던 과거를 종합적으로 고찰해 보면서 신생 연방공화국이 겪을 어려움들에 대해서 아렉산더 미쳐리히(Alexander Mitscherlich)와 마가레테 미쳐리히(Margarete Mitscherlich)가 기술했던 것은 비밀경찰의 과거에 깊이 관여하지 않을 수 없었던 사람들의 문제들에도 해당된다.

"저질러진 부당한 행위는 묵살되기 때문에 그 행위는 안정을 찾지 못하는 것입니다. 그리고 심하게 더럽혀진 보금자리를 깨끗하게 하는 것이 실제로 문제가 되는 곳에서 무지한 자만이 자신의 보금자리를 더럽히는 것에 대해서 이야기할 수 있습니다."14)

그런데 자신들의 허위적 이론들을 신뢰한다고 핑계를 대고 있는 오늘의 독일 민주사회당 당원들이지만 도저히 가르칠 수 없는 저 콘크리트 머리들을, 더구나 그 순간에 생각지도 않는 자들의 숫자도 적지 않은 다수다. 그러니까 위법행위들의 차원들은 비교될 수 없을지도 모르지만, 위법행위들을 극복하는 것, 내지는 극복하지 않는 것에는 유사성들이 있는 것 같다.

● 당신이 독일 사회민주당의 게으른 방법으로 당신 자신의 인식과정을 사취(詐取) 당했다고 느껴진다는 인상을 나는 받고 있습니다.

그 인상은 잘못된 것이다. 무엇 때문에 그런 인상을 불러일으켰는지 나 역시 알지 못하나, 나의 과거를 종합적으로 고찰하는 것은, 내가 내린 결정이다. 그것은 지극히 중요하며 필요한 자아발견이었다. 그렇지만 조사와 도덕적 명망으로 당원들의 과거를 해결하지 못하는 당원들이 있는 정당이 어떻게 나로 하여금 그렇게 느끼게 했는가? 나의 과거를 종합적으로 고찰하는 이 행동에서 나는 게으름을 피우지 않았다.

다시 '비밀경찰'이라는 주된 화젯거리로 돌아갑시다. 힘이 들지 않는 경험은 없을 것이다. 그렇지만 지금까지 민주적 해방을 기피했던 모든 사람들에게 생물학적 해결책에 상반되지 않도록 권유하고 있다. 그런데 비밀경찰의 비공식적 직원들 중에는 독특한 무뢰한들, 밀고자

---

14) 마가레테와 알렉산더 미처리히, 무능력을 한탄하며, 뮌헨 2004.

들, 매수할 수 있는 사람들과 출세주의자들이 있었을지도 모른다. 물론 그런 사람들이 소수였다는 것을 나는 확신한다.

사회주의통일당 당원들이 사회주의적 평등이념을 실현시키는 데 생물학적 해결책으로 기여할지도 모르기 때문에, 그들이 다른 사람들을 미행한다면, 모집 때 그들이 인류의 최고 목적에 효과적인 도움을 주고 있다는 것을 증명할지도 모른다는 사실을 암시 받았던 독일 사회주의통일당 당원들이 다수였다.

감시받은 동료, 이웃 사람, 혹은 게다가 친척이 반사회주의적 범인이 되는 것을 설득당한 자가 '호의적으로' 감시를 해서 방지한다면, 더군다나 설득당한 자가 감시받은 동료, 이웃사람 혹은 게다가 친척을 돕고 있을지도 모른다고 때때로 권고 받았다. 물론 이 사실은 스스로 부인할지도 모른다. 그 대신에 그는 속물근성이 있는 추잡한 자기를 극복해야만 할지도 모른다.

● 그 사실에 대해 무슨 기대를 걸고 있었습니까?

개인적인 대화, 당의 정치연수와 매개체들을 통해서 육성된 유사 - 이상주의를 정기적으로 십분 활용해서 사회의 모든 항의들과 문제들을 해결하는 차별없는 사회가 만들어질 수 있기를 기대했다. 민주사회의 변두리에서 자신의 대상들을 관찰하거나 모집했던 것은 사회적으로 관심이 없는 스파이 조직이 아니었다.

적어도 2천 3백만 명의 당원이 있는 독일 사회주의통일당에서 '정보기관 직원들'은, 레닌에 의해 창설된 KGS에 근무했던 여선구자의 이름을 따라 별나게도 체카(Tscheka ; 소련의 비밀경찰)로 불려 졌던 것처럼, 일종의 엘리트로 간주되었다. 그들은 충성스러운 자들 중에서도 가장 충성스러운 자들이었지만 말하자면, 노동자계급의 적과 매일 포옹을 하고 있었다. 그렇지만 보조원들로 선발되었다는 것은 보조원들을 대상으로 삼았기 때문에 생명이 위험할 수 있을 정도로 그렇게 믿을만하다는 것을 의미했다.

그리고 비밀경찰 - 밀고자로서 이제까지의 모든 사회들 중에서 가장 인본주의의 사회와 조화를 이루고 있다고 암시하는 것이 유혹의 핵심이었다. 그러한 암시는 불합리했을 뿐만 아니라 동시에 야비하기까지 했다. 독일 사회주의통일당의 전 간부이고 당원인 우리 모두는 이 왜곡된 상을 조장했고, 성체 현시대(Monstranz; 성체 현시를 위해 만들어진 성광)처럼 그 왜곡된 상을 우리 앞에 드러내놓았다. 그렇게 해서 왜곡된 상에 대한 주의를 환기시키는 것은 죄를 갚을 준비가 되어있는 자들이 취하는 적절한 행동인 것이다.

그러나 다른 사람들, 다시 말해서 철저하게 위장된 비밀경찰 - 존재를 신봉한 것을 후회도 하지 않고, 민주주의의 주의(注意)를 지조 있는 독일 기술감독협회로 비방하면서 자신들의 완고함을 덕으로 왜곡하는 사람들이 있다. 그러한 당 추종자들을 포기하지 못하는 독일 민주사회당같은 당은 자신들의 전신인 독일 사회주의통일당을 벗어나지 못한다고 불평하지 말아야 한다.

● 비밀경찰은 자신의 목표를 추구하는 활동의 여지를 가지고 있는 '국가

내에 있는 국가'였습니까?

비밀경찰주의에 대한 공개토론에서 일종의 시각 차이[視覺]를 옮기는 일이 일시적으로 있었다. 그리고 비밀경찰이 경건하지 못하게 활동하는 범위가 특별할 정도로 반대세력들의 관심을 끌었다. 게다가 희생자들인 반대세력들이 의도적인 것은 아니지만 많은 사람들의 시선을 표면적으로는 이 범행자들의 주소로 돌리게 했다. 그래서 '국가 내에 있는 국가'라는 은유가 나타났던 것이다.

아무튼 비밀경찰은 독일 사회주의통일당의 중요한 통치도구였다. 따라서 비밀경찰은 당의 엄격한 통제 하에 있었다. 행정부처의 정점에는 빌헬름 차이서, 에른스트 볼베버, 그리고 마침내 에리히 밀케와 같이 당 중앙위원회 위원, 혹은 정치국 위원이었던 최고직책의 목록에 있는 간부들이 있었다. 그리고 국가안보부가 연합정당과 대중조직체들을 스파이조직으로 통제를 했다. 또한 독일 사회주의통일당 내에서 조차 비밀경찰의 비공식적 직원들이 퍼져있었다.

● 당신이 오랫동안 편집장으로 있었던 「새로운 독일」에는 상황이 어떠했습니까?

기관지 「새로운 독일(Neuen Deutchland)」이 당의 정치노선에 충실한지는 본래 의심받을 여지가 없지만, 「새로운 독일」의 출판 때문에 국가안보부의 중요부서인 XX는 정기적으로 비밀경찰의 비공식적 직원의 보고를 받았다. 「새로운 독일」의 편집자는 독일 사회주의통일당의 권력이 신속하게 내리막길을 걷고 있었던 1989년에 관심의 초점에서 벗어났기 때문에 아마 창피해서 자살했을 것이다.

● **다시 말해서, 정치국만 관심의 초점에서 벗어나는 손상을 입지 않았습니까?**

정치국은 한 번도 관심의 초점에서 벗어나는 손상을 입지 않았다. 독일 사회주의통일당의 국가에서 염탐의 망상과 감시의 망상이 어떤 허무맹랑한 변덕을 부렸는지, 1990년에 나왔던 한 사소한 이야기가 잘 설명해 주고 있다.

그 시기에 동독의 마지막 국방부 장관이었던 라이너 에펠만(Rainer Eppelmann)은 로베탈 운터쿤프트에 있는 어떤 성직자의 집에서 그 사이 이곳저곳 떠돌며 사는 사람으로 발견되었었던 에리히 호네커를 당시 방문했었다고 한다. 이때 에펠만은 트렁크를 가지고 왔다고들 하고, 호네커와 에펠만이 체제의 희생자인 대단한 인물이었다는 말들을 하면서 트렁크를 열었다고 한다.

이들 두 사람은 독일 사회주의통일당의 독재에 대해 비판적인 고찰을 하는 잡지인 「청취와 일견」의 보호를 받고 있었을 것이다. 그 트렁크에는 비밀경찰의 도청테이프들로 가득 차 있었을 것이다. 그 테이프들은 반트리츠에 있는 특히 기술적으로 잘 설치되었던 지역, 즉 정치국원들의 전화통화들이 도청되었던 주거단지에서 발견되었다. 그런데 에펠만의 이야기가 사실이 아니라고 한다면, 이 이야기는 아주 잘 꾸며진 이야기 일뿐이다.

밀케는 호네커가 자신을 괴롭혔던 증빙자료들을 보관하고 있었다.

왜냐하면, 독일 사회주의통일당의 권력이 종말을 고한 후에 비밀경찰의 우두머리가 사용하는 금고에서 수감자 호네커에 대한 나치의 서류들이 들어있는 붉은 트렁크가 발견되었기 때문이었다.

그래서 자르 땅의 젊은 공산주의자에 대한 공식적 전기(傳記)에서 설명되고 있는 것처럼 그 공산주의자가 당시에 게슈타포를 심문한 자들에 대해서 그렇게 단호하게 행동했다는 정보가 그 서류들을 통해 얻을 수 있었다고들 한다. 아마 밀케는 크렘린에 있는 본부의 신뢰를 잃어버린 총서기에게 실각을 권유할 수 있는 자료가 필요할 경우를 대비해서 서류묶음으로 보전했을 것이다.

범죄사실의 그러한 구성요건은 독일 사회주의통일당의 지도부에게는 이처럼 우스꽝스럽고, 비생산적인 것처럼 보이는 것 같다. 그러나 정치국원에 대항해서 공모를 할 가능성이 있는 경우, 즉시 정치국원에게 불리한 자료를 제시할 수 있게 하기 위해서 밀케가 도청하게 했다는 사실을 제외시킬 수는 없다. 그래서 앞에서 언급된 경우 역시 헤버는 단호한 조치를 취하게 되었던 것이다.

● 국가안전부의 가장 중요한 첫 번째 지시는 '당의 방패와 칼'로써 동독의 인민을 전체적으로 염탐하라는 것이었습니까?

국가안전부의 직원들은 가벼운 항변이라도 항변한 사람을 모두 강력하게 진압했다. 그리고 국가의 기관들과 관청들, 사법부, 인민보건시설, 문화와 교육의 전체 분야, 그리고 대중매체들, 청소년사업, 사회단체들과 특별히 교회공동체들과 신앙공동체들을 정보기관의 방식으로 감시하는 것이 이미 앞에서 언급했던 중요한 부서 XX의 책임이었다.

이 사실 이외에도 그 중요한 부서는 야당과 지하조직활동을 상대로, 대체로 동독에 있는 상황들을 비판하는 모든 것을 상대로 싸울 권한이 있었다. 그런데도 간접증거들이 증거능력으로 거의 되지 않았다면, 그 사건이 무엇으로 인해 주의(注意)와 강력한 대응을 확보하게 만든 '기관들'의 현안이 되었는지에 대한 사실은 추가로 날조되는 경우가 드물었다.

● 이 통제의 망상이 어디에서 왔습니까? 이 통제의 망상은 국가사회주의의 잔재물 혹은 스탈린에게서 수입한 것이었습니까?

비밀경찰의 특수성 - 다시 말해서, 이데올로기적으로 협력을 한 후에 외부에 있는 적에 대항해서 행동을 하고 내부에서는 전체 인민이 수상한지 감찰하는 것 - 은 특이하지 않습니다. 이러한 행동양식은 모든 공산주의 국가들에게 있는 비밀정보기관들의 특색을 나타내고 있지만, 그 어떤 정보기관들보다도 특히 소련 비밀정보기관의 특색을 나타내고 있다.

그러니까 비밀경찰은 호네커의 창조물이 아니라 상세한 내용까지 KGB - 기구의 창조물이었다. 비밀경찰이 비교적 늦게 설립되었기 때문에 비밀경찰이 행했던 잔학한 악행들의 숫자는 소련의 KGB - 기구보다 훨씬 적었지만, 동독에 있는 염탐과 감시의 망이 다른 형제국들의 망보다 더욱 조밀했다. 이 사실은 숫자로 증명될 수 있다.

약 180명의 동독 인민들을 국가안보부의 직원 1명이 담당했다면, 595명의 소련 인민들을 KGB 일원의 1명이 담당했고, 체코슬로바키아에서는 1대 867명의 관계가 있었고, 폴란드에서는 나아가 1대 1574명의 관계가 있었다. 그러므로 과잉이 파멸의 징후였다. 단선(單線)으로 된 이데올로기 - 사회의 붕괴를 비밀정보기관이 가지고 있는 전체 네트워크의 수단을 사용해서 방지하겠다는 계획은 결국 부적격하다는 것으로 드러나고 말았다.

● 편재성(遍在性), 너무나 끊임없는 반복성, 전지전능한 권한, 그리고 그러한 것들을 국가적으로 제도화하겠다는 공산주의의 비밀정보기관들의 욕구는 어디에서 유래했습니까? 그 제도화는 우발적인 사고였습니까? 아니면, 그 제도화는 불가피하게 생겨난 것입니까?

공산주의 이데올로기의 독단은 세력의 문제이다. 이 독단은 역시 권력을 장악한 후에는 훨씬 더 오래 지속되고 있다. 더구나 독단이 전보다 훨씬 더 심화되고 있다. 왜냐하면, 권력의 보호책은 사회주의 사회를 설립할 때 부딪치는 난처한 문제이기 때문이다.

● 공산주의는 권력 하에서 무엇을 파악하고 있습니까?

권력은 공산주의자들의 독재권을 의미하는 것이다. 권력의 약화, 위험, 혹은 의심은 인류, 인류의 이익, 사회주의의 이상, 미래에 대해 위법행위를 하는 것을 의미한다. 그런데 공산주의 권력은 외부의 반혁명적인 적들로 자신이 포위된 것을 알아채지 못했을 뿐이다. 그렇지만 나는 이미 그 사실에 대한 주의를 환기시킨 바가 있었다.

이미 언급된 것처럼, 공산주의 권력은 자신이 해방시켜주고자 했던 생업에 종사하고 있는 인민 대중들에 대한 뿌리 깊은 불신을 가지고 있었다. 게다가 다수의 인민대중들은 노동자계급의 적이 물질적으로, 정신적으로 유혹하는 것에 잠재적으로 취약한 것으로 간주하였다. 그렇기 때문에 노동자 계급을 강압하는 것은 노동자계급을 전면적으로 감시하는 것이고, 항상 스스로 심사하도록, 그리고 필요한 경우에는 스스로 징계하도록 감시하는 것이었다.

● 비밀경찰은 무엇을 몰아붙였습니까?

일상에서 부족한 것들과 인민들의 회의로 인해 독일 사회주의통일당의 권력과 지도권은 끊임없이 위태롭게 되었습니다. 그렇지만 일정한 법칙들에 따라 계급이 없는 미래로 발전하고 있기 때문에, 실패들과 약화들은 오직 인민들의 의식적, 혹은 무의식적 공범자와 협력하고 있는 외부의 적이 만든 작품일 수 있었다.

그래도 결국 감시들, 박해들과 구금들로 인해 권력이 가장 잘 보존되는 것이다. 따라서 지속적으로 확정하기 위해 전제정치의 현실로 발전하는 독재화의 경향은 객관적으로 공산주의의 유토피아에 깃들게 된다. 그러니까 공산주의의 정보기관들과 비밀경찰이 인민을 억압하는 실행의 뿌리들은 공산주의의 유토피아에 있다.

● 국가안보처가 없는 체제가 더 좋은 체제일지 몰랐습니까?

우리 한번 악한들을 빼놓고 생각해 보자: 그런데 국가안보처가 있는 체제가 제거되었다면, 체제는 또다시 즐길 수 있을지도 모르고, 무리가 없을지도 모른다. 그렇지만 말미에 점점 더 분명하게 드러났던 결함들은 보편적인 구조결함에서 생긴 것이었다. 그런데도 마르크스적 유토피아를 끈질기게 추종하는 자들만이 이 실상을 부인하고 있다.

마지막 단계에서는 지도부조차도 여전히 자신들이 파산되기 시작했었음을 파악하지 못했다. 그렇지만 비밀경찰의 조직망, 혹은 상업적 조정부서의 수장이지만 외환 멍청이 같은 알렉산더 샬크-고로드코브스키(Alexander Schalck-Golodkowski)처럼 전형적인 수단들을 사용해서 펑케 강가에서 병들어서 야위어진 사람의 목숨이 즉시 끊어지지 않도록 하듯이 그렇게 시도하였다.

아무튼 동독이 멸망하게 된 것은, 일련의 요인들로 부터 생긴 결과이다: 헝가리의 국경을 개방함으로 압박을 가해서 명백하게 되었던 임의 이주권에 대한 부족, 비밀경찰의 숨 막히는 편재(遍在), 순수한 민주주의의 결함, 부양문제들, 예를 들면 장벽개방, 스스로 판결을 받는 지도부의 역할, 혹은 외관상 결함이 없는 정당이 한심스럽게 와해되어버렸던 독일 사회주의통일당의 주저하는 퇴각과 같은 우리의 보충개선들과 마찬가지로, 매개체들로 매일 지령을 받는 현실을 중단시켰던 것이 요인들에 해당된다.

● 좌익정당들인 독일 민주사회당 - 지부들에서 여전히 비밀경찰의 정신이 느껴집니까?

이제까지 알려지지 않은 도전, 다시 말해서 911 사태와 911 사태의 결과들이 오늘 우리의 일상을 경제적으로 매우 압박하고 있다. 그리고 연방공화국에서도 이슬람으로 위장한 잔인한 테러주의에게 어떤 대답을 해야만 하는가에 대해서 의견이 일치되고 있다.

뿐만 아니라, 인민들, 혹은 정치가들 사이에서 논쟁이 일어난다면, 독일 민주사회당원들이 대중적인 모토를 들고 논쟁에 참여하는데 오랜 시간이 걸리지 않을 것이다. 그리고 독일 민주사회당원들의 극단주의는 뒤섞여 엉켜있는 단정치 못한 여자들에게 영향을 미치고 있다. 게다가 그들은 가장 이성적인 사람들보다 더 이성적으로 늘 행동할 것이다. 그 때 그들은 평화주의자들보다 더욱 평화주의적일 것이다.

현재 이슬람교의 테러분자를 창설한 자에게 미국이 제한적인 군사조치를 취한 것을 독일 사회주의통일당의 기관지인 「새로운 독일」은 미국의 폭격으로 아프가니스탄을 석기시대로 되돌아가게 했던 시도라고 혹평을 했다. 그래서 그 기사의 표현으로 범죄자들과 희생자들의 역할들이 바뀌게 되었다. 아무튼 언급되었던 것처럼 공산주의는 범행에서 개인적 테러를 반대하고 있다.

레닌에 따르면 개인들을 살상(殺傷)하는 것은 추구했던 공산주의 혁명이 지는 부담을 대체로 덜어주지 않을지도 모른다는 것이다. 왜냐하면, 국가는 테러의 주모자를 분명하게 진압해서 결국 혁명의 일을 곤란하게 할지도 모르기 때문이다. 이론은 이렇게 광범위하다.

그렇지만 실천은 약간 달라 보인다. 테러리즘이 언제, 그리고 어디서나 사회주의 국가공동체의 '반제국주의적 전투 예비군'으로 나서겠다고 자청했지만, 테러리즘이 도움이 된 것은 사실이었다. 그리고 비밀경찰은 오늘날 테러리즘의 요새로 간주되고 있는 중동과 같은 지역들에서 적극적이었다.

이런 여건 하에서 우리는 또 다른 비밀경찰 - 주제를 다루고 있다. 동독의 종말까지 국가안보부의 엘리트 - 단위부대들은 외국에서 더군다나 항공기 납치, 폭탄 공격들과 다른 종류의 공격들을 위해서 예멘과 팔레스타인 - 수용소에서 약 1,900명의 활동가들을 양성했다. 이 사실을 비밀경찰의 자료를 관리하는 관청에 있는 정보가 증명하고 있다.

그런데 당시에 빈 - 라덴의 테러리스트들이 그 활동가들 가운데에 없었다면, 그 사실은 빈 - 라덴의 테러리스트들이 옛날에 아프가니스탄에 있었던 소련의 침략자를 공격했다는 사실과 관련이 있을 뿐이다. '테러방지'를 언급하면서 활동가들을 양성한다고 공식적으로 선언하였던 것이다. 그렇지만 사실상 그렇게 훈련을 받았던 자들은 방어적으로도 공격적으로도 투입될 수 있었다.

특히, 아랍 테러리스트들을 다양하게 지원했던 지원금, 그 중에서도 빈 - 라덴 테러리스트들의 양성에 가산된다. 가우크 관청에서 계획을 담당하는 직원인 옌스 기제케(Jens Giesecke)는 '밀케 - 콘체른'에 대한 자신의 자세한 보고서에서 그 사실을 입증했다.

그래서 이 빈 - 라덴의 테러리스트들은 동독을 퇴각구역과 경유국으로 자유롭게 이용할 수 있었다. 물론 연방공화국에 있으면서 테러의 세계를 지지하는 자들, 예를 들면, (일본의) 적군파도 마찬가지로 쇄네펠트 공항을 이용해서 자유롭게 서 베를린에서 떠났다가 서 베를린으로 입국할 수 있었다.

● 언제부터 그렇게 처리되었습니까?

60년대부터 밀케는 투입을 하기 위한 소위 빨치산 계획을 연방공화국에서 작성하게 했다. 그래서 거의 3,500명의 각개전투 요원들과 출동부대원들이 1964년과 1986년 사이에 암살과 기습을 위해서 연방공화국에서 양성되었다. 국가안전부 - 관료주의자들이 만든 3,790쪽 두께의 교본에 다음과 같이 기록되어 있다:

"제거는 개인과 인간집단을 육체적으로 섬멸(殲滅)하는 것을 의미한다. 총살, 척살, 화형, 폭파, 교살, 타살, 독살, 질식을 통해서 제거될 수 있습니다."

얼마 전에 빈 라덴 가문 출신이면서 이슬람교를 믿는 살인자들이 사용하는 유사 입문서들에 대한 언론보도들이 있었다. 코란의 의미 없는 미사여구를 무시한다면, 그 유사한 입문서들은 적어도 부분적으로 국가안전부의 살상법(殺傷法)을 베껴서 만들어졌을지도 모른다.

● 1991년 12월 20일에 비밀경찰 - 기초 - 법률이 가결되었습니다. 당신은 가우크 - 관청의 대차대조표를 어떻게 생각하십니까?

그 법률은 정책의 현명한 결정이었다. 그래서 그 법률에 의해서 독일 사회주의통일당의 통치에 대해 알고 있는 것이 희생자에게 넘어갔다. 그 법률을 수호하는 자는 오늘날 마리안네 비르트러(Marianne Birthler)가 이끌고 있는 가우크 - 관청이다. 그렇지만 특히 가우크 - 관청이 정치적 관점에서도 역사적 관점에서도 어떤 경험이라도 해결책으로 이용할 수 없다는 과제들을 극복해야만 했었고, 여전히 지금도 극복해야만 하기 때문에, 가우크-관청은 귀중한 일을 했다.

그러니까 그 관청은 공개원칙을 관철시키는 데에 도움이 되었기 때문에 통일에 기여했다. 그리고 희생자들을 공평하게 취급했다. 그래서 희생자들이 범행자들을 용서하고자 하는지, 혹은 고발하고자 하는지를 결정할 수가 있었다. 동시에 그 관청은 서류들을 악용하는 것이 촉진될 수 없었다는 사실에 주의를 기울렸다.

그 뿐만 아니라 이 관청은 동독사회의 전체 영역을 조사했던 비밀경찰-업무들을 역사적으로, 정치적으로, 그리고 법률적이고 종합적으로 고찰하기를 요구했다. 이러한 특이한 기도(企圖)들에서 실책이 일어날 수 있다는 것은 예견될 수 있었다. 그렇다고 그 사실이 가우크-관청의 업적을 축소시킬 수는 없었다. 게다가 그 관청은 무엇이 전임자 요하임 가우크의 신앙고백에서 언급되는 경향이 있는가를 모두 종합해서 증명했다:

"비밀경찰-서류들이 꼭꼭 숨겨져 있었기 때문에 그 서류들의 문제점이 처리될 수 있었다고 믿는 것은 환상입니다. 비밀경찰-서류들의 문제점 때문에 비밀경찰이 자신에 대해 성공적으로 이야기하는 것을 우리는 단지 지연시킬지도 모릅니다. 그래도 과거에 대해서 저항하는 것은 고통스러울지도 모르나, 자신으로부터 과거를 밀어내거나 쫓아내는 것보다 언제나 더욱 유익한 것입니다." 15)

● 그럼에도 불구하고 나머지 의심은 남아있지요?

---

15) 요아임 가우크, 동독의 엄청난 유산, 라인벡 1991.

관청은 충격을 줄 수 있으나, 공공의 삶을 결코 포괄적으로 특징지을 수 없고 특징지을 수도 없을 것이다. 무엇 때문에 우리는 나치독재와 공산독재를 경험한 다음에도 공공의 삶을 역시 원했어야만 했단 말인가? 베를린 그런칸 거리에 있는 관공서가 우리에게 위임했던 규범에 따라 동독의 과거를 종합적으로 고찰하는 것은 우리 모두의, 대중매체들의, 선생님들과 정치가들의 책임이다.

● 그것이 잘 될까요?

이전에 추적을 당한 많은 사람들과 감시를 받은 많은 사람들이 여전히 관청의 서류에 관심을 가지고 있다는 사실은, 그 질문에 대한 충분한 대답은 되지 못한다. 게다가 젊은 사람들은 비밀경찰에 대해서 세월이 갈수록 아는 것이 점점 더 줄어든다. 이 사실 때문에 비르트러 부인은 학교에서 동독의 과거를 다룰 것을 재촉하는 계기로 삼았다.

그렇기 때문에 비밀경찰은 정말 단독 주제가 되어야만 한다. 왜냐하면, 잘못된 체제 다시 말해서, 공산주의적으로 세계를 개선하려는 체제를 폭로하는 것이 문제인 것이 틀림없기 때문이다. 그렇지만 우선 잘못된 것을 반대하는 것이 아니라면 올바른 것을 거짓으로 행할 수 없다는 것이 파악되어야만 한다.

그런데 비밀경찰은 변화가 심한 우리의 역사에서 단순히 다른 서류와 같이 치워버릴 수도 없는 어두운 사항이다. 따라서 청소년들 - 나는 그것을 한 번 더 강조한다 - 은 우리가 그들에게 이 주제를 숨기지 말아야 한다고 주장할 권리를 가지고 있다.

7

애국자들은 몽상가들이 아니었다
1953년 6월 17일의 효력

● 6월 17일 일어났던 봉기는 2003년에 50주년이 되었습니다. 몇 사람의
전 서독시민들은 많은 출판물과 공식적인 평가들을 통해서 당시에 이
사건의 전체 영향력을 처음으로 파악했습니다. 당신은 1953년 6월 17
일을 어떻게 체험했습니까? 1989년 이후 그 봉기에 대한 당신의 평가
는 완전히 변화되었습니까?

나는 그날 폭동 가담자나 희생자도 아니었을 뿐만 아니라, 항의와
저항을 이해하고 하물며 동의할 능력도 없었고 이해할 생각도 없었던
젊은 공산주의자였다. 내가 이미 언급했던 것처럼 나는 세계를 독단적
이고, 마르크스적으로 파악하는 누에고치 속에 갇혀있었다.

따라서 나의 판단력은 반파시즘을 수단으로 삼아졌던 공산주의의
안경 때문에 불투명해져 있었다. 그러니까 나의 인지 능력은 왜곡되어
있었다: 반공산주의 혁명을 외부세력이, 즉 우리의 반파시즘적인 훌륭
한 재건사업을 반대하는 제국주의자들이 조정하며 착착 진행하고 있다.

그런데 36년 후에 1989년 가을에 독일 사회주의통일당 - 독재가 군중 탈출과 데모를 통해서 최종적으로 종식되었을 때, 나는 전 공산주의자로부터 다음 말을 들었다:

"일이 그 지경에 이르렀습니다. 이 점에서 우리는 진정한 6월 17일을 느낍니다. 그들이 우리를 살해합니까?"

이 발언은 밀케가 한 것이다. 우리는 호네커를 해임시킨 이후에 그를 비밀경찰 장관직에서 밀어냈다. 그럼에도 불구하고 그는 그 무렵에도 호네커와 하거처럼 여전히 당 간부들의 호화거주지인 반트리츠에 살고 있었다. 그리고 언론인들이 동독 - 엘리트들의 호화거주지인 반트리츠를 시찰할 수 있도록 내가 사주했었다.

그래서 밀케는 나에게 전화를 해서 당 간부들의 호화거주지인 반트리츠에 '자유롭게 출입할 수 있는 것'이 사실인지 알고자 했다. 그때 나는 그가 6월 17일에 대해서 위와 같이 연상하는 것을 알고 놀랐다. 그렇지만 우리 젊은 사람들은 수년이 지나서 6월 17일과 관련되어 있었던 오점에 대한 기억을 떨쳐버렸었다.

그러나 나이든 사람들의 경우에는 심한 쇼크로 인한 후유증이 분명히 남았다: 1945년에는 공산주의 해방자들의 정치적 보병이었지만, 아무 성과도 내지 못했던 계급투쟁자인 그들은 당시에 민중봉기의 표적이 되었고, 또 다시 실패자로 낙인이 찍혔다. 오히려 그들이 계몽하고자 했던 자들로부터 심사를 받았다.

밀케의 말은 공포로 가득 차 있었다. 아마도 다시 한번 명백한 억압 때문에 반응할 수 없는 아주 심한 무기력으로 가득 차 있었다. 그러나 역사는 반복되지 않는다. 세계는 변화되었다. 그렇기 때문에 이번

에 데모에 가담한 자들은 밀케와 호네커의 사람들뿐만 아니라, 몇 주
후에 나중에 나타났던 고르바초프 모방자들인 우리도 영원히 권력에서
제외시켜버릴 것이라고 말했다. 그러니까 1953년에 여전히 끝나지 않
을 수밖에 없었던 것이 드디어 실현되는 것이었다.

● 1989년 인민들의 봉기가 최대의 성공, 다시 말해서 독일 사회주의통일
   당·독재가 끝난 지 1년이 지나지 않아서 연방공화국과 통일을 달성한
   후에, 오늘의 6월 17일은 무엇을 의미하고 있습니까?

   그 사이에 6월 17일은 놀랍게도 독일인들의 눈길을 더욱 강하게
끌었다. 그렇지만 거리를 두고 우리는 몇 가지 뒤떨어진 것을 뒤늦게
만회하고 있다. 때늦은 다량의 기념물에 대해 비웃었다고 소문이 난
자는 독일의 능수능란한 수완이 과거 10년의 세계정책과 유럽정책에
활용되었다는 것을 간과하고 있었다.

   50주년 기념 연도에 있었던 6월 17일에 대한 다수의 행사들, 다수
의 출판물들, 다수의 방송 프로그램들, 그리고 다수 대중매체들의 보도
들은 민족의식, 통일된 우리의 존재를 심화시키는 기회로 인식되었다.

   그런데 이 날짜가 이전의 연방공화국의 연간 기념일에 이미 들어가
있었던 1958년에 저널리스트이며 작가인 프리드리히 지부르크(Friedrich
Sieburg)는 6월 17일을 '긴장을 푸는 무의미한 날'로 표시했다. 그렇지
만 우리 독일 사회주의통일당은 그 사실을 음흉하게 기뻐하면서 인식
하고 있었다.

● 그러나 그 날을 상대적으로 간주하는 것은 그 날이 연상시켰던 통일을 되찾는 환상이 광력(光力)을 잃었을 뿐만 아니라 잃지 않을 수가 없었다는 사실에 그 원인이 있지 않았습니까?

아니다. 동쪽처럼 서쪽을 협박하는 핵무기를 과잉 보유할 수 있는 잠재력에서 나타나는 위험에 대해 침묵을 지키는 것에 그 원인이 있다. '동쪽에 있는 형제들과 자매들'을 위해 아무 것도 하지 않고, 그들에 대해서 이야기만 하곤 했던 정치가들과 관련해서 그들의 위선적인 행위들을 비난하는 것에는 아무런 위선행위 자체가 없지 않겠는가?

겁 없이 떠벌리기만 하는 자는 같은 일로 비난을 받지 않는가? 그는 보복주의자로서, 옹고집이고 냉정한 병사로서 혹은 현실에서 배제된 자로서 낙인이 찍힌 적이 있었는가? 아니면 유사한 특징들이 부과된 적이 있었는가? '독일 통일 - 전혀 쓸데없고 유해한 일'- 에 대해서 동독에 있는 우리가 서독의 입장이 반영된 그러한 정치부의 견해에 어떻게 박수갈채를 보냈겠는가?

혹은, 통일이 이미 철회할 수 없도록 의사일정에 기록되어 있었던 1989년에 파리 혹은 런던에서 여전히 들려왔던 제동신호들을 어느 누가 기억하지 못하겠는가? 그렇기 때문에 오늘날 6월 17일은 실제로 독일 사회주의통일당을 계승하는 정당에 대한 시금석일 뿐만 아니라, 따라서 다른 면으로는 독일의 새로운 통일과 관련된 성숙정도에 대한 시금석인 것이다.

그런데도 독일 민주사회당은 기념연설에서 거의 나타나지 않는다. 위와 같이 되어버린 동독을 변호하는 변호사라고 자칭하고 있는 독일 민주사회당이 1953년의 봉기를 가혹하게 진압했기 때문에 1989년의 정치적, 경제적, 사회적 파산으로 까지 이어지고 말았던 이 '상속권 박탈'에 대한 책임을 독일 민주사회당이 져야한다는 것을 자인하게 만들어야만 한다.

그렇게 하지 않았기 때문에 유용테스트를 하지 않았고, 본래 의도를 밝히기까지의 경과기간도 지나지 않았지만 민주주의의 관용을 이용해서 자신의 정치적 지구(地區)를 얻고자 이미 1990년에 독일 연방의회로 쏟아져 들어갔던 독일 민주사회당은 이제까지 자신의 과거와 단호하게 결별할 수가 없었던 것이다.

과거의 권력에 관여하려는 희망을 가지고 독일 사회민주당이 구분해 놓았던 성명들은 모두 다 사이비 자아 비판적 모형인 "네, 그러나…!"에 따라 꾸며져 있었다. 독일 민주사회당의 수뇌부가 내놓았던 출판물에서 1953년의 봉기는 파시즘적인 기획으로 비방을 받았지만, 그 대신에 '노동자 폭동'으로 비하되었다. 따라서 인민봉기는 전혀 말도 안 된다는 사실이, 즉시 힘을 받아 보완되고 있는 것이다.

생업에 종사하는 사람들의 계급이익을 유일하게 진실로 대변하는 정당이 너무나 오만불손하다는 주장을 독일 사회민주당의 선전담당자들이 스스로 부정하고 있다는 사실을 독일 사회민주당 선전담당자들은 알아차리지 못하고 있었다. 그러나 그 봉기는 정당의 치욕을 비판하는 의도를 띠고 있었다.

내가 부연하여 이야기 해야만 한다면, 그 치욕에는 적어도 뻔뻔스럽게도 파렴치한 매력이 있을지도 모른다: 노동자들만이 정당의 치욕일지도 모른다. 왜냐하면 '다른 사람들'은 오래 전에 투옥되었거나 도주하도록 독촉 받았기 때문이다. 독일 민주사회당의 우두머리들은 자신들의 모태 정당에 대한 책임과 과실에 접근하는 인상을 불러일으켰던 일탈행위(逸脫行爲)들이 발작이라는 표현으로 상기시킨다.

"대담하게 자신의 바지 속에 똥을 쌌다."

그러니까 1953년에 봉기를 했던 자들이 자유, 민주주의, 그리고 민족 통일을 현저하게 촉구했던 의지를 독일 사회민주당의 웅변술이 근본적으로 조롱하고 말았던 것이다.

● 오늘 당신의 경우에 6월 17일은 무슨 의미가 있습니까?

1953년 6월 17일은 이중의 독재 - 점령국의 독재, 그리고 점령국의 독일지방 총독, 즉 독일 사회주의통일당의 독재에 반대하는 봉기를 표시한 날이다. 마찬가지로 50주년 기념일이 있는 주(週)들에 일어났던 시위운동들 때문에 우리 대도시들의 광경에 대한 인상이 남아있다. 그런데 이 시위운동에서 사람들은 미국인들을 공개적으로 비난했다.

그런데 사담의 유혈 독재는 외국에서 먼저 있었다. 그리고 1953년의 시위운동에 가담했던 자들이 초기 동독의 도시들과 마을들을 지나갔을 때, 한 가지 부조리를 강하게 비판했으나 다른 부조리들은 은폐했다. 그것이 오늘과 다른 점이다. 전제정치에 직접 대항했던 것은 당시에는 집단행동들이었다. 그 집단행동은 자연발생적이었지만, 참여한 자들의 경우에는 개인적으로 높은 위험이 수반되기 마련이었다.

그 집단행동들이 물론 언론자유의 표준일 수는 없다. 그렇지만 안전하게 도로로 갈 수 있고, **어떤 것에 대해서 찬성, 혹은 반대하는 자신의 견해를 표현할 수 있는 권리가 바로 민주주의 다시 말해서, 자유**

로운 사회에 있는 기본가치들의 본질에 해당된다. 그러나 때때로 민주주의의 관용은 물론 고통을 저항하지 않고 감수하는 격식을 받아들이고 있다.

민주주의를 반대하는 것으로 이미 밝혀진 자들 - 정치적 분파들의 어떤 언저리에 의해서든 - 이 민주세력들에게 활동의 여지들, 그리고 사상과 행동의 자유를 열어주었다는 사실을 내세우며 활발히 돌아다니는 것을 정치적으로 책임 있는 자들이 허용한다면, 그 사실이 나에게는 고통을 저항하지 않고 감수하는 격식이 되는 것 같다.

전제정치는 그와 같은 사실을 민주주의의 감상적(感傷的)인 약점이라고 비웃고 있다. 그러나 전제정치는 이러한 사실을 유리하게 이용한다. 뿐만 아니라, 전제정치는 - 전제정치를 하고 있는 곳에서 - 생각을 자유롭게 표현하는 호사를 감히 누리지 못하게 한다. 왜냐하면, 행동규약 혹은 규범과 일치하지 않는 모든 견해는 절대적인 권한을 파괴하므로 제거되어야만 하는 불협화음이기 때문이다. 6월 17일이 그 사실을 입증하고 있다. 그런데 독일 사회주의통일당의 당수는 봉기를 가라앉혔던 진압이 시작되기 전에 잠시 잠깐 불안을 느꼈을 뿐이다.

오늘 우리에게 불합리하게 나타날지도 모르는 이데올로기적인 이 계략이 1953년 6월 17일 이후 연방공화국에서 얼마나 대단한 관심을 불러일으켰는지를 역사학자인 마르쿠스 키퍼(Markus Kiefer)가 〈1949년부터 1955년까지 연방공화국의 전국 일간신문과 주간신문에 개재되었던 독일 문제〉라는 주제에 대한 대규모 시론에서 밝혔다.

그래서 인민봉기가 일어난 다음 오랜 시간이 지나서야 중립적이고 군사적으로 제어된 독일통일을 위해서, 독일 사회주의 통일당에 있는 소련의 예속자들을 소련이 포기하는 마음이 생기게 한 유명한 사설을 개재하도록 하였던 매우 상상력이 풍부한 징후들에서, 그 사실이 나타나고 있다. 또한, 공산주의 권력자의 생각과 관련해서 전혀 예견하지 못했던 사실이 얼마나 중요했는가를 그 사실이 역시 나타내고 있다.

게다가 소련이 군사적으로 엄호해주지 않는 지대로서, 혹은 소련이 원자탄 생산을 위해서 작센 - 튀링겐에서 독일인의 통일에 대한 갈망을 충족시켜준다고 할지라도 결코 희생시키지 않았을지도 모르는 우라늄 채광(採鑛)의 중요성으로 동독이 지닌 가치만큼 그렇게 '중요하지 않는 일들'은 고려되지 않았다는 사실에 대해서 완전히 침묵하고 있다는 것을 그 사실이 역시 나타내고 있다.

● **콘라트 아데나우어(Konrad Adenauer), 쿠르트 슈마허는 애국자였으나 몽상가는 아니었습니다. 그리고 서방의 동맹국들은 스탈린을 퇴짜 놓았습니다. 그것이 배신이었습니까?**

그 사실을 동독의 인민들에 대한 초기 배신으로 오늘 심하게 비난하려고 하는 자는 두 가지를 간과하고 있다: 첫째로 그 시대의 독일인들이 1989년과 완전히 달랐고, 점령구조에서 서로 매우 긴밀하게 연결되어 있어서 독일인들은 연대책임이 있는 집단행동을 모험적으로나 제멋대로 할 수 없었다. 두 번째로 점령국들은 독일을 위한 전투에서 자신들의 목숨을 또다시 걸지 않을 정도로 바로 그렇게 이성적이었다. 게다가 전투의 결과들을 독일인들조차 예견할 수 없는 것이었다.

● 스탈린의 책략은 다시 말해서 실패했습니다. 결국 도대체 무엇이 사람들을 도로로 달려 나가게 하고 저항하게 했습니까?

독일 사회주의통일당은 모스크바와 조정을 해서 사회주의를 신속하게 구축하는 방향으로 진로를 잡았다고 울브리히트가 말했다. 왜냐하면, 진로를 변경하는 동독 인민대중을 이용해서 서방의 계획들을 방해하는 것이 더 이상 바람직스럽지 않았기 때문이었다.

그래서 1952년 여름 2차 당 회의에서 독일 사회주의통일당의 전체 노선으로 격상되었던 이 진로 때문에 특히 농부들의 강제 집단화를 더욱 혹독하게 촉진시키게 되었다.

이 사실 때문에 그렇지 않아도 열악한 생필품의 공급현황에 있어 부정적인 영향이 미쳤다. 많은 중소 개인 기업가들을 억압하고 차별 대우하였기 때문에, 범죄를 일으키고 싶은 억지로 꾸며진 마음을 빈번히 자극하였기 때문에 중도에 포기하라는 권유를 자꾸 받았다.

1952년 봄 동해안에 있는 조리 설비들과 방학시설들을 개인적으로 소유한 자와 임차한 자들을 희생시켰던 '집단행동 장미(호텔, 요양소, 서비스업종의 국유화)'라는 위장단어를 내세운 국유화 파도가 이 사실의 특징을 잘 나타내고 있다. 더구나 1952년 5월 초에는 검찰총장이 '300만 마르크의 가치가 있는 대상들'을 차압하겠다고 선언했다고 했다.

이 이외에도 - 사회주의가 그렇게 광범위하게 절도를 진행했다 - 현금, 장신구, 그리고 약 2백5십만 마르크의 가치가 있는 귀중품들이 압류되었을 것이다. 게다가 무자비하게 비방을 받은 소유자들은 감옥으로 보내졌거나 도주를 해서 유죄판결을 모면했다. 그리고 특정한 사회그룹들은 더 이상 식량배급표들을 받지 못해서 훨씬 더 비싼 국영판매점 - 상품들을 사야만 했다. 더구나 노동자들은 연방공화국에 비해 생산성 결함을 줄이기 위해서 특히 동독이 초기의 군비확장을 위한 비용을 징수하기 위해서 더 높은 생산성을 성취하도록 교시를 받았다.

이 모든 것 때문에 사람들이 점증적으로 서방으로 도주하는 출구를 찾게 되었다. 그래서 1952년 1월에서 6월까지 72,226명이 동독에서 도주를 했다면, 1952년 7월에서 12월까지 도주자들의 숫자는 110,167로 상승했고, 1953년 1월에서 7월까지 도주자들이 약 30만 명의 수위에 도달했다. 그 숫자에서 여론상황이 얼마나 악화되었는지를 추론할 수 있다.

● 이 상황에서 독일 사회주의통일당은 동요되지 않았습니까? 어떤 것을 변화시키는 것이 가장 좋은 것이라는 것, 그리고 조만간 넘쳐흐르지 않을 수 없었던 것이 여기서 부글부글 끓어오르고 있다는 것을 독일 사회주의통일당은 알아차리지 못했습니까?

독일 사회주의통일당은 권세욕에 사로잡혀 이 위험신호와 다른 위험신호를 무시했다. 그리고 독일 사회주의통일당은 난처해진 경제상황을 타개하기 위해서 '자발적으로' 책임량을 검증할 것을 지시했다. 즉 인민들은 같은 돈을 받고 더 많은 일을 해야만 했다. 그런데 그 지시에 반대하는 두드러진 저항이 있었다. 더군다나 파업까지 일어났다.

그렇지만 이 저항을 관료적으로 극복하기 위해서 내각평의회는 1953년 5월 28일에 책임량을 10%~30% 법률적으로 상승시킬 것을 결정했다. 그러나 전체 노동자들은 이 요구들을 충족시킬 수가 없었다.

왜냐하면, 전체 노동자들의 생산성 잠재력이 이미 고갈되었기 때문이었다. 그래서 전체 노동자들은 당국에서 나온 할당량을 채우지 못했기 때문에, 심지어 상응하는 임금할인을 감수해야만 했다.

● 다시 말해서 6월 17일에 근본적으로 경제위기의 절정에 이르렀습니다.

그렇지만 6월 17일에 일어났던 경제위기는 모스크바에서 생겼던 정치적 위기로 인해 부가적으로 생겨났던 하나의 경제위기였다. 1953년 3월 6일 스탈린이 죽었다. 독재자의 죽음이 남겼던 권력의 진공상태에서 스탈린의 측근자들 사이에서 후계다툼이 모스크바에서 일어났다.

그런데 살인공범자인 라프렌티 파프로피취 베리아의 세력이 처음에는 아주 컸다. 그리고 비밀정보기관의 수장은 우선 스탈린의 후계자를 정하기 위한 기회들을 우선 고려했다. 그렇지만 베리아는 이데올로기보다는 실제적인 권력추구로부터 더욱 영향을 받았다. 그래서 KGB의 도움을 받는다면 점차적으로 경쟁자들을 물리적으로 해치울 수 있을 것이라고 베리아는 생각했다.

● 그런데 동독은 그 일과 어떤 관계가 있었습니까?

베리아는 이 일과 관련해서 조용한 외교적 환경을 중장기적으로 필요로 했다. 그렇지만 스탈린이 조용한 외교적 환경을 목표로 했었다가 결국 또다시 포기하게 되었던 것과는 다른 방법이지만, 동독은 진로를 갑자기 또다시 전환하는 인민대중의 역할을 했다.

통일 옵션이 내포되어 있는 독일 포커놀이에서 어떤 식으로든 언제든 새롭게 동독을 걸어 보겠다는 생각은 있었지만, 이 독일 포커놀이는 2개의 국가를 합친 전체 독일에 독일 사회주의통일당의 최고 간부들을 잠입시키는 것을 의도했었던 스탈린의 유토피아에 의거한다는 생각은 없었다. 그러니까 베리야는 너무 극단적인 목표를 추구했다. 왜냐하면, 소련 대국의 영향력이 증가하는 것보다는 그의 개인적 영향력을 계산하는 것이 그에게 더욱 중요했기 때문이었다. 다시 말해서, 그는 동독을 완전히 해방시킬 준비가 되어있었다.

다음과 같은 그의 믿을만한 표현들이 이 사실을 증명하고 있다: 우리는 오직 평화로운 독일을 필요로 한다. 그러나 독일에 사회주의가 적용되느냐 적용되지 않느냐는 우리와 전혀 상관이 없다. 1953년 6월에 소련 정치국에서 개최되었던 다른 토론에서 그는 말했다:

"동독? 동독이 정말 무엇을 의미합니까? 이 동독이? 이 동독은 우선 정상적인 국가가 아닙니다. 우리가 동독을 DDR이라고 부르지만, 동독은 소련의 군대들 때문에 유지되고 있는 것입니다."

스탈린과 같은 죽은 자에게 충성을 다하는 것은 베리야에게는 하찮은 짓이었다. 그렇기 때문에 그가 동독을 포기함으로써 그가 크렘린에서 새로운 강자가 된다는 인상 깊은 증거를 제시할 수 있다는 생각만이 그에게는 중요했던 것이다. 또한 그는 상냥한 태도로 서방인들에게 깊은 인상을 주어서 자신에게 남겨진 사형집행인 - 이미지를 쇄신시키고자 했다. 그러니까 경제적인 고려들은 또한 관련이 없었다. 그렇지만 다시 말해서, 그는 약화된 소련 경제를 활성화시킬 수 있기 위해서 역으로 독일에서 들어오는 더욱 큰 자금흐름들을 노렸을지도 모른다. 이 사실 때문에 그는 효율적인 통치자로 증명되었을지도 모른다.

동독에서 사회주의를 스탈린의 정신으로 구축하는 것을 촉진시키는 것이 이 초안에서는 더 이상 적합하지 않았다. 뿐만 아니라, 1952년 여름부터 노인 스탈린에게 신속하게 충성을 했던 부지런한 독일인 동료들이 추진했었던 것은 더 이상 시류에 맞지 않았다. 더군다나 그렇게 했었던 것이 오히려 해(害)가 되었다. 왜냐하면, 모스크바가 베리야를 통해서 촉구했던 이 진로의 취소는 스탈린이 죽자마자 이루어졌기 때문이었다.

그렇지만 진로취소의 효과는 기대했던 것과 전혀 달랐을 뿐만 아니라 비생산적인 것으로 드러났다. 그래도 농부들과 다른 계층들에 대한 제한들이 폐지되었고, 또다시 상대적 인수용의가 승인되었기 때문에 당사자들은 안도감을 가졌다. 그렇지만 노동자들에게는 아무 것도 달라진 것이 없었다. 왜냐하면, 책임량이 증대되었던 것이 유지된다는 소식이 들렸기 때문이다. 이 사실은 치명적이었지만 베리야가 의도했던 것은 아니었다.

그러나 울브리히트 - 무리에서는 '노동자 계층의 지도적 역할'이라는 교조(教條)가 요지부동으로 통용되고 있었다. 노동자 계급은 비록 일시적으로 소시민들에게 양보해야만 했다고 하더라도 노동자 계급은 전력을 다해서, 즉 더 높은 작업성과로 사회주의에 가장 중요한 기여를 했다는 사실을 통해서 사회에서 자신들이 차지하고 있는 특별한 위치를 증명해야만 했다.

그렇지만 노동자들은 그 특별한 위치를 다르게 파악하고 있었다. 다시 말해서, 우리는 심하게 손해를 보지 않을 수가 없는 반면에, 노동자들에게 유포되어 있었던 사실은, 다른 사람들의 경우에는 부당한 행위에 대해서 배상을 받는다는 노동자들의 반응이었다.

6월 17일 전에 노동자 단체들이 제기했던 항의에 대해서 대답이 없었다. 그런데 1953년 6월 17일까지도 자유독일 노동조합연맹의 신문에 생업에 종사하는 사람들이 추구했던 더 좋은 생활을 위해서 책임량의 증대가 필수적이라는 것을 재삼 확인하던 사설, 다시 말해서 노동조합의 공식 임원이 썼던 그 사설이 실렸다.

● 그래서 그 사설이 전문가를 탈주하게 했습니까?

사회주의를 과시하는 거리, 즉 스탈린 가로수 길에서 건설현장 노동자들은 6월 16일 아침 자발적으로 항의시위운동을 위해 조직되었다. 이들은 정부청사로 이동을 해서 더 이상 책임량의 증대를 고려해달라고 요구했을 뿐만 아니라, 자유로운 투표와 정부의 사퇴를 요구했다.

그렇지만 16일이 경과했기 때문에 울브리히트가 포고했던 할당량의 결정을 성급하게 정정했더라도 군중들의 분노와 불만을 더 이상 진정시킬 수 없었다. 따라서 이 조치는 오히려 약점으로 이해되고 말았다.

그런데 항의들이 동독 전체로 퍼졌다. 그렇다고 해도 독일 사회주의통일당의 표현들을 반대하는 집단행동들을 주도하는 센터가 없었다. 다만 정당 스스로, 즉 정당에 대한 증오가 추진력이었다. 1989년처럼 마르크스의 신조에 의해서 마르크스를 근거로 내세우고 있는 독재는 유죄선고를 받게 되었다.

"이념이 군중을 사로잡게 되면, 군중은 물질적인 폭력이 됩니다."

그렇게 의도적인 신중에도 불구하고 벌써 6월 16일에 서독에서 거의 300여 곳에서 봉기가 일어났고, 워싱턴의 지시로 '총파업'이라는 말을 사용하지 못하게 한 서베를린의 미국점령지구 방송국(RIAS)에서 보도되었다. 그렇지만 그러한 봉기가 6월 17일에 또다시 시작되진 않았다. 그리고 선동되었던 사람들은 붉은 깃발들을 내렸고, 현수막을 찢었다. 점령지구의 경계선에 있는 경계표지판은 쓰러졌고, 독일 사회주의통일당의 사무국은 점령되었을 뿐만 아니라 방화되었고, 감옥도 점령되었고, 정치범들은 석방되었다.

게다가 700여 곳의 마을로, 그리고 100만 명으로 확장되면서 처음부터 경제적으로, 그리고 사회적으로 정정(訂正)하는 것을 목표로 했던 요구들은 명백하게 정치적 차원에서 신속히 다루어지게 되었다.

● 집단행동을 하였던 사람들은 어떤 변화들을 요구했습니까?

그 사람들은 기업 내에서 민주적 상황들을 조성하고, 파업을 일으켰던 사람들에게 보복 조치하는 것을 포기하고, 정치범 전체를 석방시키고, 국가인민군과 함께 준비했던 입영된 인민경찰관의 재무장과 해산을 포기하고, 정부가 사퇴하고, 자유, 비밀, 직접 선거를 하고, 모든 사회의 분야에서 자유로운 정치활동을 할 수 있게 하고, 점령구역의 경계선을 즉각 폐지하고, 독일의 통일을 원상 복구시킬 것을 요구했다.

● 1989년에 대한 유례(類例)가 어디에 있습니까?

1989년에 "우리는 인민이다!"라는 슬로건에서 몇 주내에 "우리는 한 민족이다."라는 슬로건으로, 그리고 통일의지를 표명하는 것으로 급변했던 한결같은 토론 기술이 좋은 효과를 발휘했다. 곰곰이 생각해보면, 자유로운 자치와 국가의 통일을 원상 복구시킬 것을 요구했던 1953년의 봉기 때문에 패권국가로서 소련의 역할이 근본적으로 의심받게 되었다.

● 다시 말해서 소련은 자신의 권한요구와 지도권을 확보하기 위해서 행동하지 않을 수가 없었습니까?

어느 의미에서는 그렇다. 소련이 후원을 했지만 필요로 했던 총독 - 정부가 살아남을 수 있도록 하기 위해서 소련은 베를린과 217개 단일 시(市)와 군(郡) 중에서 167개의 단일 시와 군에서 7월 9일까지 지속되어야만 했던 비상상태를 선언했다. 그래서 장사진을 이루었던 소련 기갑부대의 위협 때문에 자신들의 의지, 자신들의 절망적 분노, 자신들의 주먹들, 그리고 돌멩이들 이외에는 아무 것도 내놓을 것이 없었던 사람들이 일으켰던 봉기는 다음 날부터 점차적으로 수그러들었다.

이때부터 시작되었던 박해의 정도를 증명하는 정확한 숫자들은 오늘까지도 제시되어있지 않다. 그 봉기가 진압되는 동안에 약 100명 정도의 사람들이 목숨을 잃었다. 그리고 베를린 자유대학교에 있는 독일 사회민주당을 연구하는 결합체의 지도자인 크라우스 쉬뢰더(Klaus Schröder) 교수, 그리고 베를린에 있는 비밀경찰 자료청의 직원인 파르코 베르크렌틴(Falco Werknetin)과 같이 그 분야를 알고 있는 자들은

13,000명에서 15,000명에 이르는 수감자들을 근거로 삼고 있다.

그런데 1955년까지 - 심문들과 조사들이 그렇게 오랫동안 지체되었다 - 다 합쳐서 약 1,800명이 유죄판결을 받았다. 그들은 부분적으로 엄한 징역형을 받았다. 더구나 사형선고를 받은 20명 중에서 2명은 집행되었다. 그렇지만 소련 점령군 부대들이 계엄법에 의해 18명을 총살했다는 소문도 있다. 그러나 처형된 자들의 숫자에 대해서 오늘까지도 정확한 보고가 없다. 왜냐하면 소련의 군사재판에 대한 자료들이 더 이상 존재하지 않거나 조사될 수 없기 때문이다.

역사학자인 일코 - 자샤 코발추크(Ilko-sascha Kowalczuk)는 소련 군사법정에서 유죄판결을 받았던 500~700명에 대해서 이야기하고 있다. 그렇지만 '확고한' 것으로 증명되지 않았기 때문에 당에서 제명되었고 여러 번 업무상으로 문책을 당했던 약 5만 명의 독일 사회주의통일당 당원들을 나는 반드시 언급할 것이다.

독일 사회주의통일당의 선전활동은 인민이 반항하는 것에 대해 파시즘의 의식이 잔재하고 있다며 비방하려고 시도했다. 게다가 나치들은 베를린에 있는 독일 사회주의통일당의 발기인들 밑으로 몰래 숨어들어갔을지도 모르고, 모범적인 쿠데타 주동자들일지도 모른다는 것과 같은 불확실한 사실들이 반항으로 부풀려졌다.

더구나 다른 일을 더 이상 할 수 없었던 당시의 나치 독일노동당 당원들이 건설현장에서 조수로서 고용살이를 했었다는 것은 사실이다. 또한, 자신들의 정화의지(淨化意志)를 입증하기 위해서 결국 고용살이를 하지 않았다는 것도 사실이다.

그리고 할레에서 왔던 여성, 즉 에르나 도른(Erna Dorn)이라는 여성이 파시즘적 성담(聖譚)에 나타나는 메두사 - 상징이 되었다. 자칭 나치 - 강제수용소 - 여자 지휘관인 도른은 라베슈타인(Rabestein)으로서, 그리고 여성 주모자로서 6월에 사형선고를 받아서 처형되었다. 그런데 에르나 도른은 아마 정신착란이 있었던 사람 같다.

그녀는 1945년 이후 로베슈타인 강제수용소의 죄수로 사칭했었지만, 수 년 후에 이 사실에 대해 아주 심하게 항의를 받았기 때문에 그녀는 여자 서방스파이와 라벤스브뤽크 강제수용소의 여자 관리인으로서 책망 받았었다. 그런데 생존해 있는 라벤스브뤽크 출신의 정치적 수감자는 그녀의 신원을 확인할 수 있었음에도 불구하고, 그녀는 오로지 자신의 자아비판으로 인해서 엄한 징역형에 처해졌다. 그럼에도 불구하고 할레에서 봉기에 가담한 자들은 그녀를 6월 17일에 석방시켰다. 그렇지만 그녀는 재차(再次) 체포되었다.

동독의 신문은 강제수용소 - 여자 지휘관은 에르나 도른이고, 잘레슈타트에서 파시즘적으로 '쿠테타'를 주모했던 여자는 '아리아스 라베슈타인'이라고 했다. 그러니까 이미 1948년에 할레 지방법원이 라벤스브뤽크 강제수용소에 있는 개를 통솔하는 자로 종신형을 선고했던 한 여자의 전기(傳記), 즉 라베슈타인이라고 불리어지는 한 여인의 전기가 지금 에르나 도른에게 전가(轉嫁)되었던 것이다.

그런데 그녀는 그 시점에 발트하임 감옥에서 복역 중이었다. 그러다가 1974년에 호헤네크 여자교도소에서 라베슈타인은 사망했다. 그렇지만 에르나 도른은 단두대로 집행되었다. 따라서 에르나 도른의 사형 집행은 정치에 의한 사법적 살인이었다.

소설 《여자 지휘관》으로 이 경우에 대한 진실의 면모를 문학적으로 표현했던 사람은 다른 사람이 아닌 바로 동독의 우수한 작가들 가운데 한 사람인 슈테판 헤르므린이었다. 더구나 그 에피소드는 교과서에 수록되었기 때문에 6월 17일에 대해서 파시즘이 인습적으로 생각했던 것을 유포하고 견고하게 하는 데에 본질적으로 도움이 되었다.

● 독일 사회주의통일당은 자신을 단순화하여 표현하였고, 동독 자체를 안티파시즘의 피난처로 단순화하여 표현하였던 반면에, 수사학적으로 살인을 논증했던 나치는 동독에 있는 야당의 모든 충동을 그때부터 강하게 비난하기 시작했었습니다.

나치의 비난은 서독에서 공공연하게 회자되었던 모든 통일의지를 비방하기 위해서라도 보복주의 - 개념이 부과되는 것을 감수해야만 했다. 그 후년에도 나치는 그 사실을 뛰어넘어서 독일 기독교민주동맹이 이끌었던 연방정부들을 비난했다. 우연이 아니었다. 본에서 정치적 변화를 일으키고자 하는 모스크바의 지시는 독일 사회주의통일당의 지도부에도 변함없이 유효했다. 물론 연방독일을 나토에서 여전히 탈퇴시키려는 소련의 의도가 그 배후에 깔려있었다.

더구나 그러는 사이에 여당이 되었던 독일 사회민주당과 동·서독 간의 대화를 시도해보려고 울브리히트가 60년 대 말경에 노력했던 일들에서 그 사실이 인식되었다. 그렇지만 사민당과 자민당의 연립정부는 민족통일에 논거를 두고 있는 헌법을 확고하게 지지했던 것처럼 서방의 동맹을 단호하게 지지했다. 따라서 연립정부는 동독을 국제법상으로 승인하는 것을 거부했다.

게다가 독일 사회주의통일당이 6월 17일에 대해서 확산시켰던 파시즘 - 비난이 얼마나 음험하게 작용했는지를 비밀경찰에 대한 자료들을 관리했던 연방전권위원인 마리안네 비르트러가 증명을 했다. 신문과 인터뷰에서 그녀는 말했다.

"파시즘 - 비난을 의심스럽게 보이도록 했고, 파시즘이 쿠데타를 시도하는 것으로 인식하도록 했던 동독의 공식적 선전기관의 속임수에 아마 우리 대부분은 넘어갔습니다. […] 그렇지만 다음과 같은 사실이 부가 되었습니다. 독일 사회주의통일당과의 논쟁에서 우리는 의도적으로 좌익 야당으로 간주되었기 때문에 사실과 부합되지 않는 코너로 몰릴 수가 없었을 것입니다."[16]

그런데 6월 17일로 소급한다면, 서방은 앞에서 언급했던 봉기에 대해서 아무 것도 알지 못했을 뿐만 아니라, 하물며 그 봉기를 함께 획책할 수도 없었다는 적절한 증거자료와 똑같이 괴이한 증거자료가 있다. 다시 말해서, 풀라흐 마을에서 나왔던 하나의 비밀서류 다발이다.

연방 국가비밀정보기관 - 선구자들인 게렌 조직은 이미 6월 20일에 〈동베를린과 점령지구에 있는 모든 서류들〉이 '대 독일제국의 영역에서 재통일을 진행시키기 위해서'

"동쪽지역에서 집단행동들이 획책되었을지도 모른다는 견해를 강화시켰을지도 모른다고 생각되는 비밀 분석을 적어도 작성했습니다. "이제까지 동쪽 점령지구의 정치가들을 이용해서 이 의도들을 저지시키는 요인을 제거하려는 것이 아마 계획되었을 지도 모릅니다."

뿐만 아니라, 독일 사회주의통일당 - 관직의 인물들이 점령국에 실제

---

16) 미하엘 메르테스, 《자유를 위한 봉기》, 95호/2003. In:www. trendzeitschrift.de

로 얼마나 크게 의존해 있는가를 게렌 - 스파이들조차도 분명하게 상상할 수 없었다. 비밀서류를 공개하는 것이 봉기가 일어났을 때 배후인물이 서독에서 했던 역할에 대해서 꾸며냈던 이야기를 반박할 수 있었을지도 모르기 때문에, 비밀서류들은 자물쇠가 잠겨진 비밀경찰의 금고 속에 있을 수밖에 없었고, 수십 년이 지나도 풀라흐에서처럼 잘 보존되어있지 않을 수가 없었다.

● 당신은 봉기를 어떻게 체험했습니까?
　역사학자들은 어떤 것을 간과했습니까?

　본질적인 구성요소는 특별한 종류의 공포였다. 봉기로 인해 나는 불쾌했기 때문에, 나는 이 공포를 더욱 부수적으로 체험했다. 그렇기 때문에 이 당시에 나는 그 공포를 파악할 수조차 없었다. 왜냐하면, 앞에서 언급한 것처럼 나는 갓 훈련을 쌓은 독일 사회주의통일당의 당원이었기 때문에 당을 맹목적으로 신뢰할 용의만 있었기 때문이었다.

　게다가 6월 17일에 나는 노동조합 신문의 대표자로서 독일 사회주의통일당 중앙위원회의 베를린 소재지에서 개최된 주간매체들의 교시(敎示)에 참석했다. 그때 정치적 선전활동 부서의 당시 책임자가 매체대표자들에게 말하곤 했던 소리의 높이는 뛰어나게 맑았지만, 이따금 조소가 담기었으나, 근거를 물을 수 없는 구속력을 항상 띄고 있었다.

　그런데 나는 그 책임자가 바이마르시대에 독일제국 국방군에서 비밀 조직을 만들려고 애를 썼었던 독일 공산당의 엘리트였다는 것을 알았다. 또한 그는 입증된 혁명가의 본보기, 다시 말해 나중에 비밀경찰 -

스파이들이라고 불리어지곤 했던 익명 전사들의 선구자였다.

그런데 그날, 이 사람은 당황하는 모습을 보였다. 왜냐하면, 떨리는 손으로 그는 떠듬거리며, 혹은 지나치게 공손하게 단지 "네" 혹은 "아니오"라고 말하는 전화를 여러 번 받았기 때문이다. 그런데 우리가 질문하자 그는 신경질적인 반응을 보였다. 그래서 집회는 관례보다 훨씬 일찍 끝나게 되었다.

베를린 도로를 지나서 이동하는 반공산주의의 혁명세력의 인물들 앞에서 그 사람이 비틀거리며 걷고 있었다면, 나는 당시에 숙고했지만 그 사실을 믿으려고 하지 않았다. 그래서 그가 취했던 행동에 대해 다른 이유들이 있었는지 나중에 내가 확인할 작정이었다.

● 어떤 이유들이 있습니까?

그는 관료주의적인 정치국원이었고, 독일 사회주의통일당 - 당수의 충실한 도구였다. 뿐만 아니라 그 책임자는 이데올로기 - 정신적인 권력 중심이 모스크바 본부에 있었던 결사의 구성원이기 위해서 우리 젊은 당원들보다 더 많이 공산주의의 논거를 따르고 있었다. 왜냐하면, 나치 독일에서처럼 다시 한 번 실패하면 치명적인 결과로 이어질 수 있을지도 모르기 때문이었다.

그렇지만 모스크바가 전혀 우려하지 않는 스탈린주의자인 울브리히트와 굳건한 관계를 맺는 것은 거의 틀림없이 생명보험을 든 것이나 마찬가지였다. 그래도 동독의 대표적인 정치가인 피크와 그로테볼(Grotewohl)의 그늘에서 울브리히트는 자신의 권력을 확대하고 있었다.

그리고 그는 자주 정치국을 완전히 무시하곤 했던 서기국을 만들었다.

뾰족한 턱수염을 하고 있는 직장 노동조합의 대의원을 이용할 뿐만 아니라 추가로 임명된 스파이를 이용해서, 더구나 나중에는 서독에 주재했던 소련 대사인 세미요노프(Semjonow)를 이용해서 울브리히트가 영향력을 행사하였기 때문에 모스크바가 위험해지는 경우는 없었다. 물론 세미요노프는 당시에 정치국의 모든 회의에 참석했고, 울브리히트로부터 모든 결정에 대한 정보를 직접 제공받았다.

또한 모스크바의 '프리카세(Prikasse)'가 자신들의 명령을 러시아어로 통지하였듯이 지도부 내에서 모스크바의 '프리카세'를 1대 1로 섞어놓기 위해서 세미요노프는 울브리히트를 매개체로 이용했다. 그 사실 때문에 동맹을 맺었던 서방의 점령국들이 신생 서독에 영향력을 행사하는 것과 비교가 되었을 뿐만 아니라, 동독에서 전적으로 사용되고 있었던 완전히 다른 종류와 차원의 소련의 명령구조들이 분명하게 밝혀지게 되었다.

베리야의 권유를 받고 1953년 6월 2일 오토 그로테볼, 발터 울브리히트, 그리고 정치국원 프레드 오엘스너(Fred Oelßner)는 엄격히 비밀을 지킨 체 모스크바로 소환 당했다. 그리고 이틀 동안 잇달아 열렸던 2개의 정치국 회의에서 독일 당원들은 모스크바 상관들로부터 철저하게 질책을 당했다. 다시 말해, 사회주의의 구축을 촉진한 것이 잘못이었다고 그들이 질책을 당한 것이었다. 그래서 그로테볼과 울브리히트는 정책수정에 대한 적절한 보고서를 다음 회의까지 제출해야만 했다.

좀 심하게 말하자면, 두 사람이 어찌 할 바를 모르고 당황해서 항변했기 때문에 지금은 죄의 유무에 대한 문제를 토의하지 않으려고 한다는 논평으로 약화되었다. 그렇지만 다음 회의 때 그들은 다시 한번 호되게 질책을 당한다. 그리고 제출했던 보고서가 피상적이고 형식적이라는 소리를 그들은 듣게 되었다.

그래서 베리야는 흥분한 나머지 모스크바 상관들에게 "우리가 지적한 것들을 불충분하게 반영한 것"이라는 그들의 논평을 내던졌다. 그래서 결국 소위 신 노선을 기술했던 새로운 초안이 나오게 되었다. 정치국에서 발생했던 이 노선의 선회 때문에 그 사이에 봉기가 거리에서 일어났을 뿐만 아니라, 보기 싫고 오만한 울브리히트를 반대하는 작은 저항이 일어났다. 따라서 강력하게 사회주의를 구축하는 것을 독려하는 사람이었던 울브리히트는 적합한 속죄양이 되었다.

그러니까 중앙위원회의 매체책임자를 두렵게 만들었던 거리에서 시위운동을 하는 자들의 숫자가 아마 더 줄어들었을 것이다. 그렇지만 시신(侍臣)인 베리야의 주인이 되는 울브리히트와 모스크바 명령본부의 갈등 때문에 베리야는 아마 마음의 평정을 잃었던 것 같았다.

정치국에 있는 울브리히트의 라이벌들은 비밀경찰 수장인 빌헬름 차이서와 당기관지 「새로운 독일」의 편집장인 루돌프 헤른슈타트 (Rudolf Herrnstadt)였다. 이 두 사람은 비밀경찰에 소속되어있는 소련의 내무 인민위원이며, KGB의 수장을 위하여 믿음직스럽게 보이도록 애를 쓰고 있었다. 왜냐하면 동맹국에서는 KGB의 비준을 받지 못하면 어느 누구도 비밀경찰의 수장으로 승진될 수 없었기 때문이다.

그런데 재능이 있고 여러 외국어에 능통한 저널리스트인 헤른슈타트는 1930년부터 소련 비밀정보기관을 위해 활동을 했었다. 그래서 모스크바에서 미래의 남자로 베리야를 바라보는 전망 때문에 두 사람은 베를린 정치국의 미래의 주인들로 아마 잘못 생각했던 것 같다.

무대를 괴이하게 완성하기 위해서, 그 사이에 또 다시 정치국의 책상에는 옛날 노선을 관철시키는 것을 울브리히트와 함께 도와주었던 동일한 모스크바 스파이가 앉아있었다. 세미요노프 - 스탈린 이후에 모스크바 본부로부터 명령을 받았던 노선의 선회, 즉 '새로운 노선'을 관철시키려고 했던 바로 그 스파이였다.

그렇지만 정세들은 모스크바에서 빠르게 변화되었다. 흐루쉬쵸프가 비밀리에 베리아에 대한 모반을 계획하고 있었다. 이미 1953년 6월 말, 혹은 7월 초에 스탈린 후계를 경쟁하고 있는 사람들 중에서 가장 조심해야할 사람인 코카사스인인 베리아는 반국가적 인물과 찬탈자로서 폭로되어서 체포되었고, 비로소 1953년 12월 24일에야 사형집행에 대한 보도가 발표되었지만 아마도 즉시 총살되었을 것이다.

그래서 모스크바에서 일어났던 드라마틱한 전개는 정치국에 있는 반 - 울브리히트 파벌이 몰락하는 결과를 낳았다. 그렇기 때문에 울브리히트의 역할은 새롭게 더욱 강화되어졌다. 그러므로 울브리히트를 반대했던 자들은 정치국에서 쫓겨나서 중요하지 않은 자리로 좌천되었다. 이제는 더 이상 스탈린도 없었고 더 이상 베리아도 없었다. 위대한 청산인인 스탈린이 서거한 후 크렘린에서 일어났던 이러한 정치적 변덕스러움은 정치적으로는 견디어질 수 없었지만, 그래도 육체적으로는 견디어질 수 있었다.

● 당신의 언어를 조정하는 사람은 누구입니까?

중앙위원회에서 언론에 대해서 다음에 교시를 할 때, 그 사람은 또한 완전히 노인이었다. 이 사람은 울브리히트를 수행하는 자로서 모든 것을 극복해냈었다.

● 6월 17일은 제한된 사회적 요구들을 관철시키기 위해서만 일어났던 봉기였습니까? 혹은 6월 17일은 민족이 추진했던 방향을 포함하고 있는 인민봉기였습니까?

서방에서 나타났던 6월 17일에 대한 의견들의 차이점들은 근본적으로 사이비 논쟁거리에 지나지 않았다. 한편 동독에서는 철저히 차단되었기 때문에 그 의견들의 차이점들이 불충분하게 인식될 수밖에 없었다. 다른 한편으로는 거대한 정치적 기상상황을 이용하는 좋은 기회의 덕을 보게 되었다. 그래서 민족의 전형적인 특징을 예외 없이 반동으로 평가절하 하려는 의도 때문에 진정한 논쟁이 일어났다.

그런데 앞에서 언급되었던 것처럼, 특히 어느 것과 어느 누구에게도 조정을 받지 않는 자발적인 봉기가 문제였다. 그 봉기의 발단을 노동자들이 확실히 제공했다. 노동자들은 정부에 대해서 속박들을 취소하라고 요구했다. 그렇지만 노동자들은 그 요구를 고수하지는 못했다.

그래도 그 봉기는 즉시 동독의 다른 지역들, 다른 계층들, 농부들, 그리고 중산층으로 퍼져나갔다. 하지만 지식인층들은 다른 계층들처럼 잘 참석하지 않았다. 그런데도 많은 저명인사들, 특히 좌익을 지향했던 자들은 봉기에 대한 평가에서 독일 사회주의통일당의 선전활동에 더구나 동조하고 나섰다.

정부가 교체되기를 바라는 모든 사람들의 요구에 체제가 거부하고 있다는 사실이 원칙적으로 봉기에 내포되어 있었다. 다시 말해서, 봉기에 참여했던 자들은 다른 사회적 상황에는 찬성표를 던졌다. 다른 범례는 추상적 개념이 아니었다. 그 다른 범례를 독일의 다른 지역에 있는 독일인들은 견디어냈고 체험했다.

그 범례는 연방공화국에서 발전되었던 것과 같은 자유 민주주의의 질서였던 것이다. 그 질서에는 6월 17일의 봉기에 포함되어 있었던 더욱 심오한 민족적 정수가 내재하고 있었다. 그렇기 때문에 그 봉기가 지속되었다면, 이 봉기는 멈추지 않고 정부가 교체되기를 바라는 이 요구로 귀결되었을지도 모른다.

● 공산주의 블록의 경우에 그 봉기는 어떤 의미가 있습니까?

6월 17일의 봉기는 소련 블록에서 일어났던 첫 번째 봉기였다. 부다페스트, 바르샤바, 그리고 프라그는 몇 년 후에나 그 봉기에 동조했다. 그것이 바로 폴란드의 자유노조가 마침내 특별히 강조했던 획기적인 사건이었다. 그러나 6월 17일의 경우에도 이미 본보기가 있었다. 1922년에 북러시아의 왕도에서 볼셰비키에 대항해서 노동자와 선원들이 봉기를 일으켰었다.

"존재해서 안 되는 것은 존재할 수 없습니다."라는 말이 이미 당시에 있었다. 왜냐하면 레닌의 지시로 봉기가 유혈 진압되었기 때문에, 외국의 제국주의자들이 조종했던 6월 17일 폭동에 대해서 독특하게 유추해서 해석될 수 있는 레닌의 지시가 소련 연감들에 기록되어 있었기 때문이었다.

그리고 왕도에서 일어났던 봉기의 종말을 강조했던 소련 정치를 절대적으로 중단시킨 것이 31년 후에 반드시 감사를 해야 할 해방자로서, 마찬가지로 절대적으로 복종해야할 점령군 병사로서, 소비에트들이 두 배나 효과가 있고 영향력이 있다고 생각했던 하필 그곳에서 효력이 없는 것으로 입증될 지도 모른다.

● **당신이 이미 암시했던 것처럼 6월 17일은 역시 본보기였습니다.**

네. 독일인들은 위선적인 노예 같은 인간이 졸렬하게 모방했다는 것을 6월 17일로 반증했다. 그러니까 나치독일이 멸망한지 8년이 지나서야 자유, 인권, 그리고 민주주의와 같은 개념들이 사람들에게 뿌리를 내렸다는 증거가 제시되었던 것이다. 그 개념들이 너무 광범위하게, 너무 깊게 뿌리를 내렸기 때문에 독일인들을 탄압했던 것에 대한 완전한 보상을 스탈린으로부터 기대할 수 있었던 자들의 권력에 대항할 힘이 독일인들에게 있게 되었던 것이다.

● **그렇지만 이러한 힘이 있었음에도 불구하고 봉기는 진압되었습니다. 무엇이 남아있었습니까?**

인민들은 자신들의 상황이 불가피하다는 것을 바로 의식하고 있었다. 그렇다고 해서 그들은 서방의 개입에 희망을 걸 수 없을 것이고, 개입을 전혀 믿을 수도 없었을 것이다. 게다가 체제들의 적대관계로 인해서 세계가 요지부동으로 단단해진 이등분으로 나누어져 있다는 것과 양측에 있는 미어터질 정도로 가득 차 있는 대량살상 무기고들 때문에 동독은 열강과 화해를 강요받았거나 회피를 강요받았다.

뿐만 아니라, 고르바초프 시대가 시작되기 까지 동독은 6월 17일의 결과 때문에 증강된 소련의 개입을 초래해서 확실하게 다시 한번 독일의 부분 국가로서 각색되고 말았다. 이 사실 때문에 동독에 있는 피지배자들과 전권자들 사이의 현상이 30년 이상 유지되었다.

그렇지만 오늘날의 관점에서 보면, 서방에 살고 있는 확고한 사람들이 반인간적이고 반자유적인 체제가 필연적으로 끝난다는 신호를 알아차리게 되었던 첫 번째 심상치 않은 상황의 변화가 바로 1953년의 봉기였다는 사실이 부언되어야만 한다. - 그런데 그 상황의 변화가 일어날 때까지 얼마나 많은 세월이 흘러가야만 하는지는 상관이 없었다.

나의 기억이 틀림없다면, 작가인 마르틴 발저조차도 이그나츠 부비스(Ignaz Bubis)와 논쟁하기 오래 전에 이미 해명을 강요받았다. 왜냐하면 그는 역사, 전통, 그리고 미래의 차원에서 독일의 존재를 두개 국가 - 분할로 국한시키는 것을 거절했기 때문이었다.

● 1953년과 1989년 사이에는 직접적인 관계가 있습니까?

네. 비로소 모스크바 본부의 변화를 통해서, 다시 말해서 후기 스탈린주의자들, 즉 흐루쉬쵸프, 브레쉬네프, 안드로포프, 체르넨코로부터 개혁주의자 고르바초프까지의 변화를 통해서 - 저항의 열정이 식지 않았다는 사실이 밝혀졌다. 따라서 인민들은 자신들에게 보이기 시작했던 활동의 여지를 알아차렸다.

그래서 또다시 그들은 도로 상에서 항의를 표명했다. 따라서 그들의 의지력이 없어지지 않은 것으로 증명은 되었지만, 다른 한편으로는 독일 사회주의통일당 - 통치의 내외적 능력이 모두 소진되고 말았다는 것이 드러났다. 그러니까 독일의 분단 상태가 무의미하다는 사실이 돌발적으로 널리 알려졌던 것이다.

동독이 생각하고 있던 가정은, 독일 사회주의통일당과 더불어 실제 사회주의의 특징을 상실해버리고 말았다. 게다가 멈추지 않고 계승되었던 인민의 의지는 독일 사회주의통일당의 권력이 끝을 맺음과 동시에 사라져버렸다. 그래서 인민들은 연방공화국과 통합을 촉구하게 되었던 것이다.

36년 후에 고르바초프가 브레쉬네프의 관여(Einmi - schungs) 독트린을 오래 전에 끊어버렸음에도 불구하고 소련에 대한 의존은 여전히 유지되고 있었다. 그래서 로봇에 지나지 않은 동독은 여전히 제조자인 소련의 실권에 좌우되었다. 그렇지만 동독의 본성은 막 변화되려고 하였다. 그러니까 반발심만 남아있게 되었던 것이다.

● 당신의 경우에 저항의 열정은 개인적으로 무엇을 의미했습니까?

이 변화의 과정들에 몰두해 있었던 우리는 자신을 포기할 수 있고, 독특한 생활능력을 발전시킬 수 있다는 것을 계속해서 믿으려고 했다. 그런데 우리가 여전히 그 사실에 대해서 상상의 나래를 펴고 있는 동안에 우리는 파멸하고 말았다. 그렇지만 6월 17일의 봉기는 초기 동독에서 강요받는 사회주의로부터 인민들이 해방되고 싶다는 의지를 확실하게 나타냈었다.

그런데 그 봉기 때문에 인민들은 아주 강력한 진압을 경험하게 되었다. 그래서 1961년 8월 13일에 우리와 당과 정부는 또 다른 형태의 권력을 실현하고자 했다. 그리고 반항하는 인민들을 타일러서 이성 있는 행동을 하도록 하기 위해서 우리는 연방공화국 쪽의 국경선을 장벽으로 만들었고, 철조망이 쳐진 무차별 발포지역으로 만들었던 것이다. 결국 28년이 지난 1989년 11월 9일에 동독을 구해내기 위해서 일어났던 인민운동의 압력 때문에 우리는 장벽을 허물기 시작했다.

그래서 사회주의적인 이데올로기-사회에서 나타났던 삶의 유용성과 인간의 유용성에 대한 문제는 최종적으로 해결되었던 것이다. 그러므로 6월 17일은 긴 여정의 시작이었다. 그리고 그 여정의 끝에 가서 독일인들은 통일을 되찾았던 것이다. 이 자리에서 내가 에곤 바르(Egon Bahr)가 내렸던 평가들 가운데 몇 가지를 별로 분류하지 않을지라도 동의할 수 있는 에곤 바르의 두 개 문장을 인용하고 싶다.

"동독인들이 없이는 1953년 6월 17일은 난관에도 불구하고 달성되지 못했고, 1989년 11월 9일도 달성되지 못했습니다. 더 작은 일부, 즉 더욱 압박을 받았던 일부가 전체를 위해서 이야기를 썼던 것입니다."[17]

---

17) 볼프강 티르제, 1953년 6월 17일의 민중봉기의 50주년 기념일인 2003년 6월 17일에 연방의회와 연방상원의 기념행사를 맞이하여 행한 연설문에서.

8

소비에트 울타리 내에서 일어났던 불화
모스크바 - 베를린의 관계

● 모스크바가 동의하지 않거나 적어도 인정하지 않으면 동독에서는 거의
효력이 없습니다. 그런데 동독이 종말을 향해 거의 치달을 때에 모스
크바도 더 이상 어떤 것도 할 수 없었다는 것을 당신은 언제 예측할
수 있었습니까?

그 점에 대해서 나는 소급해서 이야기를 해야 한다. 내가 알기로는
독일 사회주의통일당의 권력이 몰락해가는 마지막 단계는 1989년 5월
2일에 시작되었다. 그 날은 화요일이었다. 왜냐하면, 정치국은 매주 화
요일에 회의를 개최하곤 했기 때문이다.

정확히 10시 경에 총서기가 회의장으로 들어왔다. 그리고 지난 회
의의 회의록을 큰 소리로 읽는 것으로 매번 의식이 시작되었다. 큰 토
론이 없는 의식이 진행되는 동안에 제출자들이 매번 15~20개 법안들
을 설명했고, 당위원회의 26명의 위원들과 후보위원들이 그 법안들을
의결했다.

그런데 이 날은 관례적인 진행의 단조로움이 물론 깨어지고 말았다. 그러니까 호네커는 앉아서가 아니라 서서 위원회에 문의를 했을 정도였다.

"헝가리 사람들이 오스트리아 - 헝가리의 국경선에 있는 철조망을 철사를 끊는 가위로 잘랐다는 소식을 여러분은 들었습니까?"

그는 국방장관에게 문의를 하고나서 이동했다.

"하인즈, 부다페스트에 있는 당신의 파트너에게 그 일이 어떻게 된 것인가를 꼭 좀 물어보게."

그래서 하인즈 케스러(Heinz Keβler)는 부다페스트에 있는 군인과 통화하기 위해서 회의장을 떠났다.

그리고 몇 분 후에 그가 돌아왔다. 그 사이에 진행되었던 협의를 호네커는 중단시켰고, 질문하려고 눈을 하인즈에게로 돌렸다. 헝가리의 동지들은 헝가리 외무부 장관인 기유라 호른(Gyula Horn)이 쇼의 배후 인물이라는 것을 자신에게 다시 한번 확신시켜주었다고 하인츠가 그 일에 관해서 보고했다. 그러나 독일의 동지들은 군대들이 서쪽 국경선을 빈틈없이 지킬 것이라는 것을 자신할지도 모르는 일이었다.

호네커는 자신이 근무하는 곳의 동료가 확언한 것에 만족했다. 그렇지만 정치국의 모든 다른 국원들처럼 실제로는 그는 불안해했다. 왜냐하면, 블록의 도리를 헝가리가 위반했던 것이 동독의 이해관계와 아주 직접적인 관계가 있었기 때문이었다.

게다가 헝가리에 있는 개방된 혹은 파손된 서쪽 국경선은 '진영'의 경계선에서 생긴 첫 번째 공식적인 틈새, 즉 철의 장막에 생긴 매우 위협적인 균열일지도 모르는 거였다.

그래서 회의가 끝난 다음에 호네커는 유례없는 헝가리의 단독행동에 대해 소련이 반응을 나타낼 것, 보다 좋게 말하면, 바르샤바 동맹이 반응을 나타낼 것을 강력히 요구하기 위해서 동독의 외무상이 모스크바로 가도록 조치를 취했다.

그렇지만 흥미롭게도 호네커는 그 사실에 대해서 고르바초프와 직접 이야기하지 않았다. 호된 질책을 그렇게 직접적으로 받지 않으려고 그렇게 하지 않았을까? 아무튼 모스크바의 외무상이 확인을 해주었다. 또한 공직에 있는 동료인 쉐바르드나제(Shewardnadse)가 호네커에게 헝가리에 반대되는 어떠한 것도 착수할 권한이 없다는 것을 설명했다.

어쩌면 헝가리의 상황은 동독의 상황과 다를지도 모른다. 왜냐하면 서쪽에는 헝가리인의 연방공화국이 없기 때문이다. 그리고 동독 인민들은 물론 미래에도 허가 없이는 국경선을 넘어가지 못할지도 모른다. 또한 소련은 언제나 형제국에 대해서 단호한 태도를 취할 수 없을지도 모르고 취하지 않으려고 할지도 모른다.

● 그렇지만 정말 깨어있는 관찰자라면 모두 국면이 일변하기 시작했다는 것을 분명히 알았던 것이 틀림없었습니다.

고르바초프가 권력을 장악한 후에 국면이 일변하기 시작하는 것에 대한 다른 몇몇의 징후들이 있었다. 게다가 동독 - 지도부의 촉구에도 불구하고 모스크바가 헝가리 사람들을 블록의 미덕이 있는 길로 다시 돌아서게 하기위한 어떠한 조치도 취하지 않았다는 것은 그 사이에 경고의 단면(斷面)을 내보였던 것이다.

동독 인민을 위해서 헝가리에 생겼던 서방으로 가는 하나의 탈출구보다 훨씬 더 많은 탈출구들이 생겼다. 그래서 독일 사회주의통일당 - 정치국에 있는 두서너 사람들은 바르샤바 가맹국들도, 바르샤바 동맹의 지도국도 미래에 동독이 존속한다는 것을 보장할 수 없다는 좋지 않은 예감이 들었다. 그래서 블록의 도리(道理)가 다음과 같은 격언을 따라 움직이기 시작했던 것이다.

"누구든지 우선 자신부터 생각한다." 내지는,

"피할 수 있는 자는 피하라!"

● 소비에트체제가 잠재적으로 더욱 느리게 붕괴해갔기 때문에 동독의 멸망이 비로소 가능해졌던 것입니까? 아니면 동독이 소련을 파멸시켰습니까?

우선 한 가지를 이야기하고, 그 다음에 다른 것을 이야기하겠다. 고르바초프가 동독의 멸망에 어떤 몫을 했는가 하는 질문이 당신의 질문의 배후에 깔려있다. 그러니까 그는 동독의 멸망을 원하지 않았으나 그렇다고 멸망을 전력을 다해서 저지하지도 않았다. 그렇지만 그는 공산주의의 틀에서 결코 벗어나지도 않았다. 이 사실 때문에 그의 개혁 시도가 전반적으로 겨우 가능하게 되었었던 것이다.

그가 완강하게 당 노선을 이탈한 자였다면, 그는 즉시 정치적으로 끝이 났을 것이다. 그러나 고르바초프가 공산주의의 틀에서 결코 벗어나지도 않았다는 사실은 상당수 레닌의 환상이 정말 오랫동안 그와 관련이 있었다는 것을 역시 증명하고 있다.

그렇지만 위로부터 일으켰던 개혁의 작용물질인 페레스트로이카 - 동독에서 뿐만 아니라 - 는 자유에 대한 인민들의 의지를, 마침내 점점 더 자유롭게 언급하도록 인민들을 격려했었다.

이미 언급했던 것처럼, 헝가리의 국경선을 개방했기 때문에 더 정확히 말하면, 철의 장막의 동독 - 부분을 파멸시키는 다른 내면적 추진력이 시작되었던 것이다. 고르바초프가 능동적으로 영향력을 행사하지 않았을 뿐만 아니라, 그가 한 눈을 팔았기 때문에 즉, 헝가리인의 완고함을 감수했기 때문에 그는 동독의 멸망에 한몫을 차지하지는 않았다. 게다가 고르바초프의 정치적 스타일에서 점점 더 많이 나타났던 특징인 자유방임으로 인해 그는 동독의 멸망에 한몫을 차지하지 않았다.

● **모스크바와 동베를린 사이의 관계가 다시 말해서 분명하게 더욱 긴장되었습니다. 왜 그랬습니까?**

이미 브레쉬네프와 호네커 사이에는 긴장관계가 있었다. 호네커는 어떤 것을 변화시키고자 했다. 국내 정치적으로 그는 독일 사회주의통일당과 독일 사회주의통일당의 일인자, 다시 말해서 자기 자신이 결국 인기와 같은 그러한 것을 얻도록 애를 썼다. 국제적 측면에서는 그는 동독이 전 세계로부터 국제법상으로 승인을 받는 것을 추구했다.

그런데 그가 추구하는 전략의 두 가지 목표에 유리한 징후들이 나타났다. 왜냐하면 단독 대표를 표방하는 독일연방공화국 - 독트린이 폐기되었기 때문이었다. 게다가 동쪽과 화해하는 것으로 진로를 잡았던 사민당과 자민당의 연립이 본에서 창설되었다. 또한 독일연방공화국과 맺었던 기본조약, 두 개의 독일국가들의 유엔가입, 그리고 100이상의 국가들이 동독을 승인하는 파도가 이루어졌던 것이다.

그리고 국내 정치에서 호네커는 사회정치적 프로그램을 따라서 자신과 독일 사회주의통일당을 찬성하는 여론 획득을 노렸다. 휴가기간, 임신 중인 젊은 엄마들, 견습생과 대학생의 보수, 자녀가 많은 가족들의 후원, 젊은 부부들을 위한 대규모 대출, 그리고 주택건설 프로그램이 사회정치적 프로그램에 해당되었다.

모스크바는 그 프로그램에서 동의될 수 없는 일종의 과대망상을 찾아냈다. 왜냐하면 호네커가 미국과 군비경쟁이 필연적으로 야기시킨 고비용으로 말미암아 나타나는 장기적인 부담감으로 인해 그러한 결과들을 결국 제시할 수 없었던 브레쉬네프의 정책을 공개적으로 모욕했기 때문이었다. 그리고 소련의 사회학자들은 소비를 인민이 조작한 결과라는 생각과 이데올로기와 관련된 논술들을 아주 빈번하게 출판했다.

그렇기 때문에 인민들은 바로 사회주의의 가치들로부터 소원해졌을지도 모른다. 따라서 협정을 맺은 소련이 석유, 혹은 알루미늄을 반복적으로 납품하지 않아서 동독을 간접적으로 처벌했던 것이다. 그래서 동독은 부족한 외화로 석유 혹은 알루미늄을 서방시장들에서 조달해야만 했다.

● 브레쉬네프는 반항적인 호네커와 관련을 맺었습니까?
네. 70년대 말부터 브레쉬네프는 여름휴가 동안에 사회주의 국가들의 형제당들을 대표하기 때문에 소련에서 의무휴가를 보냈던 총서기들과도 회합을 크림에서 개최하곤 했다. 그런데 호네커가 오레안다에 있는 브레쉬네프의 휴가 거처에서 일어났었던 에피소드에 대해서 무척 격분해서 국내의 정치국에 어떻게 보고했는지 나는 기억하고 있다.

그런데 본질적인 몇 가지 정치적 문제들을 토론한 다음에 당시에 이미 건강이 약간 나빠진 브레쉬네프는 중앙위원회에 마찬가지로 참석하고 있는 동독 베를린 점령지구의 관리자인 알렉산더 마르티노프 (Alexander Martynow)가 아마 준비했던 테마서류를 바라보았다. 그리고 브레쉬네프가 말했다.

"에리히, 우리는 동독의 이데올로기적 상황을 걱정하고 있습니다."

그리고 무엇 때문에 에리히가 그러한 동독의 이데올로기적 상황을 초래하게 되었는가 라고 놀라서 던진 호네커의 재질문에 브레쉬네프는 칼-마르크스 도시에서 자유독일청년당 단원과 회합을 했을 때 참석했었던 소련의 공산청년동맹원들이 호텔방에 있는 침대 협탁에서 성경을 발견했었다는 사실을 인지하게 되었다고 진지한 억양으로 대답했다.

왜냐하면, 소련 공산당의 청년조직원들은 통상적으로 서방에서 온 외국화폐가 풍부한 손님들이 모든 침대의 협탁 속에 성경을 두었던 칼-마르크스 도시의 국제호텔에 묵게 되었기 때문이었다. 그렇지만 호네커가 귀환한 후에 정치국에서 행했던 비평은 다음과 같았다.

"그런 어리석은 소리를 나는 그곳에서 직면하게 되었습니다, 동지들." 따라서 그는 앞으로 소련에서 더 이상 휴가를 보내지 않았을지도 모른다.

● 고르바초프의 치하에서 무엇이 변화되었습니까?

1985년에 모스크바의 지도부가 교체되었기 때문에 불만이 고조되었다. 그래서 고르바초프가 브레쉬네프 - 독트린과 단절했음에도 불구하고, 다시 말해서 모스크바가 모든 형제국들의 마음에 조금도 들지 않았지만 모든 형제국들에 직접 관여를 하는 소련의 특권을 단절했음에도 불구하고, 교조적인 마르크스 - 레닌주의자인 호네커와 레닌주의적 개혁가인 고르바초프 사이에 있는 잠재적 긴장관계들로 인해 동구 블록에 있는 권력상황을 휘저어버리는 결과가 점차 나타나게 되었다.

● 그렇지만 그 사실 때문에 고르바초프는 명백한 정치적인 기존관념에 얽매이지 않는 권한을 인정하게 되었습니다.

제한적으로 인정하게 되었다. 다시 말해서, 그 권한은 고르바초프의 독특한 개혁노선과 일치하는 정도까지만 항상 인정되었다. 그렇지만 소련 공산당 내에서 고르바초프가 차지하고 있는 위치가 결코 100%로 안정되어있지 않았다는 것을 당신은 인지해야만 한다.

1,800만 당원이 있었던 정당의 특징은 스탈린 이후의 시대에 특히 브레쉬네프주의를 통해서 나타났다. 그 나라는 미니 독재자들로서 당시의 중간 행정구역 다시 말해서, 지역 혹은 당시의 관할구역, 다시 말해서 군(郡)을 통치했던 수천 명 간부들의 네트워크를 관리했다.

그런데 이와 같이 기생하는 계층은 고르바초프가 도입했던 개혁조치들 때문에 녹(祿)을 받고 있는 자신의 성직자리가 위험하다는 것을 알아차렸다. 그러나 그 계층은 너무 겁이 많아서 '볼셰비키의 봉기'를 감행하지 못하는 것이었다. 그러니까 볼셰비키의 봉기는 비로소 더욱 늦게 상부에 대해서 KGB가 조종했던 반대운동 때문에 발생했을지도 모른다.

고르바초프가 공포해서 형제 위성국들에게 실행했던 완화연습이 개혁조치만은 아니었다. 그렇지만 불신을 받고 있는 강대국 소련의 페레스트로이카를 추구했던 블록 파트너들이 항의할 가능성을 고르바초프가 제거하는 데 그 완화연습이 도움이 되었을지도 모른다. 그러니까 소련 블록 내에서 철저하게 영향력을 포기한 것이 브레쉬네프 - 독트린의 과제로 간명하게 표현되는 것은 아니었다.

또한 차우세스쿠(Ceausescus)의 루마니아는 기레크(Gierek)의 폴란드 혹은 호네커의 동독처럼 고르바초프가 포기할 수 없을 정도로 그렇게 중요했고, 지속적으로 중요했다. 그리고 동독은 유럽에 있는 소련의 군사적으로 엄호되지 않는 전진지대였고, 지속적으로 그러한 전진지대인 것이었다. 그렇기 때문에 적어도 소련의 외부였던 동독에는 가장 강력한 소비에트의 병력이 주둔하고 있었다.

왜냐하면, 원자폭탄들이 소련의 무기고에서 완전히 제거되지 않는 한, 작센 주에서 우라늄을 채광한다는 사실이 군사적으로 엄호되지 않는 전진지대의 가치를 계속 유지시켜주었기 때문이었다. 다시 말해서, 요한게오르겐슈타트, 안나베르크와 아우에를 둘러싸고 있는 작센 주와 튀링겐 주의 에르츠게비르게 산맥에서 소련이 원자무기를 만들기 위해서 필요한 우라늄 수요의 60%가 채굴되었다는 것을 알아야 한다.

게다가 연방공화국, 즉 서유럽에서 경제적으로 가장 중요한 나라에 대항하는 스파이 행위 전진초소로서도 동독이 뛰어나게 적합했다. 결국 동독은 소련과 많은 영역에서 경제적으로 서로 얽혀져 있다는 것이다. 그리고 동독은 동서독 간의 무역을 통해서 서방의 생산품에 더구나 확실하게 접근할 수 있도록 소련에게 조처를 취해주었다. 고르바초프 치하에서는 처음에 이런 이해관계 상황이 전혀 달라지지 않았다.

● 그렇지만 개혁자는 익숙한 영향력을 행사하는 기술을 물론 바꾸기 시작했습니다.

그렇다. 고르바초프는 '형제국들'과의 상호관계에서 더 이상 소련 공산당의 감독기관에 의존하지 않았다. 그러니까 그는 당의 제휴들을 충분히 신뢰할 수 없었던 같다. 뿐만 아니라, 중앙위원회에 있는 국제적 동맹들을 다루는 부서에 소속되어있는 무수한 점령지구 관리자들과 당시의 대사관에 있는 소련의 연락원들과 수년 동안 접촉을 해왔던 형제당의 지도부 인물들이 자신의 노선에 반대하는 제휴를 할지도 모른다는 것을 고르바초프는 두려워했다.

그렇지만 그는 언젠가 형제국에서 페레스트로이카를 감행할지도 모르는 간부들을 학수고대하면서 바라보지 않을 수 없었다. 그런데 소련 공산당에 기여했던 다른 공공기관, KGB가 당기구보다 그에게는 훨씬 더 유용하게 보였다. 게다가 소련의 비밀정보기관은 고르바초프를 어차피 사망하기 이전에 자신의 수장이었던 유리 안드로포프의 후계자로 검토했다.

왜냐하면, 고르바초프가 지방간부에서 중앙위원회로 승진하는 것을 안드로포프가 후원했기 때문이다. 안드로포프는 카우카수스와 크림의 요양소에 있을 때 고르바초프를 알게 되었다. 당시 고르바초프는 아직 스타프로폴의 지역서기장이었고, 정치국의 휴양자들이 도착할 때 그들을 영접했다. 그러니까 고르바초프는 안드로포프에게 깊은 인상을 남겼다. 그래서 중앙위원회에 있는 젊은 인물을 농업부서의 지도자로 임명하자고 안드로포프가 브레쉬네프에게 추천을 했던 것이다.

더구나 고르바초프는 KGB의 앞잡이도 아니었다. 그런데 안드로포프 치하에 있는 KGB는 자신이 가지고 있는 베리야 - 이미지로부터 벗어나려고 애를 썼기 때문에, 고르바초프를 깨끗이 지워진 KGB의 공산주의개념에 상응하는 간부로 간주하고 있었다.

이에 반해서 고르바초프는 KGB를 충성스럽고 당에 복종하는 정보제공자로 간주했다. 그 이외에도 고르바초프는 위성국가들에서 찾아냈었던 관직 희망자들을 KGB의 도움을 받아 눈에 띄지 않게 후원하기를 소망했다. 그리고 CIA에 대해서 배우는 것은 승리하는 법을 습득하는 것을 말한다.

● 고르바초프는 동독의 상황에 대해서 나중에 KGB로부터 정보를 제공받을 수 있었습니다. 도대체 언제 첫 번째 불화들에 대해서 들을 수 있었습니까?

그때가 1986년이었다. 고르바초프가 권력을 장악하기 1년 전, 그때도 페레스트로이카의 단계가 바로 시작되고 있지 않았다. 왜냐하면, 경직되어 있는 거구인 소련과 소련의 세포핵인 소련 공산당이 그렇게 쉽게 페레스트로이카에 물들 수 없었기 때문이었다.

그래서 부그와 태평양 사이에 있는 거대한 지대에서처럼 크렘린에 있는 - 간부들의 비밀결사는 오히려 의심스러운 눈빛으로 새로운 권력의 얼굴을 바라보고 있었다. 그리고 고르바초프는 대외정책에서 처음에는 브레쉬네프와 다년간 외무부 장관이었던 그로미코(Gromyko)의 흔적들을 여전히 따랐던 것이다.

1986년, 즉 제 11차 독일 사회주의통일당 - 전당대회를 맞이해서 고르바초프가 동베를린을 처음 방문하는 동안에 호네커는 고르바초프를 비난했다. 왜냐하면, 고르바초프가 이 문제에서 지지했던 체르넨코가 1984년에 호네커에게 연방공화국의 방문을 금지했었지만, 고르바초프는 연방공화국을 방문하겠다는 목적을 고수했기 때문이었다.

그런데 독일 사회주의통일당의 정치국과 논의하는 과정에서 고르바초프는 호네커를 질책했다.

"당신, 에리히가 소련을 조준하는 미국 로켓들을 배치시키는 것을 선도했던 서유럽의 나라를 하필 방문하고자 한다면, 나는 나의 인민에게 무슨 말을 할 수 있단 말인가?"

크렘린에 있는 새로운 권력집단을 더 이상 겁내지 않는다는 단호한 생각을 가졌던 호네커는 논리에 맞게 대답했다.

"그럼, 이 상황에서 긴장완화노선을 계속하기를 기대하고 있는 나의 인민에게 나는 무슨 이야기를 해야 합니까?"

호네커의 경우에는 본을 방문하는 것이 높은 가치가 있었다. 자신이 본을 방문함으로써 동독이 평가 절상된다는 것을 그는 알아차렸던 것이다. 이 이외에도 그의 경우에는 본을 방문함으로써 자신의 상대적 독립성이 명백히 드러날지도 몰랐다.

● 정말 1년이 지나서 고르바초프는 무너졌습니다. 왜?

그 사이에 도입되었던 페레스트로이카가 순조롭게 진행되지 못했기 때문이다. 그리고 위성국가에 있는 당의 우두머리들은 고르바초프가 인민들과 접촉을 어떻게 계획했는가를 의심하면서 주의 깊게 관찰했다.

그런데 살아있는 부처님처럼 더 이상 크렘린에 거주했던 것이 아니라 인민들과 직접적인 대화를 모색했던 소련의 지도자인 고르바초프가 그 나라의 항상 새로운 장소들에서, 대부분은 자유로운 하늘 아래에서 인민 그룹들과 나누는 대화를 보여줄 수 있는 텔레비전 화면들이 이 단계의 '민주정치'에 있는 특색을 나타내고 있다.

그렇게 하는 것이 공산주의의 통치권자들에게 익숙하지 않았고, 새로웠고 괴이쩍었다. 그래서 공산주의의 통치권자들은 미국 대통령 후보자의 등장을 상기했던 것과 같은 느낌이 들었다. 그리고 이 '포플리즘' 때문에 학문적인 문서로 확인된 당의 지도적 역할이 배제될지도 모른다는 것을 그들은 두려워했다. 그렇지만 호네커는 포플리즘은 인민대중들의 환심을 산다는 냄새를 풍기는 것이라고 생각했다.

그 체제는 논쟁 때문에 소비습관을 버린 소련 인민들에게 수용될 수 없을 지도 모른다는 것을 인식했던 고르바초프는 빠르게 반응을 했다. 그렇게 되면 결국 자주 인용되었던 사회주의의 장점들이 지금까지 어디에서도 모습을 나타낸 적이 없었던 효과를 나타낼 것이다. 따라서 그 계획은 지체 없이, 그러나 맹렬하게 바뀌어져야만 했다.

그러므로 군비경쟁이 종결되어야 하고, 무기산업은 전환되어야만 했다. 그래서 고르바초프는 서방 특히 미국에게 군축제안을 제시했다. 그러니까 제국주의적인 노동자의 적이 대량학살무기의 잠재력을 제거하기 위한 길을 모색하는 파트너가 되었던 것이다. 핵분열물질의 생산이 생각했던 것보다 더 비용이 많이 든다는 사실이 밝혀진 것은 러시아 소비자들이 눈에 띄게 텅 빈 상품진열장들 앞에 서있었을 때 비로소 인지되었던 것이다.

게다가 퍼싱 미사일에 대한 토의를 하는 동안에 보다 정확히 말하면, 국제적으로도 동·서독의 인민들에게도 자신을 이성이 있는 평화정책의 개척자로 부각시키기를 소망했었던 호네커는 고르바초프의 공세 때문에 또다시 2선으로 밀렸다는 것을 알아차렸다.

더욱이 고르바초프가 동베를린, 프라그 혹은 바르샤바에 있는 파트너들과 같이 사전에 자신의 주도권에 동조하지 않았다는 사실 때문에 호네커는 여전히 불만이었다. 더군다나 호네커도 이 사실에 대해서 대부분 신문들을 보고 알게 되었던 것이다.

● 호네커는 새로운 발전의 흐름에서 나쁜 패를 뽑았을지도 모른다는 것을 서서히 어렴풋이 깨달을 수밖에 없었습니까?

네, 그는 소련 - 독일의 관계에서 자신의 특별한 역할을 고려해서 자신을 바꿀 수 없을 것으로 간주했다. 그렇지만 고르바초프는 이미 두 걸음 더 앞서가고 있었다. 그렇다면 누가 호네커의 유산을 상속할 수 있을 것이고, 동독을 모스크바의 개혁노선과 연계시킬 수 있단 말인가? 그러한 의문은 호네커가 늘 자신에게 점점 더 강력하게 제기했던 문제였다.

나중에 비밀경찰의 우두머리로 승진했고, 고르바초프에 대항해서 모반을 일으켰다고 하는 KGB 수장의 권한대행이었던 크리유취코프는 이미 1987년에 호네커를 조사하기 위해서 동독으로 갔다. 그것은 공식적으로는 휴가여행이었다. 동독에 그가 체재하고 있는 동안에 그를 안내했던 자는 퇴임한 동독의 장군이며, 국가보안처의 정치교육부서에서 옛 관리로 있었지만 KGB가 신임하는 마르쿠스 볼프(Markus Wolf)였다.

1952년부터 연방공화국이 그의 작전지역이었다. 뿐만 아니라, 세계에서 가장 성공적이었던 첩보활동 수장으로 그는 칭찬을 받았다. 우리가 이 사실을 조금 더 낮게 평가하더라도, 동독 스파이들을 연방공화국에 투입했던 독일인으로서 그는 러시아인이 러시아 스파이집단을 이용해서도 거의 성공하지 못했을지도 모르는 몇 번의 불의의 습격들을 확실히 달성할 수 있었다.

게다가 마르쿠스 볼프는 그 성과들을 충성스럽게 모스크바의 공로로 돌렸다. 따라서 당시에 KGB 요원인 크리유취코프가 자신의 임무를 완수하기 위해서 동경할 수 있었을 뿐만 아니라, 가장 신임할 수 있고 가장 경험이 풍부한 여행의 동반자였던 이가 볼프였던 것이다.

볼프는 크리유취코프를 모시고 드레스덴으로 갔다. 그곳에서 크리유취코프는 오랫동안 드레스덴의 당 서기인 모드로프와 환담을 나누었다. 그런데 모드로프는 옛날 베를린의 독일 자유청년단의 의장으로 있었을 때부터 볼프와 서로 잘 알고 지내는 사이였다. 다시 말해, 당시부터 두 사람은 한번 당 차원의 접촉을 했을 뿐이나 전화통화는 더 많이 했다.

그리고 KGB의 실권자는 독일 사회주의통일당 - 지도부 단으로부터 자신이 받았었던 인상들에 대해서 두 사람만의 대화를 나누기 위해서 여전히 '당에 예속되어 있지 않은 사람', 다시 말해서 만프레드 폰 아르데네(Manfred von Ardenne) 교수를 만났다. 그런데 드레스덴에 거주하고 있는 학자이며, 스탈린상을 받았고 소련의 원자폭탄을 공동으로 만들었던 그 교수는 모스크바에서 높은 평가를 받고 있었다.

이런 상황에서 크리유취코프는 자신이 필요로 했던 모든 정보를 가지고 있었다. 그렇지만 만프레드 폰 아르데네 교수는 독일 사회주의 통일당의 정치국에서 개혁동조자로 고려될 수 없을지도 모른다는 것을 고르바초프는 알게 되었다.

그렇지만 비밀리에 크리유취코프와 만프레드 폰 아르데네 교수는 이 드레스덴의 당책임비서인 모드로프와 35년 동안 정치선전의 우두머리로 근무했던 이 특별한 당원인 볼프를 마음속에 점차 굳혔고, 더구나 충성스럽게도 스탈린으로부터 흐루쉬쵸프를 경유해서 브레쉬네프, 안드로포프, 그리고 체르넨코까지 당시의 총서기들의 노선을 마음속에 점차 굳혔다.

그래서 정기적으로 1990년에 개최된다고들 하는 독일 사회주의통일당의 차기 전당대회 때까지 반 강제적으로, 반 존경심으로 그리고 설득을 해서 호네커가 자신의 자리를 볼프에게 내어주고 모드로프를 정부의 수반으로 앉히도록 되어있었을 것이다.

● 그래서 모스크바에서처럼 동독에서도 비밀경찰 요원이 정상에 도달했을 것입니다. 물론 이 경우에도 너무 늦게 온 자는 세상이 징계한다 라는 말이 유효합니다.

네, 그 말은 많은 사람들에게 들어맞고 있다. KGB의 시나리오조차도 고르바초프의 호의적인 개혁들이 소련 공산주의 말기의 번영을 불러일으키는 것이 아니라, 전체 동구권을 동요시킬지도 모른다는 것을 고려하지 못했다. 볼프와 모드로프의 일로 KGB - 스파이들을 놀라게 했던 호네커를 10월 16/17일에 실각시킨 후에 두 사람들, 즉 볼프와 모드로브, 그리고 고르바초프의 고문인 바렌틴 파린이 참석했던 해후(邂逅)가 소련 대사관에서 있었다.

그런데 모드로프와 볼프는 자신들의 시나리오는 분명하게 고쳐질 수 없었다는 사실 때문에 소련 측으로부터 질책을 받을 것이 뻔한 일이었다. 그렇기 때문에 추락했던 권력을 또다시 제어할 수 있기 위해서 볼프는 11월 4일에 연극전문가들, 특히 독일 극장과 쉬프바우어담에 있는 브레히트 극장의 배우들이 준비했던 저 처음이자 유일한 베를린 월요데모를 이용하기로 결심했다.

● 그러나 볼프는 작은 기회만이 있을 뿐이었다는 것을 어떻게 믿을 수 있었습니까?

볼프의 관점에서 보면, 작은 기회라도 단지 가지는 것만으로 그리 잘못된 것은 아니었다. KGB가 공동기획해서 자신을 비밀경찰부에서 정보기관의 확실한 방식에 따라 1986년 말에 탈퇴시킨 이후로, 볼프는 유언비어를 적당히 짜 맞추었던 것이다. 국가안전부에서 그가 퇴출당한 것이 고르바초프의 개혁이 표면 위로 떠오른 것과 동시에 일어났다는 사실이 이목을 끌고 있다.

또한 그는 문화에 전력을 다했던 지성인과 작가인 것처럼 정말 행동했다. 게다가 자신이 공개적으로 등장할 때는 스파이 우두머리로서 그가 하는 행동은 비밀경찰이 항의하는 동독인민들을 학대할 때 사용했던 평범한 스파이 술책들과 박해 술책들과 비교될 수 없다는 것을 암시하게 하였다.

뿐만 아니라 '국가비밀정보기관'에 있는 그와 그의 직원들은 가장 현명한 자들, 가장 훌륭한 자들, 가장 용감한 자들, 그리고 가장 대담한 자들이라고 느꼈을 뿐만 아니라, 독일 사회주의통일당의 선전활동에 의해서도 알려지지 않은 영웅들로 칭찬마저 받았다.

그렇기 때문에 체제에 확산되어 있는 이 엘리트 의식은 소련 공산당이 붕괴한 이후에도 나타났다. 그래서 동독과 서독의 근무자들을 당시에 대표했던 자들은, 그 중에 볼프도 있었지만, 연방공화국의 TV - 방송국과 다른 공식 행사에서 서로 사이좋게 어깨를 두드렸던 것이다.

다시, 1989년 11월로 되돌아갑시다. 볼프는 고르바초프의 개혁상표인 페레스트로이카를 은밀하게 암시하는 《트로이카(Die Troika)》라는 제목을 달았던 책을 출판함으로써 자신에 대한 유언비어에 대단한 기여를 하게 되었다. 이 책은 1989년에 출간되었다. 더구나 볼프는 자신의 낭독회에서 잠재적 개혁자와 고르바초프의 총아로 자신을 소개했던 특히 베를린 예술가들에게서, 바로 저 무대 관계자들에게 공감을 얻었다.

저널리스트들의 분야들에서 특히 동독의 TV에서 그는 똑같은 행동을 했다. 게다가 그 사실을 다시 한번 강조하기 위해서 독일 사회주의통일당에 대한 적대적 입장에서 사회주의와 모스크바에 대한 충성을 구현해야만 하는 하나의 정신적 운동을 만들어내려고 볼프는 노력했다. 11월 4일에 있었던 집회에서 그는 그 정신적 운동을 구체적으로 설명할 기회를 알아차렸으나 스스로 강연자로서 출연하고자 했기 때문에 결국 설명은 하지 못했다.

그렇지만 동시에 야당의 대표자들은 참여하지 못하게 되었다고 이야기 한다. 신공청회는 물론 야당의 대표자들은 참여하지 못했다는 이유로 열리지 않을 수는 없었다. 그렇지 않았으면 웃음거리가 되었을 것이기 때문이다. 대부분의 강연자들은 성숙해진 사회주의로 더 나아가게 하기 위해서 진력을 다했고, 동베를린 - 모스크바 축을 지지했다.

그렇지만 게오르그 기지, 크리스타 볼프(Christa Wolf), 동독 자민당 의장인 만프레드 게르라흐, 그리고 슈테판 하임(Stefan Heym) 혹은 나이 많은 여자 공산주의자이고 여배우인 카밀라 슈피라(Camila Spira)가 문제였다는 것을 나는 알고 있다. 그러나 KGB로부터 인가를 받지 못한 반호네커 극렬야당의 대표자를 인민대중의 항의 속에 녹아들게 했던 볼프의 평가에서 신공청회의 창립자들이 나를 강연자로 인정했다는 사실이 밝혀질지도 모르겠다.

그렇지만 11월 4일, 볼프는 스스로 시위운동의 가담자들의 날카로운 호각소리들 가운데서 자신의 과거를 마법으로 지워버리려는 자신의 시도가 어떻게 무력화 되는지를 체험할 수밖에 없었다. 더구나 독일 사회주의통일당에 대해서 격앙되게 설명하는 자리에서 그는 어쩌면 며칠 후에 더 이상 중앙위원회 위원으로 선출되지 못할 것이라고 말했다. 그렇지만 그는 지금도 조언자로서 역할을 하고 싶어 했다.

그런데 연초에 결국 그는 모스크바로 달아나고야 말았다. 왜냐하면, 그는 아마 KGB로부터 피난처를 기대했기 때문이다. 그렇지만 고르바초프는 자기 부하를 더 이상 배치할 수가 없었다. 결국 1993년에 볼프는 매수가 연루된 일행위수범(一行爲數犯)의 국가반역죄 때문에 뒤셀도르프 고등법원에서 6년의 징역형을 받게 되었다. 그런데 그 판결은 1995년에 연방재판소의 연방헌법재판관의 적절한 판결에 따라 또다시 취소되고 말았다.

왜냐하면, 스파이 행위가 독립국가인 동독의 지시에 따라, 그리고 동독의 지역에서 또한 동독의 법규에 맞게 이루어졌기 때문이었다. 그래도 그는 불법감금, 협박, 그리고 상해(傷害)의 죄로 인해 2년의 집행유예를 여전히 받았다.

어쩌면 볼프는 망명아이로 성장했던 러시아에서 숙박하는 것보다 차라리 독일에서 형을 받는 것이 분명히 더욱 좋았을 수도 있었다. 그렇지만 어느 누구도 더 이상 그를 분명히 책임질 수 없었다. 이미 고르바초프도 전혀 책임질 수 없었다. 결국 볼프는 2006년 11월 9일 밤, 베를린에서 죽었다.

● 그럼에도 불구하고 당신은 고르바초프를 통일을 야기시킨 사람들 중의 한 명으로 간주합니까?

나는 최근 20년 동안 동독과 고르바초프의 관계에 대해서 늘 질문을 받았을 때, 고르바초프의 인품을 미화시키는 환영, 즉 특히 연방공화국에서 유행했던 이 소박한 고르비 - 마니아를 해결하는 것이 나의 관심사였다. 고르바초프가 - 정치적 수호성인, 혹은 부활절 토끼처럼 - 독일인들에게 갑자기 나타나는 관용의 기분으로 통일을 선물했다고 많은 사람들은 믿고 있다. 나는 사실과 다르게 이해되는 것을 바라지 않는다.

그렇지만 고르바초프의 실제적인 위대성이 다르게 평가되고 있는 것이 안타깝다. 물론 고르바초프도 헌신적인 공산주의자로서 경직된 소련 사회를 선견지명으로 계획하고 있는 개혁자가 실제로 될 수 없었고, 그렇게 성과를 올릴 수도 없었다. 그렇다고 그 사실이 그의 역사적 역할을 축소시키지는 못한다.

아무튼 고르바초프를 오직 실패한 사람으로 기록하는 것은 잘못된 것일지도 모른다. 그도 처음에는 자신을 새로운 사회에서 빵을 제조하는 업자로 간주했던 서투른 초보자들의 일부에 지나지 않았지만, 그는 정신없이 행동했던 사람이었다. 그런데 그가 어떤 것을 변화시키고자 하는 힘을 알아차렸다는 것, 그리고 그가 좌절할 때까지 고수했던 사실이 바로 세계 구조학의 가장 큰 변화들을 초래했던 것이다.

이러한 사실들 때문에 우리는 허리케인을 불러일으키는 나비의 날개 짓에 대한 비유를 생각하게 된다. 고르바초프가 수백만 명의 사람들을 스스로 행동하도록 고무했던 것이 원자무기 때문에 어두워진 양극성을 해소시키도록 우리의 세계를 변화시켜놓았다. 그래서 독일의 예기치 못했던 통일도 난관에도 불구하고 이루어졌다.

우리는 기억해야 한다. 기적과 같은 10년이 지나서 통일로 귀결되었던 그 길이 적어도 나의 세대의 경우에는 그 시대의 90% 정도가 장벽에서 막히고 말았다. 왜냐하면 그 장벽은 영원히 극복되기 어렵다고 여겨졌고, 철의 장막으로서 우리나라 뿐만 아니라 전 세계를 양분했던 저 빗장의 구체적 모습을 하고 있었기 때문이었다.

대체로 그렇다고 하지만, 민족의 관심에 대한 대책을 강구하는 것인 정책은 그 때마다 블록 내에서 정치적 운동의 여지를 필요로 했다.

그리고 핵 재앙을 피하기 위한 현재 상태의 안전장치는 냉전 동안조차도 고려되었던 이 시대의 정치적인 기본규칙이었다. 그러니까 그때마다 다른 체제에 대항하는 전투와 방어, 그러나 격렬한 전쟁의 한계를 넘지 않는 전투와 방어라는 냉전의 개념이 실제로 가장 간결한 형식의 규정인 것이다.

따라서 결코 발을 다른 사람의 지역에 들여놓으면 안 된다. 쿠바의 위기, 혹은 1961년 베를린의 체크포인트 찰리에 있었던 광경이 그 상황을 명백히 하고 있다. 따라서 대갈등 때문에 독일 민족의 통일을 다시 성취하려는 희망이 영원히 혼선을 빚는 것처럼 보였던 것이다.

80년대에 좌초되었던 이 상황에서 균형이 어지럽혀진다면 불안이 주제가 될 수 있었다. 크렘린의 점성술사들, 물론 진지하게 정치를 관찰하는 자들조차도 이미 오래 전부터 균형이 어지럽혀지는 것을 예견했었다. 그렇지만 정치를 더욱 깊이 통찰하지 않는 사람들도 이 약점이 소련에서 표명되었다는 것과, 올바른 사람은 적절한 시기에 소련에 맞서려고 시도했다는 것을 분명히 다행으로 생각하고 있었다.

따라서 저 고르바초프는 - 자유롭게 말한다면 - 일종의 이상주의자의 정체를 드러냈지만 공산주의를 추종하는 시골처녀와 같았다. 그의 페레스트로이카는 전면적으로 공상이라는 것이 입증되었다. 오히려 그가 시도했던 개혁들은 체제가 개혁될 가능성이 없다는 사실에 대한 유용한 증거를 제공하는 것이 되고 말았다. 결국 소련은 세계무대에서 소리 없이 퇴장하고 말았다.

● 고르바초프의 도박이 얼마나 모험적이었습니까?

80년대 중반의 국제상황이 얼마나 불안정했습니까?

핵무기의 투입 때문에 갈등의 위험이 80년대 초에 매우 첨예화되었다. 그래서 불안감으로 많은 사람들이 소련의 SS - 20 미사일에 대한 대답으로 그곳에 배치되어있었던 미국의 퍼싱 미사일을 서유럽과 연방공화국에 배치하는 단호한 수단을 강구했다. 더구나 그러한 두려움들 때문에 독일 사회주의통일당 - 총서기인 호네커와 연방 수상인 슈미트는 이따금 서로서로 더욱 가깝게 되었다.

● 고르바초프가 소련 체제에서 정치적 다양성을 확대시켰다는 것이 그의 업적이 아니었습니까?

물론, 오로지 그 일로 고르바초프는 소비에트공화국에서 뿐만 아니라 동구권의 모든 나라에서도 의도 없이 더 많은 민주주의를 감행하는 동기를 부여했다. 따라서 물론 - 논리정연하게 - 공산당의 전권(全權)에 반대하는 충격이 있었다.

그런데 고르바초프가 완전히 과소평가했었던 또 다른 후속효과가 발생했다. 즉 고르바초프가 지령을 내렸던 유연성 훈련의 영향을 받아서 소위 '프롤렐타리아트 국제주의'가 공산주의 성사(聖事)를 시행하는 일이 3월의 햇볕을 쪼인 눈처럼 사라지고 말았다. 그래서 위성국가들은 자신의 활동여지를 가지려고 노력했던 것이다.

그렇지만 민족적 특징들, 이해관계들, 권리들, 전통과 역사들은 배제될 수 없는 것으로 증명되었다. 더욱이 고르바초프의 재임 시기에 소비에트 국토에서 러시아인들과 다른 소수민족들 사이에 수백 년 이 래로 더 이상 일어난 일이 없었던 갈등들이 그렇게 잔인하게 갑자기 일어났던 것이다. 따라서 유고슬라비아처럼 더욱 자유로운 권력의 특 성을 가지고 있는 공산주의 국가에서조차 민족의 특징들을 국제주의로 위장해서 억압하는 결과를 낳았던 티토주의가 유혈 시민전쟁 때문에 종말을 맞이하게 되었다.

독일에서도 민족을 통일하려는 의지가 자연발생적으로 일어나기 시 작했다. 그렇지만 "우리는 한 민족이다."라는 외침은 독일 사회주의통 일당 없이는 모험을 계속하는 동독의 모든 시도가 취소된다는 것을 의 미했다. 그리고 정부에 반대하는 용기 있는 야당과 제휴했었던 상당수 의 사람들의 경우에는 비참하게도 민족을 통일하려는 의지가 길을 트 며 나아가지 못했다. 그렇다고 인민이 역사 논리학에 길을 내어주는 것을 저지할 수는 없었다.

● 무엇 때문에 독일에서 특히 격렬했습니까? 독일인들은 혁명으로 기울 어지지 않는 민족으로 여겨지고 있습니다.

두개의 적대 진영으로 세계를 분열시키는 것으로 인해 독일에서는 단일성을 갖춘 민족의 몸통이 둘로 나누어졌다. 스탈린이 자신의 체제 를 덮어씌웠었지만 민족으로 손상을 입지 않은 나라들에서보다 독일에 서 그 분단이 더욱 고통스럽고 더욱 눈에 띄었다. 그렇기 때문에 바로 독일의 영토 내에서 공산주의 해체(解體)를 직접적으로 처음 유발시키 는 일이 다른 곳보다 더욱 신속하게, 그리고 더욱 설득력 있게 일어났다고 생각한다.

1년이 못되어서 동독은 이전의 국가인민군에서 넘겨받은 군인들과 함께 나토지역에 정착했다. 그렇기 때문에 옛날에 동독을 해방시켰던 많은 소련의 노병들이 그 후 고르바초프에게 이 사실에 대해 화를 냈던 것이다. 그렇지만 하물며 고르바초프는 자신이 밀어붙였던 것에 대한 제어를 결코 예상하지 못했던 것이 아니었다. 물론 고르바초프의 경우 어떤 것을 변화시키려는 충동이 우리 모두의 경우보다 더 컸다.

● 고르바초프는 장벽이 개방된 것에 대해서 어떻게 반응을 했습니까?

크렌츠가 11월 9일에 대해서 고르바초프에게 전신으로 11월 10일 아침에 보고했다. 이때 고르바초프는 소련의 관할권을 위반하면서 국경선을 서베를린 쪽으로 우리가 개방했었다는 동베를린 주재 대사에 대해서 불쾌한 기분으로 의견을 이미 말했다. 그런데 의심스러운 여행법 초안 때문에 우리는 어쩔 수 없이 빠른 조처를 취할 수밖에 없었다는 것을 크렌츠는 맛깔나게 입 밖에 내지 않았다.

그러나 크렌츠는 서베를린 쪽으로 난 국경선에 있는 더 많은 군중들이 갑작스럽게 부득이하게 개방을 했었다는 것을 '사랑하는 미카엘 세르게예피취'에게만 알려주었다. 정확히 일주일 전에, 즉 1989년 11월 1일에 고르바초프는 모스크바에서 크렌츠를 만났을 때, 12월에 발효한다는 여행법에 대한 양해를 물론 암시했었다.

● 고르바초프의 역할에 대한 다른 평가들도 있습니다. 미국에 있는 미국인 작가 마이클 알 베슈로스(Micahel R. Beschloss)와 스트로베 탈보트(Strobe Talbott)은 크렌츠가 장벽을 개방하기 전에 고르바초프에게 전화를 했고, 쉐바르드나제의 권고에 따라 고르바초프가 개방에 대해서 동의를 해주었다고 아마 기술했던 것 같습니다.

그렇지만 나의 입장에서는 톰 클랜시(Tom Clancy) 같은 작가가 그 비밀에 대해 서술하는 것이 문학의 영역에 더욱 적합하다고 생각한다.

● 모스크바에 있는 개혁주의자들은 장벽개방에 직면해서도 그렇게 빨리 단념하지 않았습니다. 왜 단념하지 않았습니까?

그들도 현혹 당했던 것이다. 정말 1990년 2월까지 독일 사회주의통일당을 독일 민주사회당으로 당명을 바꾸었었던 볼프, 기지와 모드로프 같은 배후인물들이 자꾸 고르바초프에게 청탁을 했다. 게다가 동독은 노련한 임스 알라 이브라힘 뵈메(독일 사회민주당), 혹은 볼프강 슈누어(Wolfgang Schnur) (민주주의 궐기)가 참여했던 낙관적으로 변화된 위성국들의 개량형을 받아들이는 기회가 있을 것이라는 것을 고르바초프가 믿도록 하려고 시도하였다.

그렇지만 이미 언급된 것처럼 볼프는 1990년 1월 초에 모스크바로 도망쳤다. 그런데 모드로프는 1월 30일에야 크렘린 궁의 문을 두드렸다. 그리고 2월 2일에 모스크바는 기지를 공식회견으로 맞아들였다. 그런데 대화 회의록에 따르면 기지는 증가하는 통일의지를 비방했다.

"일부의 동독 인민들 사이에서 독일의 민족주의가 강하게 생성했습니다. 독일연방공화국의 특정 정치인들은 이미 자신들의 선거전을 동독의 영토로 완전히 옮기기 시작했고, 언급되었던 여론을 계속 가열시키기 시작했다는 것이 그 사실에 덧붙여져야 될 것입니다. … 빌리 브란트"라고 기지가 말했습니다.

"빌리 브란트가 큰 걱정을 하도록 하십시오."

기지는 자신의 대화 파트너를 괴롭혔다.

"어떤 사람이 브란트를 민족주의 노선에서 이탈시킬 수 있다면, 그 사람은 미하일 고르바초프일지도 모릅니다."[18]

그러나 충성을 나타내는 표현들은 더 이상 쓸모가 없었다. 왜냐하면, 고르바초프는 모스크바에 대한 충성으로 기대되었던 프리미엄을 지불하지 않을 것이 틀림없기 때문이었다. 그 사이에 소련에 있는 소수민족들도 - 발틱 연안과 코카서스 산맥에 있는 - 국가 독립을 주장했을 뿐만 아니라 크렘린의 통치권을 위협하기 시작했다.

그렇지만 독일 사회주의통일당 정부는 현실 사회주의의 잔여물품들이나 싣고 내리는 곳으로 몰락했고, 더 이상 구조될 수 없는 지경에 이르렀음을 고르비는 파악하고 있었다.

● 이 이외에도 개혁자들의 경우에도 신들의 황혼(역주 : 새 시대가 시작하기 전에 신들과 세계가 멸망하는 것)이 시작되었다는 것이 이미 두드러지게 나타났습니다.

크림반도에 있는 고르바초프의 은신처에서 고르바초프는 1991년 쿠

---

18) 공산주의의 역사적 연구를 위한 연감, 베를린 1997. 242쪽

데타 주동자들의 대상이 되고 말았다. 그렇지만 모스크바에게 가장 나쁜 것이 발생하는 것을 예방하기 위해서 동독에서 소련에 충성하는 페레스트로이카-수련생들을 전환기-수확의 열기 속으로 보냈었던 저 KGB-크리유취코프가 그 배후에 있었다. 그래서 몇 달 내에 공산주의의 권력을 인수하고자 했던 세 가지 변형(變形)들이 사라지고 말았다.

제일 먼저 호네커가 추락했다. 크렌츠를 둘러싸고 있는 암살자들뿐만 아니라 볼프, 기지와 모드로프까지도 제거되고 말았다. 그런데 인민은 1990년 3월 18일에 있었던 첫 번째 자유선거에서 "지금으로 충분하다"고 말했다. 사회주의적 예견과 공산주의적 실행가능성에 대한 망상은 종말을 맞이했다.

그 예견과 망상이 움찔했지만, 무의미한 짓이었다.

"무의미 하였을까"

나는 오늘 자문한다. 그 예견과 망상이 당시에 자제력을 잃은 상태에서 공산주의 파산자들은 자신들이 파멸되었던 것이 아니라 민주주의의 계획을 방해하였다는 것을 아마 예감하지 못했을 것이다.

● 목초지로 적합한 이 장소를 찾는다면 공산주의 파산자들은 혼자서 살아가야할 입장이었습니다. 왜냐하면 러시아인들은 그 후에 자기 자신에게 몰두했기 때문이었습니다. 게다가 러시아의 민주주의는 극단적인 자본주의의 압박을 받고 있을 뿐만 아니라 첫날부터 병치레를 했던 사회주의적인 시험관 아기로 밝혀졌습니다. 혼란스러웠던 옐친의 시대 이후에 푸틴이 새로운 러시아의 대통령으로 선출되었습니다.

푸틴은 '동독은 과거'라는 생각을 가졌습니다. 그 생각이 독일 - 러시아의 상호관계에서 무엇을 암시했습니까?

그 점에 대해서 나는 더욱 상세하거나 확실한 지식이 없어서 보통의 인민으로서 나의 견해만을 표현할 수밖에 없다. 푸틴은 드레스덴에 주재하는 KGB - 주재관의 자리에 있었다. 그렇기 때문에 정치국원이었던 우리는 푸틴 같은 사람들을 알지 못했다. 또한 그는 독일에 주재하던 시기에는 중요하지도 않았다. 당시에 어느 누구도 그가 언젠가 러시아의 대통령이 될지도 모른다고 예감할 수 없었다.

● 무엇 때문에 그는 높은 자리까지 확고한 지위를 차지할 수 있었습니까?

나의 견해는 그 사실은 특별한 상호관계들과 관련이 있는 것이 아니라, 그의 인품과 관계에 있다. 그는 스스로 발전했다. 몇 년 전에 부드러운 스웨터를 입어서 소년으로 보일 수 있었던 그의 사진, 그것을 보았을 때 모든 사람이 말할지도 모르지만, 특별한 것이 일어나지도 않는 그의 사진이 「슈피겔」지에 실렸다. 그러나 그가 지나치게 힘차고, 목표 지향적이고, 권력을 의식하고 있는 사람이라는 것이 밝혀졌다.

소련에서 부패가 격렬하게 증가했을 때, 그는 페테스부르크/레닌그라드에 있는 행정관청에서 근무하고 있었다. 그런데 그 관청의 우두머리는 푸틴의 정치적 양부(養父)인 아나토리 소브챠크(Anatoli Sobtschak)였다. 아무튼 그도 마찬가지로 희망에 찬 개혁자로 간주되었다. 그리고 아나토리 소브챠크의 목표 지향성 덕분에 푸틴은 몰락하는 이 극단적인 국면에서 그에게 긍정적인 인상을 남겼다.

그래서 푸틴은 자신의 양부로부터 계속 추천을 받았다. 따라서 영향력이 있는 위원회들에서 푸틴은 좋은 반응을 불러일으켰을 뿐만 아니라, 확실히 인민에게서 존경을 받았고, 특히 옐친 치하에서 부패가 만연했을 때 존경을 받았다.

● 당신은 푸틴의 재선을 어떻게 경험했습니까?

단지 떨어져 있어서. 그렇지만 나는 러시아 대통령 선거의 결과에 대하여 신뢰할 수 있었다. 푸틴은 다수의 총아였고 세력균형에 호의적인 사람이었다. 유일하게 투표율이 결과에 부정적 영향을 끼쳤을지도 모른다. 그러나 러시아인들이 어차피 푸틴이 대통령 선거에서 승리할 것을 확신했음에도 불구하고 의구심이 있거나 반대해서기보다는 태만해서 투표함으로 가는 것을 기피했기 때문에, 50%의 차이가 났던 것이 가능했을지도 모른다.

그렇기 때문에 물론 서방인은 민주주의 원칙을 또다시 달갑지 않게 검열하는 것을 승낙할 수 있었는지도 모른다. 그렇지만 그렇게 하는 데 드는 금액이 정말 얼마인가? 게다가 서방의 유럽과 미국에서 정치적으로 책임이 있는 자들은 실제적인 것이 규범적인 효력이 있느냐에 뜻을 두었었기 때문에, 민주주의의 구성요소는 푸틴주의의 권한에 달려있었던 것이다.

그런데 2007년 12월에 있었던 러시아의회 의원선거와 대통령 선거 전의 시간 때문에 억측을 불러일으키는 구실이 또다시 제공되고 말았다. 어쩌면 억측을 불러일으키는 구실이 제공된 것은 푸틴의 모순되는 외관 때문이기도 했다. 그래도 크렘린에 있는 '영웅'은 유용하게, 똑바르게, 그리고 강하게 보였다. 그렇지만 예측할 수 없는 것이 남아있었다. 왜냐하면 영웅은 어느 누구의 카드도 엿볼 수 없었기 때문이다.

이 이미지가 의도였는지, 혹은 영웅은 그때 비틀거리며 들어갔는지를 알지 못한다. 아마 두 가지가 옳다. 그런데 과두 정치가들에게 재정적으로 속박되어 있기 때문에 '미스터 2%'라는 야유를 받았던 남자인 미카일 카스야노프(Michail Kasjanow)를 그 영웅은 뜻밖에, 그리고 잔인하게 정부의 관청에 있는 지위에서 추방하고 말았다.

또한 그 영웅은 미카일 프라드코프를 영매의 힘이 있는 어느 예언가도 알지 못했던 빈자리로 옮겨놓고 말았다. 권력자의 결정으로 이루어졌던 위의 사실은 이전에는 이해되지 않았지만, 그 이후로는 명백하다. 푸틴은 더 이상 '성공한' 대통령으로서가 아니라 자력으로 출세한 대통령으로서 대통령 직을 수행하는 새로운 시대를 시작했다.

● 서방은 푸틴을 혼합된 감정으로 관찰을 했습니다. 그에 대한 러시아인 민의 후원은 어떠했습니까?

선거의 결과와 선거의 참여는 굳건한 후원을 암시한다. 거대한 나토국가의 외무부 장관이 선거가 있기 전에 건성으로 듣고 넘길 수 없는 어조로 러시아의 발전이 미래에도 주의 깊게 관찰될 것이라고 말했지만, 그것으로 러시아의 평균 유권자가 감동받지는 않는다. 다만 러시아의 평균 유권자는 최고의 대통령으로 생각되는 대통령 후보에게 자신이 투표하는 것에서 자신의 첫 번째 권리를 확인한다.

● 무엇으로 푸틴은 다수의 러시아인들의 공감을 얻었습니까?

부패와 보드카로 가득 채워졌던 옐친 - 바람 이후, 푸틴은 청렴결백한 사람으로 나타났다. 푸틴의 전임자 시대가 과두 정치가들의 부화기였다면, 푸틴은 과두 정치가들에게 무엇이 꼰 가죽 회초리인가를 보여 주었다. 그는 대부호들인 베레소프스키(Beresowski)와 구신스키(Gussinski)를 추방했고, 호도르코프스키(Chodorkowski)를 구금케 했다. 그 사실이 효과를 나타냈다.

이 이외에도 그가 메스미디어에 모습을 보인 것이 엄청난 효과를 나타내어서 그는 신속하게 러시아의 여성에게 열광적으로 존경을 받는 사람이 되고 말았다. 그래서 수백만 명이 이제는 푸틴의 전기(傳記)를 알게 되었고, 푸틴의 출신성분에서 - 그는 가장 평범한 신분의 출신이었다 - 자신들이 일생동안 꿈꾸고 있는 신기루를 보았던 것이다.

그리고 새로 나타났던 제임스 본드조차 그를 조금 상기시키고 있다. 왜냐하면 공식적으로 등장할 때 푸틴은 내향적이 될 때까지 평정을 잃지 않는 것처럼 보였기 때문이었다. 그렇지만 아주 가끔 그는 감정이 폭발하는 경향이 있었다. 바로 이 사실 때문에 그는 재차 인간답게 보였다. 뿐만 아니라 푸틴이 입에 담았던 무례한 언사들 중의 적지 않은 것들이 그 사이에 인기를 끌고 있다.

그렇지만 그의 무례한 언사는 체첸전쟁에서 대부분의 러시아인들이 공유하게 되었던 푸틴의 강건한 자세에 적합하다. 다게스탄에 있는 테러주의자를 습격할 때 그는 다음과 같이 반응했다.

"우리는 체첸인들을 솔직한 사람이 되게 할 것입니다."

모스크바 지하철에서 통행인들을 암살한 것 때문에 푸틴은 다음과 같은 상투어를 자주 쓰게 되었다.

"우리는 테러리스트들을 근절시킬 것입니다."

● 무엇 때문에 이 공격적인 톤이 러시아인들에게서 좋은 반응을 얻고 있습니까?

러시아인들은 자신들에게 질서 있는 생활을 약속할지도 모르는 한 남자에 대해서 믿을 수 없는 동경을 하고 있었다. 뿐만 아니라, 푸틴은 중요한 직업부문에 종사하고 있는 인민들이 자신들의 임금을 받게 해 주었다. 덧붙여서, 붕괴국면이 끝난 다음에 민족의 자의식이 푸틴의 인품과 관련되어있다는 것과 그 자의식이 오늘까지 유지되고 있다는 것이 받아들여지고 있다. 그리고 푸틴은 러시아의 시장경제, 공산주의, 그리고 민족전통 사이에 다리를 만들어 주었던 것이다.

● 푸틴은 눈에 띄지 않게 사회주의를 외면했습니까?

그는 확실히 사회주의에 비판적으로 깊이 몰두했던 것이 아니라, 스탈린 치하에서 발전되었던 극단적인 반휴머니즘적 경향들을 피하려고 애를 썼다.

● 러시아에서는 참다운 민주주의에 대한 희망이 얼마나 큽니까?

민주주의가 여전히 위축되어있는 러시아의 무대에서 러시아 지식인

충의 반항에 대해 질문을 하는 자는 대답을 거의 듣지 못할 것이다. 그렇지만 소련 사회의 활기 없는 반죽 속에서 효모로서 활동을 했던 사람들은 특히 작가들이었다. 그러나 정당 독재의 종말과 더불어 그 작가들의 목소리도 갑자기 침묵을 지키고 말았다. 침묵이 끝나기를 기다렸다가 인민들은 정책에 대해서 '공공연히' 토론하기보다는 부엌에서 더 많이 토론했다.

그래서 푸틴은 우선 국내의 저항을 받지 않지 않으면서 장래의 KGB - 동료들과 자신에게 복종하는 페터스부르크 시기의 관리들 중에 권력 측근에 있는 자신의 도당(徒黨)을 방패로 삼아 러시아의 혼란을 계속 제어할 수 있었다. 그리고 푸틴은 외국의 신용대부를 거절했을 뿐만 아니라 160억 달러 정도의 외국 빚을 상환하였고, 900억 달러의 외국환 보유량을 투자할 수 있었다. 높은 시세의 러시아 석유와 가스를 수출했기 때문에 그 모든 것이 가능했다.

그렇지만 재산을 건전하게 정정(訂正)하기 위해서 중소기업들을 촉진시키는 것을 중단하지 않을 수가 없었다. 왜냐하면, 이 중소기업들은 세금과 연안을 넘어오는 자들로부터 공무원 파벌이 징수했던 비호금(庇護金)의 부담에 신음하고 있었기 때문이었다. 러시아에서 합법적인 민주주의를 발전시키기 위해서, 이 사실이 최근에 결정되었을 뿐만 아니라 반드시 제거되어야할 본래의 문제이다.

특히 러시아인들이 중요하게 생각했던 것은, 기대 이하로까지 축소되어버렸던 강대국의 이미지에서 러시아를 벗어나게 하려고 애를 썼던 푸틴의 노력이었다. 그런데도 푸틴은 한편은 70년대 공산주의 시대의 위대성에 대한 망상들을 완전히 제거했다는 것이 아니라, 당당한 러시아 황제시대의 과거와 조화를 이루었다는 것이다.

그렇기 때문에 푸틴의 정책은 고르바초프의 페레스트로이카가 나아
가지 못한 채 남겨놓았던 확실한 과실을 보상하는 것처럼, 또한 적합
하게 보였다. 다른 한편 푸틴은 러시아를 세계의 강대국들의 탁자로
또 다시 성공적으로 원위치에 돌려놓았던 것이다.

● 그러므로 푸틴은 서방을 갈라지게 한 인물입니다. 두 독일 정치가들이
  푸틴을 평가하는 데 연방공화국 수상들의 의견이 반영되고 있습니다.
  슈뢰더는 푸틴을 흠잡을 데 없는 민주주의자로 간주했습니다. 그러나
  메르켈은 그를 다르게 보았습니다. "우선 경제적 안정, 그리고 민주주
  의"라는 그의 조처는 적절합니까?

나는 적절하다고 이미 믿고 있다. 왜냐하면 민주주의가 무제한적으
로 발전한다는 것을 옹호하는 모든 사람들이 좌절했기 때문이다. 그렇
지만 이 사실을 옹호하는 모든 사람들은 너무나 빨리 매수될 수도 있
었다. 그런데 몇 개의 손가락 마디들이 더욱 민주적으로 움직이는 쇠
주먹을 러시아인들은 현재 즐기고 있다.

뿐만 아니라 러시아인들은 특히 질서 있는 생활과 명백한 권위를
원하고 있다. 물론 그 생각은 모순이다. 왜냐하면 이 "민주국가의 독
재정치"는 결국 부패 없이는 존재하지 못하기 때문이다. 바로 거물 과
두 정치가들이 그 사실에 대한 증거자료이다. 더구나 이 거대한 나라
에 있는 간부들은 명백히 모두 푸틴 사람들이 아니다. 오히려 그 간부
들은 부분적으로 브레쉬네프 시대의 인물들인 것이다.

● 러시아는 언제 다음의 민주적 조처를 취할 만큼의 상태가 되겠습니까?

그것과 관련해서 무리한 질문이기 때문에 나는 대답할 수가 없다.

● 서방 민주주의의 약점들이 어디에 있습니까?

서방 민주주의의 약점은 개인들에게 있다. 민주주의는 대부분의 서방국가들이 수백 년의 세월이 흐르는 동안에 어느 정도 고심 끝에 결단을 내렸던 정체(政體)이다. 그런데 이 민주주의는 사회에 만연하고 있는 이기주의를 제어해야할 필요성 때문에 생겨났다. 이 점에 있어서 민주주의는 어떤 절대적 세계사상이 아니라, 이해관계의 대립들을 해소시키는 것을 지속적으로 새롭게 시도하는 것에 토대를 두고 있다.

● 다시 한번 모스크바로 돌아갑시다. 두 가지 이론이 있습니다. 한 이론은 이론이 올바른 방향으로 움직이기 위해서 모스크바에게 강요해야만 한다고 주장합니다. 다른 이론은 모스크바를 구속해야만 한다고 주장합니다. 두 가지 방향들 가운데 어떤 방향이 올바릅니까?

러시아를 구속해야만 한다고 나는 아주 분명히 말할 수 있다. 두 이론의 첨예화는 서방과 나토에 대해서 혐오감만 불러일으킬 뿐이지 성과를 불러일으키지 못한다. 따라서 러시아에서 더 많은 민주주의를 원한다면, 러시아를 거칠게 다루어서는 안 된다. 왜냐하면 모든 형태로 외압을 가하면 국수주의가 증강되기 때문이다.

9

환심 사기를 해서 변화를 시킵니까
서독 - 동독의 상호관계들

● 60년대 이후로 에곤 바르가 창안했던 '화해를 통한 변화'라는 주제가 연방공화국에 만연했습니다. 그리고 나아가서 점점 더 탄탄한 정책이 되었습니다. 그 주제는 친서방적인 세계 - 다시 말해서 민주주의, 시장자유 그리고 복수주의 - 와 동구권 국가들의 체제, 즉 공산주의 사이의 적대적 관계가 서로 대결을 통해서 점차적으로 약화될지도 모르고 해소될지도 모른다는 기대에 근거를 두고 있었습니다. 서방이 이 슬로건을 퍼뜨렸을 때 모스크바가 동독에 나타냈던 불신은 아마도 증가한 것 같았습니다. 그 불신이 독일 사회주의통일당을 난처하게 했습니까?

그 효과는 그렇게 직선적이지 않았다. 모스크바는 사전에 모스크바의 서로 다른 두 성질을 가지고 있는 독일을 정말 늘 주의 깊게 관찰했다. 물론 모스크바의 지도부는 바르의 플랜을 노동자 계급에 적대적인 자들이 펼쳐놓은 속임수라고 간주했다. 그러므로 독일 사회주의통일당이 그 속임수에 기만당하지 말아야 했다.

다른 한편, 크렘린에서는 즉시 서독의 환상주의가 유리하게 이용될지도 모른다고 생각하게 되었다. 그래서 모스크바의 경우, 화해를 통한 변화는 한쪽 방향에서만 고려되었다. 서방은 변화되어야만 할지도 모른다. 더군다나 헌법의 서문에 민족의 의무로 제기되어 있었던 통일을 하려는 서독의 노력은 동 · 서독간의 화해를 바라는 서독 측의 욕구를 부채질할지도 모른다.

그렇지만 두 국가인 독일이 국가로서 차지하고 있는 지위의 본질에서 달라지는 것은 아무 것도 없을지 모른다. 그래도 심도 있는 접촉을 하다보면 서독 측에게 경제적이고, 정치적인 영향력을 행사할 새로운 가능성들이 제공될지도 모른다.

동독은 그 사이에 집단탈출을 봉쇄하기 위한 장벽을 구축해서 완전히 차단하였다. 그러니까 정부가 자신의 존립을 걱정할지도 모르는 경우, 동독은 양심의 가책도 없이 폭력적인 책략들로 전환할지도 모른다는 사실을 장벽구축이 분명히 했다. 그러나 장벽이 무너지는 경우, 일부의 체제에 불과한 동독이 패배할 우려가 있을지 모른다. 게다가 다른 위성국가들에게 미치는 너무나 두려운 효과들도 항상 중요했다.

그래서 베를린의 경우에 3개의 열강들 내지는 4개의 열강들을 저지하기 위해서 스탈린이 1946년에 선언했던 베를린 - 봉쇄를 생각하고 있는지도 모른다. 혹은 서방연합국들을 베를린에서 몰아내기 위해서, 그리고 베를린이 소위 '비무장된 자유도시'의 지위를 온전히 누리도록 하기 위해서 니키타 흐루쉬쵸프의 베를린 - 최후통첩을 생각하고 있는지도 모른다.

그런데 흐루쉬쵸프에게서 유래하고 있지만 흐루쉬쵸프에 대해서 책을 쓴 오레크 그리네브스키(Oleg Grinevskij)가 넘겨주었던 소련의 3가지 담판원칙들은 정치적 접촉들과 담판들을 추진하는 방침의 특징을 보여주고 있다. 그 담판원칙들의 3가지는 다음과 같다.

"첫째, 항상 최고를 요구하되, 너무 겸손하지 말라 - 결코 자신의 것이 아닌 것도 요구하라. 둘째로, 최후통첩을 보내고 전쟁으로 위협하라. 그리고 너희들은 여전히 담판을 해결책으로 제안할 수 있을 것이다. 그러면 담판을 하려고 달려드는 어떤 사람이 항상 서방에서 다시 나타나게 된다. 셋째로, 담판에서는 조금도 양보하지 말라. 그러면 너희들은 갖고자 하는 것의 일부를 임의적으로 제안 받는다. 그 경우에도 즉시 동의하는 것이 아니라, 훨씬 더 많은 것을 얻어내라. 그것도 받아들여질 것이다!"[19]

● 독일 사회주의통일당의 경우에 이 규정들이 무엇을 초래했고, 바로 그 다음에 그 규정들은 동ㆍ서독 상호관의 경우에 무엇을 암시했습니까?

연방독일 공무원들과 교재를 할 때 우리가 소위 이 '훌륭한 규정들'에 따라 행동을 취한다는 것이 감안되었다. 왜냐하면 1963년 여름에 에곤 바르가 다루었던 주제는 두 체제가 융통성이 없는 적대적 입장 때문에 차단되어 있었던 그 시대의 현실에서 전적으로 성공적이었기 때문이었다. 게다가 바르는 쉽게 타협에 응하는 사람의 언행으로 모스크바에서 판코프까지 살고 있었던 공산주의자들에게 봉사하겠다고 자원하려고 했다.

뿐만 아니라, 동구로부터 정치적이고 인간적인 인정을 받기 위해서

---

19) 오레크 그리네브스키, 《해동날씨(Tauwetter)》. 베를린 1996.

그는 서방의 동맹상 신의까지 포기하였다. 그러니까 동독에 있는 인민들에 대해서 의무감을 느끼게 되었고, 이 사실은 독일 연방공화국의 경우에 국가의 자주독립을 더욱 내외적으로 나타내기 위한 필요한 조처로 간주하게 되었다. 결국 화해를 하기 위한 이 노력이 브란트 치하에서 새로운 동방정책을 야기했다.

"지금 처음으로 연방공화국은 기회를 포착했습니다."

아르눌프 바링(Arnulf Baring)이 브란트/쉐엘(Sheel)의 시대에 대해서 자신의 학술서적에서 쓰고 있는 것처럼 "정말로 처세에 능하게 되고 외교정책의 가능한 수단들에 적합한 외교정책을 구상하는 기회"[20]를 포착했다.

● 동독과 모스크바의 협정에서 정점에 이르렀던 이 동방정책은 독일 기독교민주동맹에서보다 독일 사회민주당에서 훨씬 더 많이 안전조치가 취해져야만 했습니다. 다시 말해서, 당시에 독일 사회민주당의 상황이 동독 공산주의자들의 상황보다 훨씬 더 분명하지 않았습니까?

사회민주주의자들도 다른 편의 호의적인 적수들에게 스스로 의도적인 것은 아니지만 지나치게 접근하지 않으려고 주의를 기울여야만 했다. 1970년 11월에 독일 사회민주당을 소위 분리하기로 결정을 내린 것은 호의적인 적수들에게 지나치게 접근하지 않겠다는 것을 상응하는 관점에서 고려했던 것이다. 게다가 독일을 분단하기로 결정을 내린 것

---

20) 아르눌프 바링, 《권력교체(Machtwechsel)》: 브란트 시대(Die Ara Brandt Scheel). 스튜가르트 1982.

에 명료하게 쓰여 있다.

"한쪽은 자유민주주의, 다른 쪽은 공산당 독재의 경우 평화정책, 즉 외교적 화해로는 체제에 대한 이 대립이 해소될 수 없습니다. 따라서 어떤 정책도 대립을 간과해서는 안 됩니다. 우리가 추구한 평화는 우리 인민에게 정치적, 그리고 사회적 행동에 대한 인민의 방식을 또한 미래에도 자유롭게 스스로 결정할 권한을 틀림없이 보장해주어야 한다."

● 그렇지만 1982년 사민당과 자민당의 연정에서부터 콜(Kohl) 정부로 정권이 교체된 이후에 분리하는 경계선을 분명하게 그었다는 사실을 사민당원들은 더 이상 전적으로 그렇게 정확히 알아차리지 못한 것처럼 보였습니다.

네, 또 다른 정치적 동기가 그 사이에 추가 되었다. 새로운 동방정책에 대한 자신의 공적을 쌓기 위해서 동독에게 특별 원조기여금을 사용해도 된다고 독일 사회민주당은 이 순간에도 생각하고 있었다. 게다가 선거운동 시기에 동독 측에서 조금만 양보를 해주면 '독일 사회민주당 당원들'이 연방의 주들과 본에서 또다시 국무위원석이 되는 것이 용이해진다고 생각했다.

왜냐하면, 독일 사회민주당의 정치지도자들이 90년대 초에 인격보호가 연방기록보관소법에 따라 정말 30년이 지나야 폐지될 것이라고 항의했다는 사실이 인민의 기억에서 완전히 지워졌기 때문이었다. 그 사실은 독일 사회주의통일당의 중앙당 기록보관소와 같은 출처도 해당 되었다. 왜냐하면 독일 사회민주당의 정치지도자들은 동독 정치가들과 나누었던 우호적인 대화들이 공개적으로 널리 알려지는 것을 물론 원하지 않았기 때문이었다.

그렇지만 빌리 브란트는 사전에 기회주의적인 엄폐, 혹은 성급한 망각을 아주 싫어했다. 게다가 서방의 정책이 동구에 있는 공산주의 정부의 수명을 연장시켰는지를 토론하는 것에도 브란트는 찬성하고 말았다. 그렇지만 너무 멀리 가지 말아야 했다. 어쨌든 "독일 사회민주당의 저명인사가 그 서류들을 두려워한다."는 사실 때문에 현대 역사가 크리스티안 폰 디트푸르트(Christian von Ditfurth)는 깜짝 놀랐다.

"왜냐하면 그 저명인사가 독일 민주사회당의 중앙당기록 보관소에 있는 독일 사회민주당과 독일 사회주의통일당의 관계들에 대한 출처들이 열람되는 것을 격렬하게 방해하려고 애를 썼기 때문이었다(현재고: 독일 사회주의 통일당 중앙위원회, Axen 사무실, 중앙당기록보관소 IV 2/2.035/78~83)."[21]

그래서 비외른 엥호름(Björn Engholm), 한스 - 요아힘 포겔(Hans-Johachim Vogel), 오스카르 라퐁텐(Oskar Lafontaine), 에곤 바르 그리고 게하르트 슈뢰더가 당시의 서류 다발들을 무제한적으로 열람하는 것을 거절했던 것이다.

● 그러나 헬무트 콜은 나중에도 항의를 했습니다. 이 점에 있어서 그 사실은 전혀 사회민주당의 문제가 아닙니다.

실제로 그랬다. 헬무트 콜과 관련되었던 비밀경찰의 청취보고들이

---

21) Christian von Ditfurth, in : 「슈피겔(Der Spiegel)」 Nr. 35/1992.

중간에 사용되기 위해서 해제되었다는 사실에 대해서 헬무트 콜이 항의를 했을 때, 사민당과 녹색당의 연정에서 터져 나왔던 분노는 컸다.

● 콜과 사회민주주의자들은 무엇을 두려워했었습니까?
  그들은 서로 도울 수 있었습니까?

공공연하게 표시했던 호기심을 거절하게 된 배후에는 동독이 멸망한 후에 1982년과 1989년 사이에 특히 독일 사회민주당이 독일 사회주의통일당과 나누었던 대화에 대한 비판적 견해를 극복하지 못할지도 모른다는 두려움이 물론 있었다.

그렇지만 독일 사회주의통일당의 지도적 간부들과 100번 이상 대화를 나누었기 때문에 - 대화참여자들 사이의 소리높이 때문에 그런 것은 아니다 - 물론 풍부하게 생각할 거리가 제공되었을지도 모른다. 뿐만 아니라 대화에서 너무나 잘 의견이 일치되었기 때문에 사회민주주의자들은 동독의 야당에 반대하는 행동에서 아마 독일 사회주의통일당을 고무했었다는 사실이 입증되었을지도 모른다.

● 선거전에서 사회민주당에게 도대체 도움이 되었습니까?

의심의 여지가 없었다. 1987년 연방의회 선거 때에 연방정부가 아니라 사회민주당의 당시 수상 후보자인 요한네스 라우(Johannes Rau)가 에곤 바르와 만나서 서로 마음을 떠 본 다음에 정치적으로 망명을 바라는 사람들이 쉐네펠트 동독 공항으로부터 서베를린으로 쇄도하지 않을 것이라는 확약을 받았다. 그러니까 영향력이 큰 연방의 정치가인 라우는 그렇게 자청을 했다.

뿐만 아니라, 라우 대통령 치하에 있는 독일 연방공화국은 "전적으로 국적을 존중할지는 모르겠지만 국적이란 주제를 절대로 다루지 않을 수도 있다"[22]는 약속을 바르가 에리히 호네커에게 보상으로 전달하게 했다. 그렇지만 라우는 뒤셀도르프에서 본으로 도약하지 못했다.

그러나 바르는 1987년 슈레스비히 홀스타인주 의회선거 때에 호네커가 비외른 엥호름을 10분 동안 접견하는 일을 성취시켰다. 그래서 엥호름은 유권자들에게 동독의 양보를 제시할 수 있었다. 즉 뤼벡과 주변의 인민들은 앞으로 동독 지역이지만 국경 요새들의 맞은편에 있었던 호수 수영장을 사용할 수 있게 되었다.

그러니까 콜의 정부가 아니라 야당인 독일 사회민주당이 여전히 다른 독일의 부분 국가(동독)에 대해서 더 좋은 여건을 차지했음이 암시되었다. 엥호름은 나중에 우베 바르쉘(Uwe Barschels)의 뒤를 이어 슈레스비히 - 홀스타인 지방정부의 수상이 되었을 뿐만 아니라 1991년에 사회민주당의 당수가 되었다.

● 고르바초프의 치하에서 소련을 개방한 것이 서독에게 어떤 역할을 했습니까?

한편, 세상에 현존하는 양극성을 없앤다는 것이 어렵다는 생각이 서방 쪽에서 확인이 되었다. 왜냐하면, 이 사실은 양쪽의 핵무기의 잠

---

22) 위의 책(Ebd).

재력에 근거를 두고 있었기 때문이었다. 다른 한편 소련은 스탈린주의를 완전히 벗어났던 것 같았다. 그 사실 때문에 화해를 통한 다시 말해서 더구나 두 가지 현 - 판코프와 모스크바 - 을 이용하는 일종의 협주곡과도 같은 연주를 통해 변화의 새로운 가능성이 열렸다. 게다가 에곤 바르는 독일 사회민주당을 모스크바에서 접촉하는 것을 담당했다.

오래 전에 있었던 그 접촉들 때문에 KGB - 장군인 케보르코프(Keworkow)이나 소련 공산당의 당본부에 있는 전 대사 파린과 관계를 맺게 되었다. 그리고 독일 사회주의통일당과 대화를 하기 위해서 사회민주당이 찾아낼 수 있었던 가장 훌륭한 남자는 확실히 에르하르트 에프러(Erhard Eppler)였다.

그는 공산주의자들과 나란히 앉았고 그들과 같이 서류를 작성했지만 사회민주주의의 정신이 손상되는 것을 방지했을 뿐만 아니라 고집을 부려서 공산주의자들로부터 거의 세상을 들끓게 하는 양보들을 받아냈다. 다른 사람들과는 달리 에프러는 동독에 있는 야당과 독일 사회주의통일당에 있는 개혁세력들에게 도움이 될지도 모르는 텍스트를 완성시키기 위해서 이전에 동구권 - 망명자들로부터 조언을 받았었다.

그렇지만 독일 사회주의통일당을 계약위반으로 1989년에 공개적으로 기소하는 것을 더구나 에프러는 두려워하지도 않았다. 왜냐하면 독일 사회주의통일당이 어떤 경우라도 반드시 야당 세력에 맞서고 있었기 때문이었다.

● 그러니까 화해에 대한 이 대화들 때문에 독일 사회주의통일당은 역시

평가절상 되었습니다.

단기간 동안에는 그렇다. 물론 독일 사회주의통일당의 권력이 이미 뚜렷하게 약화되는 단계에 있었기 때문에, 이 대화들은 역사적으로 평가절하 되었다. 그러나 더구나 내부나 외부로도, 모스크바에 대해서도 객관적으로 독일 사회주의통일당의 평가절상이 있었다. 그래서 독일 사회주의통일당은 독일 사회민주당의 균형 잡힌 파트너가 되었다.

결국 독일 사회주의통일당이 개혁을 거부했고, 그래서 고르바초프와 마찰을 점점 더 많이 일으켰지만, 크렘린에 대한 독일 사회주의통일당의 이미지는 독일 사회민주당과 접촉으로 조금은 해명되었다. 그래도 그 이미지를 희석시키기 위해서 독일 사회민주당은 '화해를 통한 변화'의 유연함을 오래 전에 '간격을 두는 변화'에 맞추어야 한다고 생각했을지도 모른다.

다른 한편, 동독의 점증하는 정치적, 그리고 경제적 약점이 독일 사회주의통일당에게는 이데올로기로 매우 큰 부담이 되었다. 그렇다고 독일 사회주의통일당이 모스크바로부터 오는 개혁압박에서 벗어나려고 했다면, 독일 사회주의통일당은 보장국가와 완전히 결별할 때까지는 개혁압박에서 벗어나려고 해서는 안 되는 것이었다.

그렇지만 사회민주당과 대화를 하는 것이 독일 사회주의통일당에게는 개혁을 준비한다는 낌새를 시사하는 기회가 되었던 것은 사실이었다. 게다가 독일 사회주의통일당은 서방의 '화합능력'을 세상을 들끓게 하는 것으로 느꼈던 승인처럼 구두로 승인했다. 왜냐하면, 그렇게 하는 것이 자신의 권력 범위 내에서 개혁을 도입하는 것보다 더 위험스럽지 않았기 때문이었다.

그리고 이데올로기의 원칙이 손상된 것에 대해서 당내에서 웅성거리는 것은 공식적인 언어 규정으로 인해 쉽게 진정될 수 있었다. 왜냐하면, 그것은 인민에게 퍼져있었던 개혁의지를 중단시키는 것보다 더 간단했기 때문이다. 이 이외에도 대화를 한다는 것은 본으로 일반적인 신호를 보내는 것으로 생각했다. 독일 기독교민주동맹이 이끌었던 정부든 독일 사회민주당이 이끌었던 정부든 마찬가지였다 - 동독은 전보다 대화를 할 용의가 더 많았을지도 모른다.

독일 문제를 해결하려는 미래의 가능성에 대해 혹은 베를린 장벽이 영원히 존속하지 않는다는 것에 대해서 소련 외교관들이 개별적으로 표현함으로 인해 우리를 믿을 수 없다는 것이 연방공화국과의 대화에서 드러났다. 게다가 모스크바가 동독의 생존을 희롱하기 시작했다면, 연방공화국에 대한 상황을 더욱 조심스럽게 탐색하는 것이 유익했을지도 모른다. 아마 이렇게 하는 것이 동독을 보존했을지도 모르고, 그렇게 하다보면 광범위한 동·서독 협정이 우연히 체결되었을지도 모른다.

- 다시 말해서 노동자계급의 적이 흔들렸던 동독의 생존에 안전장치를 달아준 자입니까?

1989년 5월에 헝가리 국경선을 개방함으로써 독일 사회주의통일당의 불안정한 상황이 새로운 국면에 이르렀던 것은 확실하다.

- 당신의 계산은 어떠했습니까? 그리고 그 사이에 호네커가 권력을 박탈

당함으로써 생존가능성의 길을 간신히 찾게 되었던, 특히 지도부에 있는 사람들의 계산은 어떠했습니까?

동구권에 격리되었거나 동구권에서 해방된 동독은 오직 하나, 즉 동독 헌법에 있는 통일명령을 고수하고 있는 연방공화국에 기대를 걸 수 있었을지도 모른다. 그리고 오직 연방공화국만이 동독의 허약한 명령경제를 경제적으로 후원하는 기회를 또한 약속했다. 그래서 근본적으로 연방공화국측이 동독과 제휴를 촉진시킬 지도 모르는 모든 것을 동독은 긍정적으로 평가했을지도 모른다.

그렇지만 통일은 우리의 경우 아직도 의사일정에 올려져있지도 않았다. 통일이 유럽 통합의 과정에 유용하지 않을지도 몰랐다. 그러면 독일의 영향력이 너무 커질지도 모르기 때문이다. 그때 영국인과 프랑스인이 이미 정신을 차렸고, 정말 작은 몇 개의 나토동맹국들도 정신을 차렸다.

마가렛 대처(Margaret Thatcher)와 프랑스와 미태랑(Francois Miterrand)은 동독(DDR)이라 불리는 모스크바 주민의 거류지가 미래에 유럽통합이 이루어져도 유지될 것이라는 것을 1989년 말에 고르바초프에게 확인해주었다. 그렇기 때문에 본의 동맹국들에 대한 고르바초프의 이런 의구심이 동독을 위한 또 다른 존립보장과 같은 것이라고 우리는 생각했던 것이다.

● 다시 말해서 그래도 동독의 생명보험으로서 서독 …

… 혹은 더욱 적절하게, 노동자의 적이 수호의 천사로서 - 그 말은

새로운 상황에 대해서 역설적으로 모습을 드러내는 논리였다. 그런데 호네커를 실각시키기 위해서 서서히 제휴를 했던 자들이 우선 그 말에 익숙해져야했다. 그리고 우리가 성찰을 가진 후에는 연방공화국에 대한 관계를 돌이킬 수 없을 정도로 악화시킬 지도 모르는 어떤 것도 일어나지 말았어야 했다. 초기의 동독에서처럼 동맹에 대한 질책을 이 사람 저 사람은 중간기의 해결책으로 생각했다.

호네커가 정치국에서 탱크들의 '퍼레이드'에 대한 자신의 생각유희를 표현했을 때, 그의 실각이 결정되었다. 그 사실로 인해서 일어났던 학살 때문에 독일 사회주의통일당의 지도인사들에 속하지만 개혁의지가 있는 자들의 잡다한 그룹도 웃음거리가 되었을지도 모르고, 본과의 대화에 완전히 부적격하다고 선언되었을지도 모른다.

그래서 몇 달 동안 공식적으로 압박을 받은 다음에 우리가 결심했던 관광교통의 표준화와 장벽의 개방은 본의 관점에서 우리에게 위험스럽지 않은 것으로 보였던 것이다. 또한 그러한 조처들은 미래에 연방정부의 성실한 파트너가 될 우리에게 적합한 것으로 밝혀졌을지도 모른다.

● 동독을 향해서 가는 것이 서방의 실수였습니까?
나의 발언들은 전체주의 체제와 그 체제에서의 정치 단체들, 다시 말해 공산주의자들, 그리고 공산주의자들의 정당과 정치적으로, 전술적으로 교제하는 것이 근본적으로 거절될 수 있거나 꺼려질 수도 있을 정도로 그렇게 말한 것은 아니다. 그러니까 다른 쪽의 더욱 심오한 동기들을 고려해서 그 교제를 냉정하게 바라보는 것이 중요하다.

그러나 역사가 체제의 일치는 없다는 것을 보여주었다. 그런데 **공 산주의 국가들은 과거에도 개혁할 수 없었고 현재도 개혁할 수 없다. 그렇기 때문에 개혁에 대한 모든 발단들은 체제의 해체로 끝나고 말았다.** 이 사실은 고르바초프의 페레스트로이카 때에도 역시 나타났다.

● 그럼, 중국은?

중국에서처럼 서방으로부터 환영받거나 아주 찬탄을 받는 개혁들은 나의 견해로는 공산주의가 극복하고 보상받기 위해서 꾸며서 주장했던 사회의 책략으로 부분적으로 회귀하는 것과 마찬가지다. 그렇지만 공산주의 국가들은 개혁경향을 외부로 결코 개진(開陳)하지 않았다. 그것이 이 상황에서 나온 본래의 변증법적 결론이다.

그래도 **서방의 민주주의자들과 피할 수 없는 의사소통이 인민들을 고무시켰고, 지배자들은 인민들의 개혁의지를 점증하는 압력으로 느꼈기 때문에, 오직 자신들의 권력을 유지하기 위해서, 혹은 자신들의 권력이 종말을 맞이하는 것을 연기하기 위해서 인민들의 개혁의지에 대해 신중한 개혁의 발단들로 대답을 했던 것이다.**

철의 장막의 다른 쪽과 나누는 대화는 다시 말해서 처음부터 수상쩍지는 않다. 이데올로기상으로 영향을 받은 적대자가 우세하다고 잘못 파악했다면, 그 적대자는 반대로 정치적 대화에 관여하지 않을지도 모른다. 그 점에 있어서 80년대에 진행되었던 독일 사회민주당과 독일 사회주의통일당의 대화가 올바른 길을 벗어나지 않았고, 무의미하지도 않았다.

그렇지만 독일 사회주의통일당이 제국주의에도 평화의 잠재력이 있다는 것을 인정했기 때문에, 독일 사회주의통일당의 적개심과 그와 더불어 이데올로기를 해석하는 독일 사회주의통일당의 존엄이 서서히 부서지게 되었다. 정치적 대화들은 독일 사회주의통일당이 전능을 요구하는 것에 상처를 입혔던 외인성(外因性)의 요인으로 작용했다.

뿐만 아니라 대화가 천천히 진행되어서 떨어지고 있는 적대자의 추락을 방지한다면, 대화는 비생산적으로 된다. 그러므로 반민주적 체제의 시기와 나약함의 정도에 따라서 - 대화를 올바르게 평가하기를 정책이 요구했던 것이다.

● 연방공화국에 대한 독일 사회주의통일당의 태도를 무엇이 결정했습니까?

우리는 60년대, 70년대, 그리고 80년대를 되돌아보면, 이 시대의 연방공화국은 점증적으로 서방의 동맹체제에서 독자적인 역할을 하기 시작했다. 그리고 동독의 위성국 지위가 근본적으로 달라지지 않는 범위 내에서 모스크바는 동독에게 더 많은 활동여지를 부여했다. 게다가 동독이 국제적으로 인정을 받고 유엔에 가입한 것은 독일의 분단 상황을 강화하기에 아주 적합했다.

전략상으로도 그렇게 하는 것이 동유럽에 유리한 점도 있었다. 동독은 더욱 중요한 의미를 유지하고 있었고, 모스크바의 감독을 받고 있는 비독립적 위성국가연합인 동구권에 대한 이제까지 서방의 생각을 점차적으로 변화시켰다. 더구나 모스크바와 판코프 사이에서 1964년에 체결된 우정, 상호원조와 협력에 관한 조약도 일종의 별개의 2등급 평화조약으로 이 관점에 일치했다.

● **연방공화국과 협력하는데 경제적 성찰이 어떤 역할을 했습니까?**

연방공화국과 경제적인 관계들이 큰 역할을 했다. 그 관계들 때문에 우리 경제계획의 기초적인 여건들이 확실하게 마련되었다. 그로 인해 동독이 잠재의식으로 통일에 대한 동경이 점차 적으로 증가되는 것을 감수했다.

그렇지만 예를 들면, 60년대 이후에 연방정부가 정치적인 목적들을 달성하기 위해서 승낙했던 스윙, 즉 신용대부를 통한 경제적인 이점들이 동독의 경우에 더욱 중요했던 것 같았다. 동구권에 있는 다른 어떤 나라도 동독처럼 경제적으로 그렇게 막강한 파트너를 서방에 가지고 있지 않았다.

그밖에 동독의 무엇을 인민민주주의의 형제국들이 시기했는가. 그렇지만 이런 식으로 철의 장막을 통과했던 화물들의 적지 않은 부분이 결국 소련의 산업에 도움을 주었기 때문에 소련은 이미 그 사실에 동의를 했던 것이다.

이 시기에 소련은 KGB의 동독 지사장인 마르쿠스 볼프를 통해서 정치적인 것 뿐만 아니라 예를 들면, 군비를 위한 과학기술을 찾아내면서 경제적 노획물도 획득했다는 사실에 대해서는 완전히 침묵을 지키고 있었다.

● 냉전 상태에서 그때마다 등장했던 권좌들에게 이 교역은 무슨 의미가 있었습니까?

프랑스인과 영국인에게 완전히 침묵을 지키고 있었던 미국인들은 독일의 재통일을 위해 핵전쟁의 위험을 감수할 준비가 되어있지 않았을지도 모른다. 그렇지만 현재 상태의 안전책이 핵의 재앙을 피하게 한다고 생각했다. 내가 이미 말했던 것처럼, 그 사실이 이 시대의 정치적 기본규칙이었다.

이런 상황에 직면해 무기를 통해 강력한 전방들을 무력하게 만들고, 아주 조금씩 통일의 방향으로 나아가려는 바르의 시도는 거의 독창적이었다. 그렇지만 동시에 바르의 시도에는 다른 쪽이 수단으로 삼았던 위험이 항상 도사리고 있었던 것도 사실이었다.

통일규정을 근본적으로 충실히 이행하는 것은 역사가 정당하게 부여했던 정치적인 상황, 즉 동독이 국가로서 적법하다는 것에 대해 다시금 불복하는 것이었다. 그렇지만 동독의 독일 기독교민주동맹도 자신의 평화·자유·민주주의가 약속된 진로가 동맹국들로부터 의심을 받지 않는다면 스스로 통일규정의 이행을 요구할 수 있었다.

왜냐하면, 동독의 독일 기독교민주동맹이 명백히 서방을 목표로 하는 것이 동독의 독일 기독교민주동맹의 정치적 기본원칙에 해당되었기 때문이었다. 이 상황에서 **독일인들의 협동심을 견지하는 것과 민족통일에 대한 생각을 단념하지 않는 것이 오로지 중요할 수 있었다.**

그래서 가르톤 애쉬(Garton Ash)같은 중립적인 영국의 옵서버가 쓰고 있는 것처럼 통일에 대한 소망이 역시 동독인들의 가슴 속에 생생하게 살아있었다. 이 시대에는 더 많은 것이 실행될 수가 없었다.

● 그렇지만 두개의 독일 국가들 사이에 이루어졌던 국가정책적인 접촉들은 사회적 접촉들로 인해 두개의 독일 국가들은 점점 더 친밀하게 되었습니다.

1989년에 일어났던 평화적인 혁명 때문에 독일 사회주의통일당의 지배가 종말을 맞이했다는 사실이 연방공화국의 정치가들이 동독을 최근에 공식 방문할 때 - 독일 사회주의통일당의 지도부는 이맛살을 찌푸리면서 참았지만 - 항상 야당과 교회의 대표자들을 만나는 것을 습관적으로 했었다는 사실과 본질적으로 확실하게 연관되어있다.

게다가 정당 정치의 바탕에서 나온 연방공화국 정치가들의 행동양식을 볼 때, 빈번히 협약을 맺은 것으로 보이지 않았음에도 불구하고, 연방공화국에 있는 두개의 정치진영들은 1989년과 1990년에 일어났던 경과들과 사건들에 본질적으로 관여했을 정도의 효용도를 성취했다.

그래서 독일 사회주의통일당의 이데올로기적인 요구가 영속적으로 손상을 입게 되었다. 그러니까 권력이라는 것이 실제로 얼마나 부서지기 쉬운가에 대한 생각이 인민 사이에서 확산되었다. 따라서 야당은 도덕적으로 강건하게 되었다.

● 연방공화국에서 이 야당의 운동이 진지하게 받아들여졌습니까? 당신은 「새로운 독일」의 편집장으로서 늦어도 서방언론을 철저하게 연구할 수 있었습니다.

내가 감명을 받은 것은 연방정부와 맺었던 조약들의 결과로 인해서 서독의 언론 특파원들이 비로소 파견되었을 뿐만 아니라 보도가 강화되었다는 사실이다. 그런데 연방정부는 동독이 요구했었던 정치적 규약이 손상을 입으면 안 된다는 점으로 인해 물론 시달림을 당했다. 그렇지만 허가를 받은 저널리스트들도 외무부와 비밀경찰의 엄격한 감시를 받고 있었다.

● 이 조건들 하에서 동독이라는 주제에 대해서 언론에서 다루어졌던 초점의 심도(深度)는 어떤 상태였습니까?

나는 그 상태를 정확히 판단할 수 없다. 그렇지만 다른 사람들이 이미 그 상태를 철저하게, 그리고 상세하게 다루었다. 그런데 80년대에 특히 그것도 후반기에 보도가 더 강렬하게 되었고, 덜 걸러지고 있었다는 점이 내가 감명을 받은 것이다. 게다가 인민운동들의 활동과 야당그룹들의 활동, 그리고 국가의 억압조치들에 대한 보도들이 더욱 빈번하게 나타났다. 그렇지만 동독에 대한 정보를 물론 그러한 비중으로 모든 신문들, 잡지들, 라디오 방송과 텔레비전방송이 다루지는 않았다.

● 동독에 파견되어 있었던 서독의 특파원들은 용이한 상황이 아니었습니다.

서독의 특파원들은 항상 국가안보처의 보호를 받고 있었다. 왜냐하면, 그들이 보편적인 혐의를 받고 있었기 때문이었다. 그래서 국가안전처는 서독의 특파원들에게 가장 상이한 법규위반 행위와 규칙위반들을 지속적으로 책망했다. 그런데 파괴적 활동과 관련된 스파이 행위에서부터 '적대적 - 부정적 분자들'의 접촉들까지 모두 책망의 대상이었다.

위와 같은 사실들을 떠들썩하게 보고할 수 있기 위해서 동독인민들이 '도발적 행위들'을 심지어 준비했던 일까지도 때때로 특파원들에게 전가되기도 했다. 그리고 야당 단체들이 특파원들에게 자신들의 주변 환경에서 나왔던 공식적인 보고들, 혹은 정보들을 넘겨주었거나, 비밀 경찰의 억압행위에 대한 정보들을 서방의 매체들에게 양도했다는 사실에 대해서 역시 국가보안처는 화를 냈다.

따라서 저널리스트들은 자신들의 직무를 수행할 때 눈에 띌 정도로 위험에 직면하게 되었다. 그래서 적어도 저널리스트들의 정식 파견이 취소될 수 있었고, 그들은 추방당할 수 있었다. 그러니까 서독측은 동독에서 일어났던 억압과 반대에 대해서 오히려 불분명하게 인지하고 있었던 것이다. 따라서 정치가들이 오랫동안 근본적으로 다른 모습을 보여주지 못했다는 사실이 기이한 일도 아니다.

● 그렇지만 녹색당을 제외한 정치가들은 동독과 아주 특별한 관계를 맺고 있었습니다.

녹색당이 급진적으로 평화주주의적이고, 생태계적인 목표를 설정했던 것이 동독에서 행하고 있었던 평화운동과 환경운동의 본질적인 교집합을 이루었다는 점을 나는 기억하고 있다. 그래서 페트라 켈리(Petra Kelly)와 게르트 바스티안(Gert Bastian)은 동독의 평화운동, 그리고 환경운동과 접촉할 생각을 했었고, 장차 동독에 녹색당의 지부를 설립할 생각을 했었다. 그런데 이 계획들은 녹색당의 내부 논쟁들 때문에 수포로 돌아가고 말았다.

● 그 계획들이 가능했을지도 몰랐습니까?

이 계획들은 독일 사회주의통일당에서 확실히 수포로 돌아갔을지도 모른다. 따라서 민주주의의 유용성에 대해 우리가 결코 통과될 리 없는 테스트를 이런 식으로 했다고 해도 우리는 손상을 입지 않았다. 그렇지만 이 테스트는 온갖 종류의 센세이션을 불러일으켰을지도 모른다.

● 다시 한번 인민운동으로 돌아가 봅시다. 그 인민운동들이 서독의 정당들에게 어떤 역할을 했습니까?

이 문제에 대한 대답을 얻기 위해서도 더욱 전문지식이 있는 인물들, 즉 인민운동들 혹은 해당 정당들의 대표자들이 있는 곳으로 가도록 권고하는 것이 좋겠다. 게다가 에곤 바르가 확립되어있는 서방 정당들이 생각하고 있는 인민운동은 중요하지 않았을지도 모른다고 한번 언급했던 것으로 나는 기억하고 있다. 물론 그렇게 간결하게 에곤 바르의 표현이 수용될 수는 없다. 그러나 독일 사회주의통일당 국가의 안정성과 신뢰감이 과대평가되었던 것처럼 인민운동의 효력과 진지성이 과소평가 되었다는 것은 정말 적절했다.

그 이외에도 남의 이익을 침해하는 것이 각기 다른 세력권의 모든 방해를 불러일으킬지도 모른다는 모험적인 결과를 오랫동안 두려워했다. 그래서 두개의 열강 블록으로 굳어진 세계에서 핵무기에 대한 공포의 균형을 통해서 안전조치가 취해지는 것으로 생각되었다.

10

정치국에 있는 츠비박
이익이 없는 계획경제

● 인민들이 자신들의 정부에 거역했다면, 대부분의 중대한 경제적인 문
제들이 전면에 부각되었습니다. 1989년 동독의 경제가 얼마나 나빴는
지 당신은 알았습니까?

상황이 얼마나 곤란했는가는 호네커가 해임당한 이후 비로소 알게
되었다. 계획수장인 게하르트 쉬러(Gerhard Schürer)가 정치국에서 동독
이 외국의 신용대부에 대한 이자를 더 이상 갚을 수 없었기 때문에,
동독이 1990년 봄에 지불능력이 없을지도 모른다고 보고했다. 그때까
지는 이 어려운 상황은 쉬러와 총서기 사이에 있는 주제일 뿐이었다.

6년 전에 국방장관인 프란츠 요세프 슈트라우스(Franz Josef Strauβ)
의 압박을 받았던 연방정부는 동독이 바이에른 지방은행에서 20억 마
르크를 신용대부 받는 것에 보증을 섰었다. 그래서 연방정부의 보증계
약을 발판으로 삼았기 때문에 동독의 외국 무역은행장은 본 정부가 보
증했던 신용을 지적하면서 외국은행들로부터 또다시 새로운 신용대부

를 받을 수 있었던 것이다.

그런데 1989년 동독의 총 해외부채는 외화로 거의 500억 마르크에 달했다. 게다가 외화수입들, 다시 말해서 수출을 통한 서방 화폐의 수입들이 서방에 대한 이자부담보다 적었다. 그래서 원료들, 반제품들의 중요한 수입품뿐만 아니라, 오렌지와 바나나 혹은 필요한 의약품들과 같은 소비재들도 더 이상 조달되지 못했을지도 모른다.

그래서 빚의 사면 혹은 환불의 연기로 인해 권력이 제한받는 일이 야기되었을지도 모르고, 조만간 마찬가지로 독일 사회주의통일당의 권력이 상실되는 일이 야기되었을지도 모른다.

● 동독은 오늘날의 중국처럼 경영을 잘 해서 왜 이익을 얻지 못했습니까?

당연하다. 왜냐하면 우리는 그렇게 노련하지 못했고 자본주의자들에게 또다시 경제를 위탁했기 때문이었다. 그렇지만 중국의 사회주의도 동독의 사회주의처럼 경제적으로 그렇게 성공을 거두진 못했다. 그렇기 때문에 중국의 당은 이 사실에 대해서 더 깊이 있게 파악하고 있는 자들이 또다시 경영을 더욱 잘할 수 있도록 만들자는 결론을 내렸다. 물론 중국에 대한 당의 독재체제는 계속되고 있다.

그렇지만 당과 국가는 오늘날 단지 다르게, 다시 말해서 자본주의 기업에서 생겨나는 수익에 부과된 세금과 공과금을 통해서, 그리고 매수할 수 있고 믿을 수 있는 당 간부의 호주머니 속으로 흘러들어간 일정한 금액에 대해서 침묵을 지키는 것을 통해서 자금을 조달받고 있다.

그런데 동독 경제의 비능률은 기업의 전체 몰수와 국유화에 근거를 두고 있었다. 그래서 기업의 전체 몰수와 국유화는 계획경제의 관료가 시장을 조정하는 것으로 대체되었다. 그렇다고 해서 5만개의 책상들이 기업들의 지식인층, 주도권, 그리고 모험에 대한 각오, 그리고 시장경제의 추진력을 대체할 수는 없었다. 게다가 경제 정책에 대해서 당이 우위를 차지하는 당의 독재체제로 인해 경제적 판단력보다는 작전상의 요인들과 당의 결정들이 우위를 차지하는 일이 벌어지게 되었다.

뿐만 아니라 호네커가 권력을 장악한 후에 자신의 전임자인 울브리히트와 긍정적으로 구별되기를 원해서 만들었을 뿐만 아니라 이미 언급되었던 사회정치적 프로그램이 본질적으로 위의 일에 기여했던 것이다. 그리고 이 프로그램이 더 많은 생산에 대한 각오로, 그리고 인민경제적으로 더 높은 생산성으로 전환되기를 호네커는 소망했다.

그럼에도 불구하고 성과가 나타나지 않았다. 그 대신에 얼마 되지 않는 사회정치적인 개혁에 자금이 투입되지 않을 수가 없었기 때문에 부채는 증가하고 말았다. 그런데 당은 원칙에 따라 처리하는 것 같았다. 천재는 채무를 이용해서 성공을 한다.

● 지금 이 순간에 미국을 바라보면, 그 사실이 널리 알려진 것으로 생각됩니다.

결국 그 사실은 폭로된다. 우리의 정치 생활에서 공산주의자들이 성과를 얻으려고 서방의 신용대부를 이용해서 자본주의자들을 착취한다고 믿었다는 사실이 돈 한 푼들이지 않고 말없이 큰 역할을 했다. 따라서 조만간 혁명이 공산주의자들에게 들이닥칠지도 모른다.

그러면 모든 부채들이 한꺼번에 상환될지도 모른다. 그렇지만 동독의 경제적인 약점은 독일 사회주의통일당이 합법적으로 지도자의 역할을 하는 것에 있었고 - 아마도 어린애 같은 순진한 생각에 있었다.

● 사회주의의 속박이 경제에 어떤 영향을 미쳤습니까?

동독의 경제는 서방의 국가로 수출을 함으로써만 살아남을 수 있었다. 그런데 원료의 부족, 기술혁신의 부족과 계획경제의 느린 속도로 인해 외국 무역을 통해 필요한 것보다 더 적은 성과를 거두었다. 그렇지만 기업들은 이익에 집중하는 것이 통례이다. 그런데도 경영을 잘 해서 얻는 모든 흑자는 국가의 중앙구좌로 흘러들어갔다.

그래서 기업이 자신의 계획목표들을 달성할 수 있게 하기 위해서 계획위원회가 당의 지시에 따라 내년에 어떤 기업에게 얼마나 많이 승인할 것인지를 결정했다. 그 후에 성공한 기업은 자신이 경영을 잘 해서 획득했던 외화 총액들은 정치적, 혹은 전략적 이유들 때문에 산물들이 우위를 점했지만 이익이 남지 않았던 기업들에게 대부분 나눠 줘야만 했다.

게다가 계획위원회가 새로 개발한 모든 것, 혹은 고안해낸 모든 것은 유익한 것으로, 혹은 이득을 올리고 있는 것으로 확인되지 않으면 안 되었다. 그리고 서방에서 들어오는 자금, 혹은 서방에서 들어오는 부분적 원료수입품들을 허가하는 것은 계획위원회와 관련이 있었다. 그렇기 때문에 이 허가하는 절차에는 많은 시간들이 걸렸다.

또한 인가서류들이 제출되어있을 때가 되면 이미 서방에서는 기술

혁신들이 오랫동안 세계시장을 압도하고 있었다. 그러니까 생산성의
증대에 필요했을지도 모르는 자금들이 점증적으로 부족하게 되었다.
그러므로 사회정책에 대한 안전조치는 점점 더 어렵게 되고 말았다.
그런 까닭에 점점 더 많은 신용대부가 차용되어야만 했다.

게다가 석유 가격의 폭등과 신용대부의 보이콧은 동독의 어려움을
더욱 증대시켰다. 그렇지만 문제들이 "구체적인 조처를 결정하는 식으
로", 다시 말해서, 개개의 경우에 따라 해결되었다. 그러니까 다른 구
멍들을 틀어막기 위해서 또 다른 구멍들을 내게 되었던 것이다.

그리고 우리의 계획에서 해마다 생산자들이 청산해야만 했던 결산
의 더 큰 결함들이 드러났다. 그렇지만 계획은 연초에는 높은 상승률
을 예견하고 있었다. 그 사실은 공개하기도 썩 좋았다. 매년 신문에서
계획목표들이 여러 페이지에 걸쳐 개재되어 있었다. 게다가 1/4분기
중에 그 계획은 '좀 더 정확하게' 표현되었다.

다시 말해서, 그 계획은 설비들의 불충분한 납품들과 부족한 기초
기반 자립자금에 맞추게 되었고, 그러다보니 계속 저하되었다. 그렇지
만 사회는 이 사실에 대해서 아무 것도 인지하지 못했다. 그러나 연말
에 전년에 비해 본질적 성장을 달성하지 못했지만 계획은 달성되었을
뿐만 아니라 초과 달성되었다.

● 당신은 간부로서 동독에서 일상의 경제를 어떻게 체험했습니까?

독일 사회주의통일당 - 정치국의 빈틈없는 외형 뒤에는 음모들이 역
시 탐지되었다. 그런데 총서기에게 매달 경제상황을 보고하는 것이 제

1 지방서기의 의무, 다시 말해서 나의 의무였다. 그래서 베를린에서 우리는 보고서에서 베를린 기업체들이 계획을 달성하는 것을 어렵게 만들었던 부품공급업자들의 취약한 체인조직들을 반복적으로 지적했다.

그런데 호네커의 친한 친구이자 정치국원이며, 국유 경제의 지휘관인 귄터 미타크는 그 반복적 지적에서 자신의 권한에 대한 공세를 예감했다. 그래서 그는 정치국 회의에서 보복을 했을 뿐만 아니라 베를린에서 부족한 츠비박(Zwieback; 독일에서 남녀노소 가장 많이 먹는 과자)의 공급에 대한 책임을 물었던 것이다.

왜냐하면 베를린은 츠비박을 생산하는 가장 현대적인 생산라인을 구축하고 있음에도 불구하고 충분한 성과를 올리지 못한다고 그는 생각했기 때문이었다. 그때는 뒤죽박죽이어서 그런지도 모른다. 다른 말로 하면, 지방당 간부가 그 사실에 신경을 쓰지 않았는지도 모른다.

그렇지만 나는 정오에 나오는 텔레비전을 보고 우선 그의 의도된 공격을 예감했었기 때문에 대비를 하고 있었다. 그러니까 앞에서 인용되었던 '가장 현대적인 생산라인'은 첫날부터 츠비박 때문에 미타크가 불쾌감을 드러냈던 동독제 기계라고 나는 말했다.

그 기계는 반죽을 적절하게 구울 수도 없을 것이고, 제품들을 완벽하게 포장할 수도 없을 것이다. 그래서 동료들은 그 기계를 수리하려고 끊임없이 노력했을지 모르나 성공하지 못했다. 그렇지만 호네커는 정오에 묻고 싶어 하는 눈초리를 하고 있었다.

그러나 실제 사실들은 미타크와 정부의 총리인 슈토프가 'KA', 즉 외국 자본주의 국가에서 해당 기술을 조달하라는 지시를 받을 정도로 분명하였다. 그런데 그 지시가 실행되었는지 나는 아직 알지 못한다.

어쨌든 나는 적어도 동독에서는 츠비박에도 정치적 충격이 있을 수 있다는 것을 더욱 풍부하게 경험했다. 게다가 정치국에서 나온 모든 서류에는 당의 명령을 받고 있는 인민경제가 불합리하다는 것이 설명되고 있었다.

아무튼 국가원수는 수도의 츠비박 생산에 대한 결정을 내려야만 했고, 정치국은 기술을 획득해야 했다. 그렇기 때문에 두 배의 공급결손이 발생했다. 결국 기업체는 필요한 기술을 조달받을 수 없었다. 따라서 인민들은 츠비박을 공급받지 못하는 상태가 되어 버린다. 그러니까 인민들은 수용되어서 국유화된 경제가 획득한 기대 이하의 결실들을 기다리고 있었던 꼴이 된 것이다.

● 당신은 베를린의 당서기로서 끊임없이 계획을 틀림없이 충분히 달성하지 못했습니다. 당신이 기업을 방문했을 때 동료들의 분노를 느낄 수 있었습니까, 아니면 당신은 보호를 받았습니까?

네, 물론 분노가 나에게 타격을 주었다. 그러나 나는 보호받을 수 있기를 원하지 않았다. 왜냐하면 내가 기업에 들어갔을 때마다 거의 매일 사정이 그러했기 때문이다. 그렇기 때문에 나는 미화된 해명서를 가지고 개최되었던 과장된 대규모 행사들을 더 이상 허용하지 않았다. 그런데 기업부서들 내에 있었던 더 작은 토론자 모임에서 내가 말을 했을 때마다 동의를 받았다.

"우리는 미사여구에 마음을 쓰지 않습니다. 어디가 부족한지를 말하십시오. 그러면 지방관리인 우리는 도우려고 애를 쓸 것입니다. 우리가 당신들의 10가지 문제들 중에 서너 가지만 해결한다면, 그 사실이 이미 양쪽에 도움이 되었습니다."

그리고 토론의 결과로 야기될 수 있는 조처들에 대한 회의록이 작성되었다. 그런데 더 좋은 노동조직, 부품의 정체된 공급들, 혹은 계획의 수정들이 대부분 문제가 되었다. 아무튼 그와 같은 토론방법이 호응을 얻었다. 게다가 나는 항상 해당 주무장관을 그러한 집회에 같이 초대를 했다. 그러면 그 장관은 각 기업이 계획을 달성할 수 있도록 납품들을 조달하겠다는 것을 확약했다. 그래서 동료들은 아는 체하는 것, 혹은 연속적으로 상투어를 말하는 것 대신에 도움을 받았다고 생각했다. 그런데 나는 일을 하는 최적의 스타일을 찾아냈다는 환상에 사로잡혀 있었다.

● 환상? 다시 말해서 아무런 이득이 없었다는 것입니까?

며칠 후에 코트부스 혹은 드레스덴의 지방 서기들로부터 자신들의 기업에서 자금들이 빠져나가서 베를린 쪽으로 흘러들어갔다고 하는 흥분된 전화들이 나에게 걸려왔다. 장관이 그렇게 결정했었던 것이다.

왜냐하면, 그 장관에게 도움이 되는 베를린 서기이고, 정치국원인 나는 단지 중앙위원회 구성원인 독일 사회주의통일당의 지방 서기보다 더 많은 가중치를 가지고 있었기 때문이었다. 따라서 실무에서 체제가 지니고 있는 곤경이 드러나고 말았다. 그래도 기업들은 극소수의 경우 혼자의 힘으로 잘 순응해나갔다. 그렇지만 대부분의 기업들은 우리 당이 너무나 미미하게 애를 썼던 도움마저도 지속적으로 필요로 했다.

- 3/4 세기 동안 실험을 한 후에 사회주의 인민경제들이 실현성이 없는 것으로 드러났습니다. 어떻게 그렇게 되었습니까? 적지 않은 당신의 동료들이 이 사실은 유가(油價), 그리고 많은 군비와 관련된 단기간의 약점에 지나지 않았다는 것을 오늘도 확신하고 있습니다.

이 사실은 적지 않은 나의 동료들의 삶에 쓸모가 없는 일에서 나타난 불가피한 결과였다. 왜냐하면, 사회주의 인민경제들은 적지 않은 나의 동료들이 야기했었던 경제체제보다 못했기 때문이었다. 그리고 레닌의 공산주의에 대한 고정관념은 다음과 같다.

더 높은 노동 생산성을 바탕으로 새로운 사회질서가 승리했는지가 최종의 주무관청에서 결정되는 것이다. 그러므로 정말 일찍이 체제의 종말이 예견되었던 것이다. 왜냐하면, 그 체제는 자신의 기준들을 고수하지 못했기 때문이었다. 게다가 사회주의의 인민경제들이 나타낸 비경제성은 특별한 원인들 - 기술의 진부성, 교육의 부족, 경험의 부족, 관료의 무능력, 그리고 다른 요인들과 같은 - 로 설명될 수 있을지도 모르는 일시적인 것이 아니거나 국내의 현상이 아니었다.

- 출발수준이었던 동구권의 낮은 경제수준은 잊지 말아야 합니다. 서방과 동구는 동일한 출발조건들을 가지고 있지 않았습니다.

마르크스의 견해를 어겨가면서 일련의 국가들에서 사회주의의 혁명을 이끌었었던 낮은 경제적 출발수준이, 더구나 공산주의자들에게는 얼마 동안은 아마 유리했을 것이다. 그러니까 궁핍을 관리하고, 분배하는 것은 자신이 적응을 해나가는 것보다는 명령구조들을 이용하면 더 잘 될 수 있는 것이다.

또한 권력을 3권으로 분립하도록 규정하지 않은 행정기관의 집행은 제한된 사회적 수단을 예를 들자면, 더구나 소련이 쏘아올린 인공위성의 발전과 같은 목표에 무자비하게 집중시킴으로써 탁월한 업적을 이룰 수가 있다. 그리고 1957년 10월에 첫 번째 인공위성을 우주궤도로 쏘아 올리는 것에서 미국보다 먼저 성공했던 나라는 소련이었다.

그렇지만 확고한 심미적(審美的) 열렬 애호가조차도 일상의 경제가 모든 사회의 가장 중요한 생활기반이라는 것을 부인할 수 없을 것이다. 그리고 흑자가 달성될 때, 다시 말해서 원료와 노동력에 대한 비용으로 투입되었던 것보다 더 많은 것이 경영을 잘해서 얻어질 때, 그 때만 생산이 만족할 만 하다는 확언도 진부한 것처럼 보인다. 또한 역사적으로 제한된 인식 때문에 경제가 어떤 역할도 하지 못했다는 공산주의의 미래 비전조차도 성장에 의지했던 것이다.

● 다시 한번 간단하게 마르크스가 세계에 퍼뜨려놓았던 경제적 희망을 요약해 주시겠습니까?

마르크스의 가정은 대체적으로 다음과 같이 쓰여 있다. 가장 중요한 재산들과 생산수단들을 사적으로 소유하고 있기 때문에 그것을 소유하고 있는 자들은 가장 영향력이 크거나 단지 지배하는 사회그룹 혹은 지배하는 사회계급이 되는 것이다. 그러면 그 사회그룹이나 사회계급은 자신의 우월을 통해서 지속적으로 자신에게 적합한 상황을 확보할 것이고, 경제적으로 의존하고 있는 대다수를 십분 활용할 것이다.

그래서 사회의 상부구조도 경제적 등급의 이해관계들을 표준으로 하고 있는 것이다. 이 세상의 모든 악, 이 세상의 위기들과 전쟁들, 그리고 이 세상의 궁핍과 범죄는 '사유재산'이라는 레테르가 붙어있는 한 판도라의 상자에서 생긴 것이다.

생산이 더욱 분화되는지도 모르고, 산출량이 상승하는지도 모를 정도로 가난해서, 노동하는 다수와 자본가 사이에서 불일치가 불가피하게 고조되고 있다. 결국 이러한 사실 때문에 사회적 혁명이 야기될지도 모른다. 비로소 가난한 다수가 소수의 소유자들이 가지고 있는 재산을 몰수하고 생산수단을 국유화한다면, 사유재산을 부정하는 모든 세력들에게 종말이 확정되어질 것이다.

그래서 '착취자들의 것을 수용하는 것'이 사회적 도리를 형성하게 된다. 따라서 경제적인 재력들은 모든 사람들의 이익을 위해서 계획에 따라 지금부터 투입될 수 있는 것이고, 경제적인 재력들의 산출량은 축적과 소비가 조화를 이루는 가운데 사용될 수 있는 것이다.

예를 들면, 토마스 모루스(Thomas Morus) 혹은 루소가 꿈꾸었던 것과 같은 더 좋은 세상에 대한 불분명한 꿈들과 달리 마르크스는 상품 생산자들이 경멸을 당하는 환경에서 사회의 변혁을 시작했다. 마르크스주의가 시민 - 자본주의의 사회에 있는 소유상태, 혹은 상품상태와 관련된 궁핍에 이름을 구체적으로 붙여주었다.

그러나 레닌처럼 마르크스도 자신들이 해독(解讀)했고, 동시에 악마적인 힘으로 채워놓았던 소유상태를 변혁시키는 모든 가능성을 부정함으로써 자신들의 변증법적 논거를 위반하는 꼴이 되었다. 또한 그들은 기술의 엄청난 발전을 예견할 수 없었다. 뿐만 아니라 그들은 민주주의에 존속하고 있지만 경제를 통제하지 못하는 독립적인 정치 - 사회적 가치를 알아차리지 못했다. 그리고 자본의 절대적 영향력을 이용하기 위해서 그들은 민주주의를 실제의 권력 관계들을 은폐하는 수단으로 평가했다.

「공산주의 선언」에서 마르크스는 새로운 아르카디엔(Arkadien) 나라의 비전, 다시 말해 서로 한 마음이 되어 진심으로 좋아할 뿐만 아니라 물질적으로 걱정이 없고, 사고하고 창작하는 개인들이 살고 있으며, 유희를 즐기는 인간(homo Ludens)의 제국을 공포했다. 그리고 수십 년 동안 전 세계적으로 실험을 하여 보았더니, 경제적인 재산을 국유화하는 것이 만병통치약이 아니라는 사실이 어제보다 오늘 더 분명해졌다.

● 그렇다면 논리적 오류의 핵심에 무엇이 있었습니까?

'국유화'라는 어휘는 이것을 분명하게 한다. 국유화라는 개념으로 마르크스는 자신이 비과학적인 몽상가로 간주했었던 유토피아를 꿈꾸는 초기 사람들의 대열에 들어서고 말았다. 따라서 누가 국유화된 경제조직체를 이끌어야만 하고, 다시 말해서 누가 지속적인 재생산욕구를 보장해야만 하는가 하는 의문이 불가피하게 나타났다. 그렇다고 그 의문이 정확히 확정된 것도 아니었다.

결국 혁명이 일어난 후에, 국유화된 후에 사회주의 국가의 초대형 기업이 친시장적이고, 서로 경쟁하는 많은 권위자들 대신에 등장했다. 따라서 마르크스의 예언과는 대조적으로 사회주의 국가는 서서히 사라지는 경향을 보이는 것이 아니라, 관료주의적이지만 완성되지 못한 상태로 발전하게 되었다. 그리고 생산수단을 실제 사회적으로 통제하는 의미로 국유화를 하지 않았다.

왜냐하면, 당(黨) 더욱 정확히 말하면, 정치국은 자신이 사회라고 충분히 생각하고 있었기 때문이었다. 그래서 '과거' 사회에서보다 훨씬 더 극단적인 일종의 자기중심주의가 '국유화'를 이용해서 경제를 조정하게 되었다. 그렇기 때문에 결국 귄터 미타크 같은 사람이 자신에게 주어진 권위를 이용해서 동독의 인민경제를 지속적으로 혼자서 결정할 수 있었던 것이다.

● 그렇다면 이 국유화가 평상시에는 실제로 어떤 모습을 띄었습니까?

시장을 유기적으로 조정하고 촉진하려던 매개체는 경제를 집중적으로 계획하고 관리하는 것으로 바뀌고 말았다. 그래서 계획경제가 그때부터 아무 손실 없이 수요를 예측했다고 생각했고, 프리미엄 체계(Prämiensystem)를 통해서 시장을 불필요한 것으로 만들었다고 생각했다. 따라서 파산이라는 것은 있을 수가 없었다.

그리고 본부가 생산자의 이득과 손실을 평준화시켰고, 경제의 생산수준을 남김없이 억제하게 되었다. 그러니까 인민경제의 새로운 조정자들은 본보기, 즉 유용한 증거자료를 근거로 삼을 수가 없었다. 그래서 그들은 마르크스의 가정을 보증된 지식으로 간주했다.

결국 마르크스의 가정은 학문적으로 근거가 제시되어 있다는 것과, 그 가정을 바탕으로 그들이 권한을 넘겨받을 지도 모른다는 것이 그들의 주장이었다. 그런데 이러한 지적인 자만심 때문에 그 가정은 현실

가치를 바탕으로 결코 숙고되지 못했던 것이다. 그러므로 권력자들은 단지 스스로 자신을 의심했는지도 모른다. 그렇지만 그들은 중앙당을 위해서 자신들의 욕구와 만족을 철저하게 조절했다.

● 신속하게 밝혀졌던 것처럼, 무엇이 기능을 발휘하지 않았고, 시장의 자기조정능력에 대응하는 무엇을 당신은 가지고 있었습니까?

시장을 저평가하는 것의 뿌리는 개인의 역할을 사회주의답게 저평가한 것에 있다. 그리고 마르크스 이론가들은 아주 많은 상품들이 있는 시장에서 너무 불필요할 정도의 다양함을 보았던 것이다. 그래서 자원들이 불필요하게 낭비되는 것만 같았다. 그리고 사회주의 경제는 자유시장과 경쟁할 수 없다는 다른 이유들 때문이기도 하지만 아무튼 실무자들도 나중에 그 이론가들에게 동감을 표시했다.

그렇다고 전화위복이 되는 다른 어떤 것도 실무자들에게 남아있지도 않았다. 이론가와 실무자, 이 두 사람은 사회주의가 발전된 미래의 사회에서는 평등이 군중의 구매의향과 기호를 평준화할지도 모른다는 희망을 가꾸었던 것이다. 그렇지만 사회주의에서 제한되어 있거나 시장이 없는 분야에서는, 예를 들면 유행, 다시 말해서 계획이 불가능한 창조성에서 싹이 트는 산물을 위한 장소가 있을 수 없었다. 얼마나 아름다운 전망들인가!

국유화의 또 다른 결함은 결함을 수정하기 위한 메커니즘이 형성되어있지 않다는 사실에 있다. 또한 피드백들은 기껏해야 보잘것없게 나타나고 말았다. 그렇다고 당이 설정했던 방침의 근거가 질문 받지는 않았다. 그리고 자아수정에 대한 무능력은 체제의 치명적 결함, 즉 다원주의와 민주주의가 부족하기 때문에 생긴 불가피한 결과였다.

그래도 서구의 산업사회가 이룩했던 성과들에 다가가려고 아주 고통스럽게 애를 썼을 때, 더욱이 사회주의 국가에서도 자가동력(Eigendynamik)이 발생했다. 그렇지만 자가동력은 즉시 체제의 정체적(停滯的) 특징과 충돌을 일으켰다. 그래서 모든 경제발전은 결국 중앙집권제의 태만을 더욱 뚜렷하게 했을 뿐이었다.

● 페레스트로이카는 이 결함들에서 어떤 것을 변경시킬 수 있었습니까?

페레스트로이카는 사회주의를 제거하지 않으면서도 사회주의의 체재에 내재하고 있는 결함들을 제거하려는 마음속에 있는 불합리한 시도였다. 그렇기 때문에 '개혁' 혹은 '변혁'은 국유화에 있는 부정적 결과들을 제거할 수 없었다. 오히려 사회주의는 개별 생산자, 혹은 생산자 그룹의 리스크를 옮겨놓았을 뿐이다.

이런 상황에서 중앙당이 결국 페스트로이카의 결손들을 막아야만 했다. 그래서 생산자는 더 많은 자율을 가지면서도 자신의 실수에 대한 배상책임을 지지 않았던 것이다. 동시에 너무나 거대하게 계획된 사회정책에 자금을 조달해야만 했던 중앙당이, 따라서 미래에도 그 리스크를 떠맡을 수밖에 없었다. 그러므로 중앙당은 점점 더 깊게 채무사안(債務事案)들에 빠져 들어가고 말았다. 결국 중앙당은 이런 식으로 자신의 파멸을 재촉하는 꼴이 되었다.

따라서 많은 사람들은 불가피하게 더욱 심하게 빈곤한 살림살이로 귀결되었고, 관료주의가 느릿느릿하기 때문에, 그리고 불충분하게 개혁을 추구하는 세력과 기업들의 확산된 무채산성(無採算性) 때문에 인민과 살림살이에서 필요한 것보다 더 적은 상품과 외환을 항상 제공받았다.

페레스트로이카의 시대에도 마찬가지였다. 따라서 너무 빈약한 기금들이 '중점적으로' 투입되는 길밖에 없었다. 이 사실 때문에 생필품의 공급부족이 변화하면서도 부분적으로 일어나서 표준 소비자들이 일부 체면을 손상당하는 결과까지 초래했다.

그러니까 공화국의 몇 개 지역에서는 여성용 드로즈(속옷)를 구할 수 없었고, 전구도 혹은 화장실 휴지도 구할 수 없었다. 다른 어떤 때에는 치과의사들이 독일 사회주의통일당의 지역관리에게 자신의 환자들을 위생적으로 완벽하게 치료할 수 있기 위해서 꼭 필요한 합성수지 장갑을 사용하지 못하고 있는 것에 대해서 하소연을 했다.

최종결과는 다음과 같다. **시장경제에 반대하는 초안에 따라 생산수단을 국유화한 것 때문에 부족함이 없었을지도 모르는 혹은 극복될 수 있었을지도 모르는 사회가 결코 나타나지 못하고 말았다. 그러나 빈(貧)과 부(富)의 대립의 자리에 생산수단의 국유화는 공식적인 생활과 비공식적인 생활 사이에, 직책의 관할권과 인민의 군중 사이에 모순을 낳고 말았다.**

● 파멸했던 동독 - 경제의 결과들이 오늘날 어떤 역할을 여전히 하고 있습니까?

서방의 기업들이 지니고 있는 문제들이 동구권 경제의 현재 상황 때문에 어느 정도로 강화되었는지 나는 분석할 수 없다. 그러나 몇 가지 후속 결과들 때문에 동구권이 발전했다는 것이 최종적으로 확인되었지만, 오늘날까지 그 후속 결과들이 통일된 인민경제에 해를 끼쳤던 것도 사실이다. 게다가 통일과 화폐개혁을 통해서 이전의 동독 국영기업체들은 이전까지보다 훨씬 더 불리하게 세계시장에 참가할 수 있었다는 사실이 여전히 오랫동안 영향을 미치고 있다.

그래서 동독의 생산물들에 대한 대금은 단지 안정되어 있는 독일 마르크로 지불받을 수밖에 없었다. 또한 주로 제3세계의 출신으로서 동독의 생산물을 지금까지 구입했던 자들은 더욱 양질의 서독 생산물들을 구입하기 위해서 독일 마르크 적립금을 투입하려고 했다. 더구나 대부분의 동독 기업들은 파산할 우려가 있다는 또 다른 가능성 때문에 신탁관리를 받게 되었다.

또한 연방 독일과 대단히 많은 외국의 기업들은 동독의 많은 기업들을 완전히 상징적인 가격으로 손쉽게 취득했고, 이와 더불어 적어도 최소한의 작업장들을 확보하게 되었다. 동시에 이 기업들의 구조는 바뀌어져야만 했고 개선되어야만 했다.

그런데 구(舊) 연방주(聯邦州)에 있는 산업생산시설들은 외국 시장들에게처럼 전체 독일의 국내 시장들에게 서비스를 할 수 있을 정도로 충분했다. 그렇기 때문에 독일 산업의 다수 본점은 여전히 서독에 자리를 잡고 있었다. 반면에 본점에 속해있는 공장들은 순수한 지점에 지나지 않다. 따라서 이 기업에는 더욱 높은 경영진과 중간의 경영진이 없다. 그러니까 연구와 발전도 없고 관리와 마케팅도 없다.

그런데 희망의 첫 번째 외딴 등대로서 로타르 슈페트(Lothar Späth)

의 지휘 하에서 번창하는 대기업 제놉틱(Jenoptik; 광전자기업)으로 탈바꿈했던 예나에 있는 옛날의 차이스 기업결합(Zeiss-kombinat; 독일 광학기업)이 나의 눈길을 끌었다.

그렇지만 여전히 다음 사실은 유효하다. 동독에 있는 우리는 자공장 - 경제(Zweigwerk - Economy)에 만족하는 것이 아니라, 상승속도를 가속하기 위해서는 기간기업의 숫자를 늘려야만 한다.

● 동독은 연방공화국보다 농업에 더욱 많이 의존하고 있었습니다. 그 사실이 통일로 전환하는 것을 어렵게 했습니까?

첫 눈에만 그 사실이 그렇게 보였다. 그런데 동독의 첫 번째 계획 수장을 수년간 역임했던 서기였고, 동독 경제의 뛰어난 숙련가였으나 그 사이에 죽은 프리츠 쉔크는 전환단계에 대한 중요한 관점을 지적했다. 그러나 쉔크는 1957년 연방공화국으로 달아나서 나중에 게하르트 뢰벤탈(Gerhard Löwenthal)과 같이 제2 독일 TV - 방송프로그램 '동독의 일기'의 편집인이 되었다.

서방에 비해 동독의 뚜렷한 저개발을 증명하기 위해서 독일 사회주의통일당 스스로 유포시켰던 사진을 쉔크가 수정했다. 그런데 독일 사회주의통일당에 따르면 동독은 주로 농업을 특징으로 하고 있는 독일의 지역이었다. 그렇지만 물론 잊혔던 다음의 몇 가지 사실들이 앞의 사실에 상치(相馳)되고 있다.

다시 말해서, 1945년 포츠담회의에서 국제통계학자들의 위원회가 마지막 평화의 해인 1939년과 관련된 독일의 첫 번째 경제적 자료들을 산출해냈다. 그리고 점령지구에 따라 정리했다.

이것에 따르면, 미국이 점령하고 있던 지구들(바이에른, 뷔텐베르크, 헤센)에는 300만 명의 피고용인들과 433,000개의 기업체들이 있었다. 영국이 점령하던 지구들(노르트라인-베스트파렌, 니더작센, 슈레스비히-홀스타인, 함부르크와 브레멘)에는 420만의 피고용인들과 453,000개의 기업체들이 있었고, 프랑스가 점령하고 있던 지역들(바덴, 라인란트-팔츠, 자르란트를 제외한)에는 100만의 피고용인들과 164,000개의 기업체들이 있었고, 소비에트가 점령하고 있던 지역에는 360만의 피고용인들과 483,000개의 기업체들이 있었다.

그런데 영국이 점령하고 있던 지역에 비해서 더 낮은 피고용자 숫자가 있는 많은 수의 기업체들은 당시의 상황에 비해 동독의 발전된 합리화 정도를 표현해주고 있었다. 그러니까 기계를 사용하여 이미 더 많은 것이 제작되고 있었다. 분석에 따르면, 전쟁이 끝날 때까지 이 비율은 더군다나 그 전에 여전히 강력하게 투자되었지만 비로소 전쟁이 끝날 무렵에 강하게 폭격을 당했던 지역, 즉 소련이 점령하고 있던 지역에서 개선되었던 것이었다.

그런데 특히 평화 시 경제에 적합한 산업부분들이 연방공화국에 있었다는 사실이 훨씬 더 강하게 남의 눈길을 사로잡았다. 작센에 있는 자동차연합(DKV, Horch, Audi, Wanderer), 아이젠바흐에 있는 BMW, 그리고 브란덴부르크에 있는 최신의 오펠 자동차 공장, 그리고 적절한 부품 공급업자들; 전기공학, 정밀기계공업과 광학; 그래픽 산업, 포장공업; 화학의 최신 부분, 약학, 필름 생산, 그리고 플라스틱 생산; 섬유산업과 의류산업, 유리공업, 도자기 산업과 가구산업, 그리고 소매상을 위한 선박 임대자, 요식업과 수공업, 당시의 세계적인 제품들, 생산자들과 소재지들의 리스트는 너무나 긴지도 모른다.

특히 세계에 고정된 고객층을 가지고 있는 성과가 양호한 중소기업들이 중요했다. 그곳에서도 폭탄을 투하하는 전쟁과 소련의 파괴로 인한 끔찍한 피해들이 틀림없이 있었다. 그렇지만 동독의 경제권이 기본구조를 유지했었고, 마샬 플랜에 참여할 수 있었다면, 동쪽에 있는 미비한 부분들이 서쪽 지역에서보다 아마도 더 빠르게 보완되었을지도 모른다.

● 그 후에 보상금의 폐지 이외에도 독일 사회주의통일당의 정책 때문에 동독의 산업발전에 결정적이고 장기적인 손상이 생겼습니다.

네. 10만의 기업가들은 재산을 몰수당했고, 체계적으로 추방당했다. 게다가 기업들은 사회주의적 기업결합에 편입되었고, 소련 유형의 중앙 계획경제가 도입되었다. 이 조처들은 소련의 모든 위성국가에게 강요되었다. 또한 울브리히트의 정책은 추가적으로 동독의 경제적 손상을 가중시켰다. 그렇지만 독일 사회주의통일당의 당수는 자기 나라의 글로벌 전략적 상황을 의식하고 있었다.

다시 말해서, 위성국들의 전체 구역을 잃어버리지 않기 위해서 모스크바는 가장 친서방적인 자신의 보루를 결코 단념하지 않을 지도 모른다는 사실에 당수는 근거를 두고 있었다. 그러나 크렘린은 글로벌 전략적 관심뿐만 아니라 동독이 소련 권에 잔류하는 것에 대한 명백한 경제적 관심도 있다고 생각했다. 그렇기 때문에 울브리히트는 동독을 소련의 중공업과 군수산업을 위한 가장 중요한 부품공급자가 되게 하였다. 그리고 그는 동독의 나머지 기업들을 폐허화 시켜놓고 말았다.

정치국이 이루 말할 수 없게 대담하게 시도했던 경제적인 최후의 결과가 1989년 10월 말에 공표되었던 전문가 보고서에서 기술되어 있었다. 이 보고서에 따르면, 동독은 여전히 서방 생산성의 1/3에 지나지 않았다. 이 사실은 약 200만 피고용인들의 노동력이 과잉이었다는 것을 의미했다. 게다가 동독에 있는 산업시설의 60% 이상이 폐쇄되었고, 30% 이상이 60년 이상이 되었다.

그리고 1989년에 계획하고 있었던 투자의 총규모는 600억 동독 마르크 이하였다. 이 돈으로는 화급한 수리를 더 이상 감당하지 못했고, 새로운 투자들은 거의 불가능하게 되었다. 더군다나 동독은 약 2,000억 동독 마르크의 빚을 지고 있었다. 이 사실 때문에 동독 인민의 모든 예금통장 잔액들은 실제로 아무런 쓸모가 없었다. 또한 동독은 외국 무역에서 500억 외화의 부채를 지고 있었다.

언급하였던 것처럼 동독은 1990년에 채무 서비스, 다시 말해서 외화로 갚아야하는 신용대부의 이자들을 더 이상 지불할 수 없었을지도 모른다. 따라서 동독은 차입했던 국제외환안정기금을 지불할 능력이 있다는 것을 설명해야만 했을지도 모른다. 따라서 동독인민들이 60억 동독 마르크를 저축하고 있었을 지라도, 모든 동독인민들의 소득은 축소될 수밖에 없었을 것이고, 예금통장 잔액은 동결될 수밖에 없었을 것이다.

그럼에도 불구하고 이 보고서는 구체적인 정치 제안들을 자제하고 있었으나, 자신의 힘으로 경제적 어려움들을 극복하게 되어도 '동독은 통치할 수 없게' 될지도 모른다는 것을 분명히 했다. 그렇기 때문에 이 보고서는 '동독과 연방공화국이 국가연합구조를 만들기 위해서' 동독이 연방정부와 상의하는 것을 즉각 수용할 것을 권유했다.

● 이 상황에서 어떤 결론이 끌어내어질 것이라고 생각했단 말입니까?

호네커가 실각한 이후에 우리가 더욱 신경을 쓰지 않았던 단지 하나의 결론은, 더 정확히 말하면 독일 사회주의통일당이 거의 1백만명에 달하는 과거의 소유자에게서 강탈했었던 재산을 신속하게 대규모로 반환하는 것이었다.

그렇게 되면 과거의 소유자들이 가지고 있는 경험들, 시장에 대한 그들의 지식들과 그들의 국제적 평판이 이용될 수 있었을지도 모른다. 또한 과거의 소유자들을 이용한다면, 더욱 큰 영향이 있을지도 모르고, 공공재산의 관리자인 국가는 신탁관리기관에 있는 서방 출신의 3,000명이 넘는 법률가들의 모든 판매서비스와 보조금 서비스에 들어가는 비용보다 더 적은 비용이 들지도 모른다.

프리츠 쉔크는 첫 번째 입법부의 임기 내에 동독의회가 통일조약을 고치지 않은 것을 동독 의회의 거대한 실수라고 말했다. 그래서 사회주의에서 떠맡았던 부담들이 남아있게 되었다.

11

가장 강력한 유도무기들
배아(胚芽)가 없는 국영 대중매체들

● 당신은 1978년부터 1985년까지 지도적 국가기관이며, 정당기관인 「새로운 독일」이라는 일간신문의 수석 편집인이었습니다. 동독의 공산주의자이며, 저널리스트인 당신을 사람들은 어떻게 생각했습니까?

나는 우선 당간부라고 생각했다. 공산주의 신념이 결정하는 것이었다. 그런데 공산주의 신념이 있었기 때문에 당이 나에게 위임할지도 모르는 모든 일자리를 나는 대체로 수행할 수 있다는 것을 알았다. 공산주의자들이 항상 위대한 이데올로기의 대표자로서 어느 정도 자신을 잘 이해하고 적절하게 자신을 생각하고 어떻게 태도를 취하는지를 나는 나의 책 《추락(Der Absturz)》에서 기술했다.

당시에 베를린 당서기로서 나는 나의 일을 열광적으로 시작했었다. 왜냐하면, 저널리스트로서보다 베를린 당서기로서 나는 나의 임무에 더욱 만족할 정도로 기여할 수 있다고 믿었기 때문이었다. 나는 기술했습니다.

"자기기만의 메커니즘이 어쨌든 순탄하게 기능을 발휘했습니다. 그래서 그 메커니즘은 비합리적인 방법으로 전체와 전체의 부분들 사이를 구별하였던 것입니다. 그렇지만 그 체제가 훌륭했고 훌륭하게 유지되었음에도 불구하고, 그 체제의 요소들은 체제에 모순되었습니다.

그런데 그 체제에서는 사회적 진실과 판단력을 구체화하는 것이 요구되었습니다. 그렇기 때문에 우리는 궁여지책의 거짓말을 해야 하는 저널리즘을 실행할 수밖에 없었던 것입니다. 그래도 서방에 비해서 생산성의 결함이 더 많아졌을 지라도 우리는 더 훌륭한 경제구조를 소유하고 있었습니다.

뿐만 아니라 우리는 더욱 민주적이었으나, 민주적이라는 단어의 원래 의미에서 달리 생각하는 것은 금지되고 있었습니다. 우리는 자유체제였습니다 - 우리가 압제하는 착취를 폐지하지 않았습니까? 그러나 우리의 자유는 국가의 안전을 지키는 군대와 함께 할 때만 유지될 수 있었습니다."[23]

비판적이고 별로 독단적이 아닌 당 간부들 자신은 당원들이 변화를 필요로 하거나 개선을 필요로 한다는 것을 인정하기를 원했다. 그러나 체제는 인정하기를 원하지 않았다. 왜냐하면, 결과가 손상된 경우에 기본구조와 관련된 어떤 것도 사실이 아닐 수 있다는 반전(反轉) 결론은 허용되지 않기 때문이었다. 우리의 체제는 이상(Ideals)을 투영한 것이었다. 그렇지만 충분되지 않았던 이상들 - 그래서 우리는 스스로 진정되었습니다 - 에 접근하게 되는 것이다.

---

23) Grunter Schadowski, Der Absturz. 레인벡 1990.

● 민주국가에 있는 언론계는 네 번째 권력으로 이해되고 있습니다. 공산주의자는 언론을 어떻게 평가합니까?

저널리스트든 극장장이든 경영 책임자이든, 공산주의자는 언론을 다르게 평가한다. 그렇지 않다면 그는 공산주의자가 되지 못했을지도 모른다. 그러므로 공산주의자는 일자리, 혹은 자신의 재능에 대한 의무감이 없다 - 마르크스주의를 온 인류에게 설명하는 것이 그의 생존과 관계가 있는 것이다.

게다가 공산주의자로서 그는 정신적으로 새롭게 만들어졌던 것처럼 다른 사람이 되었다고 잘못 생각하고 있다. 그리고 공산주의가 대중매체를 파악하는 경우에는 민주국가에서처럼 정치적인 의사소통은 있을 수 없는 것이다. 왜냐하면, 공산당이 합법적으로 지도적 역할을 하므로 정치적인 의사소통이 필요 없기 때문이었다.

그러니까 이데올로기가 정치적인 의사소통을 대신하였던 것이다. 물론 사회주의에서도 의사소통의 모든 방법들, 요소들과 어법들이 형식상 존재하고 있지만 수단으로 쓰여 지고 있을 뿐이다. 이러한 것들은 1차원적이기 때문에 생각들의 교환이나 정치적인 행동의 변화에 도움을 주지 못하는 것이다. 따라서 사회주의에 있는 대중매체들은 지배적인 논거(論據)를 전적으로 혼자서 관철시켜야 한다.

이러한 배경 때문에 공산주의의 저널리즘은 서방에서 절단수술을 받은 것으로, 혹은 단순히 괴이한 것으로만 간주되고 있는 저널리즘의 변형으로만 단순히 이해하지 말아야 할 것이다. 우리는 아주 다르게 생각했다. **저널리즘은 당의 숭고한 일을 위해서 투쟁하는 가장 중요한 도구들이다.**

● 이 사실을 이해한 후에 당 노선의 정신을 따르는 사람들에게 영향을 미치는 것이 문제가 될 때마다, 중요한 역할은 대중매체들에게 돌아갔습니다.

네. 대중매체들, 다시 말해서 출판물, 텔레비전, 그리고 라디오는 독일 사회주의통일당에서 기능적으로 높은 위치가(位置價)를 가지고 있었다. 그것은 당의 가장 예리한 무기인 언론계에 대해서 뭇입에 오르내리는 말로 표현한 것이다. 쉽게 변화되는 것을 보니까 언론계가 '당의 가장 예리한 유도무기'였다는 것을 아이러니하게 오늘 나는 말하고 있는지도 모른다.

대게 객관적인 보도의 근거가 되기 위해서 사회에서, 혹은 적어도 당내에서 하는 토의 혹은 여론조성의 공공기관으로서 언론계가 역할다운 역할을 하지 못했다고 생각한다. 왜냐하면, 언론계는 당 지도부의 집행기관이었고, 당 지도부가 포고한 노선, 즉 전당대회에서 전당대회까지 결정되어있던 전체노선의 집행기관이었기 때문이다.

그리고 저널리스트들은 우선 공산주의자로서, 간부로서, 당의 '투사들'로서 이해되어야만 했다. 왜냐하면 사회주의에서 언론계는 당노선을 관철하는 '집단적 정치 선동가, 선전 담당자와 조직 능력자'로서 간주된다고 레닌이 말했기 때문이었다.

그런데 이 좌우명이 역시 건드릴 수 없는 진실로 고양되었다는 것은 - 교조주의가 발생함으로써 나타났던 구체적인 역사적 번거로움을 고려하지 않은 체 - 공산주의가 교조주의로 바뀌는 경향을 나타내고 있다. 그렇지만 이스크라(Iskra)가 나타난 이후로 세계는 두드러지게 변화되었다.

● 도대체 이스크라가 무엇이었습니까?

'이스크라'는 러시아어로 불꽃이라는 말이다. 그것은 레닌의 영도
하에 있었던 1900년부터 발행되었던 작은 신문의 명칭이었다.

● 그러면 그것이 80년대에도 여전히 본보기였습니까?

그 사실은 맞는다고 추정된다. 공산주의에서 대중매체 플랜은 지난
세기의 첫해까지 거슬러 올라가게 된다. 그 대중매체 플랜은 레닌이
편집했던 제정(帝政) 러시아 시대에 지하조직으로 이루어졌던 러시아
사회민주주의 급진세력들의 정신적, 그리고 조직적 중심역할을 했던
이 볼셰비키의 성유물(聖遺物; Reliquie)에 뿌리를 두고 있었다.

그러니까 모스크바와 연결된 공산당들이 요구했던 모든 대중 매체
활동은 그 대중매체 플랜에 근거를 두고 있었거나 그 대중매체 플랜과
연관을 맺고 있었다.

이 사실 때문에 많은 발행 부수를 자랑했지만 결국 그 대중매체 플
랜에 어긋났던 유례없이 획일적인 신문업계가 나타나게 되었다. 그래
서 인용된 레닌의 어록을 보면, 보도는 현저하게 견해가 되지 못했다.
그렇지만 언론계는 사회주의에서도 뉴스들을 포기할 수 없었다.

그렇지만 레닌의 프리카(Prikas)에 따라 뉴스들은 선동으로 간주되었
다. 따라서 뉴스는 '사실을 통한 선동'으로 불리어졌다. 그래도 뉴스
는 실제 사실의 선택과 관련이 있었을 뿐만 아니라, 실제 사실을 제시
하는 필법과 관련이 있었다.

- 실제 사실과 노동자 계급의 당을 대변하는 표현 사이에 있었던 모순이 너무 크게 되었을 때, 저널리스트들은 괴로워하지 않았습니까?

아니다. 이 사실이 당신을 놀라게 했는지는 모르지만 공산주의를 확신했고, 공산주의의 은혜를 입었던 추종자들인 우리의 경우에 노동자 계급의 당을 대변하는 것 때문에 객관성에다 저널리스트적인 척도가 덧붙여졌던 것이다.

우리의 개념에 따르면, 노동자 계급의 당을 대변하는 것은, 더욱 상위의 의미로는, 객관적인 것을 의미했다. 다시 말해서, 사회주의 혹은 공산주의의 편을 드는 것은 객관적인 발전 법칙에 따라 행동하고, 그 발전법칙을 지키는 것을 의미했다. 그렇지만 파당성은 무조건 사회주의의 변호를 반드시 받게 되어 있었다.

그렇기 때문에 적절하게 꾹 참다보면 인민에게 있는 자본주의의 모든 잡동사니가 극복되었던 것이다. 따라서 노동자 계급의 당을 대변하는 허위, 혹은 부담이 되는 진실을 숨기는 것은 객관적으로 기술하고자 애를 쓰는 다른 진영 출신의 저널리스트보다 견해에서 더욱 객관적이었다. 이 사실은 유물변증법을 따른 것이었다. 그렇지만 정상의 인간은 이 사실을 오히려 억지설을 늘어놓는 것으로 생각할지도 모른다.

- **그 사실 때문에 적어도 이론적으로 쓸데없는 검열이 있게 되었습니다.**

부분적으로 그렇다. 동독에서는 검열관 없이도 검열하는 현상이 있었다. 그 사실이 붉은 프로이센의 관점에서 '폴란드 경제'를 지배했던 공산주의 폴란드와 대략 다른 점이었다. 그리고 이웃 나라에서는 저널리스트들의 독립성이 좀 더 많이 유지되었다. 다른 한편, 당이 후견하고 있다는 뚜렷한 신호인 직접적인 검열이 또한 있었다. 그러니까 출판물이 공식적인 노선을 벗어났다는 가정 하에서 출판물들은 나중에 검열을 통해서 통제되었다.

호네커는 다른 나라들과 대조적으로 동독은 외국의 저널리스트들과 국빈들에 대해서 검열을 하지 말라는 지시를 뽑낼 수 있지만 근본적으로 경멸적인 지시를 감히 내리지 못했다. 내 머리 속에 있는 가위는 동독에 있는 펜들과 확성기들을 정치적으로 바로잡는 것을 보장하기에 충분했다.

● 그렇지만 그 사실에 대한 정보를 제공하는 것이 때때로 전혀 문제가 되지 않았습니까? 도대체 무엇을 써야만 했고 무엇을 쓰지 말아야만 했던 것을 어디에서 알게 되었습니까?

그 사실은 독자적 규정에 따르는 과정이 아니었다. 게다가 최고도로 엄격한 규정을 희생시켜야만 추가 검열이 단념되는 것이었다. 그렇지만 당과 정부조직의 2개 공공기관들, 즉 중앙위원회의 선동부서와 동독정부의 공보실이 추가검열에 대한 권한이 있었다. 중앙위원회 - 선동부서는 당보(黨報)에 신경을 썼다 - 동독의 모든 행정구역에서 독일 사회주의통일당 - 신문이 발행되었다.

이 이외에도 당의 지사로 간주되었던 노동조합들과 청소년연합인 독일자유청년단과 같은 거대한 대중조직체들의 신문에 신경을 썼다. 공보실은 동일한 방법으로 연합정당들의 언론계, 잡지들, 그리고 정기 전문 간행물을 좌지우지했다. 그런데 공보실장은 자신이 연합정당의 언론계에게 이어 전달했던 지침들을 더불어 중앙위원회의 선동부서로 부터 받고 있었다.

● 조정하는 통제는 얼마나 포괄적이었습니까? 대중 매체들에게 장기적이 며 아주 일반적인 핸디캡이 있었습니까?

대중 매체활동을 관찰하고 동반하는 경우에 다방면의 제안들, 혹은 방침의 충동들과 같은 것이 거의 없었거나 전혀 없었다. 적당한 기회 에 저널리스트 단체의 특별한 협의들, 혹은 집회들이 개최되었을 뿐이 었다. 그리고 그 노선은 오래 전부터 독일 사회주의통일당의 중앙당이 결정해서 확정지었던 것이다.

그 이외에도 중앙위원회의 부서와 공보실은 끊임없이 편집일에 관 여했다. 그래서 그 두 부서들은 매일 대중 매체에게 어떤 것이 표현되 어야만 했는지, 혹은 표현되지 말아야 했는지, 예를 들면 어떤 평가 역 점들, 어떤 당일 뉴스들, 어떤 회의록 보도들, 어떤 정부의 결의들, 고 려해야할 논평들에 대한 어떤 견해들과 주제들, 또는 그러한 것들이 어떻게 배치되어야만 했는지, 그리고 어떤 여론 상황이 언론으로 지원 되어야만 하는지에 대한 구체적인 형성 지시들을 했다.

중앙위원회 부서의 영향권들 내에서 소위 선동위원회가 1주에 한번 회동했다. TV와 라디오를 제외한 중앙 신문들의 수석 편집인들, 그리 고 공보실장이 그 위원회에 참가했다. 참석자들은 그 위원회에서 중앙 위원회의 부서장으로부터 가장 최초의 혹은 다음의 사건들에 대한 자료들과 지시들을 받았다.

경우에 따라서는 발행에 대한 비판도 우박처럼 쏟아졌다. 그런데 선동위원회의 회의는 정치국의 매주 회의의 바로 뒤를 이어서 정기적으로 개최되었다. 왜냐하면 그 부서장이 먼저 방청자로서 정치국회의에 참석하곤 했기 때문이었다. 그러면 정치국의 중요한 결정들이 대신해서 전해주는 힘이 있는 활동들로 바로 전환되었다.

그리고 전체적으로 문서로 작성되는 신문업계의 인사문제에서도 선동부서의 권한이 어디까지 미쳤는가는 동독의 유일한 신문학부가 선동부서의 관할 하에 있었다는 사실에서도 결론이 나온다. 라이프치히 대학교에 있는 '적십자(Roten Kloster)'에서 사회주의 저널리즘의 후진들이 똑같이 양성되었다. 그 후에 후진이 국가시험을 친 다음에는 편집실에 있는 졸업생들을 선동부서가 마음대로 투입할 수 있었다.

● **그러면 호네커도 직접적으로 대중매체활동에 개입했습니까?**

그것이 그의 장기(長技)나 마찬가지였다. 선동을 담당하는 비서가 있는 정치국에 대중매체를 담당하는 전권위원이 있었음에도 불구하고 총서기는 TV와 당기관지 「새로운 독일」에 직접적으로 영향을 미치는 전권 위원의 권한을 유보시켰다. 물론 그렇게 한 것은 독일 사회주의통일당을 보편적으로 제어하려는 욕구 때문만은 아니었다.

왜냐하면 호네커는 다른 '형제정당'의 총서기들과 달리 자신이 특히 대중매체에 대한 전문지식이 있다고 생각했기 때문이었다. 총서기로서 자신이 최고의 지시를 내릴 수 있는 권한 이외에도 감상성도 자신에게 중요했다.

청년공산주의자 호네커는 그의 고향인 자르란트에서 공산당 당보인 「노동자 신문(Arbeitzeitung)」에서 노동자 통신원으로 근무한 적이 있었다. 그래서 가끔 「새로운 독일」에 자신이 기고했던 서방 - 테마의 논구 (論究)에 대한 논평들을 호네커는 「노동자 신문」에 대한 기억으로, 그러나 기자의 품질공인을 달성하기 위해서, 다시 말해서 그 자신이 설정했던 표준을 달성하기 위해서 머리글자 A. Z로 표시하곤 했다. 그런데 호네커는 자신이 선택했던 머리글자들을 다음과 같이 해석했다.

"논평은 그러해야만 합니다. 필요한 모든 것은 정확히 처음부터 끝까지 극히 명료하게 언급되어야만 합니다."

그리고 서방 - 테마에 대한 논구는 그에게 특히 중요했다. 그래서 연방공화국과 관계들에 해당되었던 「새로운 독일」의 논평들은 독일연방공화국의 대중매체에서 더욱 빈번하게 인용되었던 것이다.

그러니까 정치국 회의 직후와 선동부서에서 개최되는 지시회합 전에 호네커의 집에 선동 비서와 「새로운 독일」의 수석편집인이 나타나지 않을 수가 없었다. 그러면 비서는 호네커에게 저녁쇼인 '시사 카메라'의 진행프로그램을 제시하였다. 그리고 호네커는 수석편집인에게 제1면의 페이지 배정, 즉 머리기사, 그리고 표제들의 강조에 관한 정보를 수집할 수 있었다.

그렇지만 의도적인 당일 논평들에 대한 정보를 드물게 수집할 수는 없었다. 그런데 호네커는 연방공화국과 관계에 해당되는 모든 것에 특별히 주목을 했다. 게다가 TV 뉴스의 경우에는 세부사항에 더욱 강한 관심을 나타냈다. 그리고 독일 사회주의통일당의 지도부와 자신의 외모가 대중에게 미치는 영향이 중요했을 때마다 호네커는 TV를 특히 중요한 것으로 간주했다. 자신과 관련된 일을 기술적으로 분명하게 진행시켜나가는 것이 성공했을 때, 그때 그는 정말 만족스러워 했다.

이 사실은 어느 정도 터놓고 논의할 용의가 있다는 것이 호네커의 생각이었다. 그러니까 적어도 이론적으로 거의 매일 저녁에 인민들과 시각을 통해서 밀접한 관계를 이어나갈 생각을 호네커는 이런 식으로 했던 것이다. 그러나 역시 그렇게 되지 않는다고 해도 화면에서 대부분 보잘 것 없는 정보들을 중재하는 것도 세상을 능숙하게 다루려는 그에게 특히 중요하고 희망찬 것으로 간주되었다.

따라서 그때 그는 '시사 카메라'의 보도들을 연속해서 변화시키도록 했다. 그래서 '시사 카메라'는 뉴스들의 방송시간을 고치기 위해서 별의별짓을 다해보게 되었고, TV카메라의 촬영과 관련된 다음과 같은 아주 구체적인 지시도 이미 있었다. 늘 측면에서만 촬영하지 말 것. 그러니까 한 양동이의 침강(沈降) 탄산석회와 같이 보이지 않는 것을 더욱 샅샅이 밝히시오!

● 통제가 편재(遍在)해 있는 불신을 좀 더 많이 증명하고 있습니다. 오직 그렇기 때문에 당신도 뉴스들을 신중하게 걸러야만 했습니까?

네. 결국 선전활동을 하고 있는 대중 매체들은 권력을 보장하기 위한 또 다른 도구일 뿐이었다. 그리고 정치적이거나 시사적인 풍자를 하는 공연예술인 카바레트(Kabarett)는 아주 정확함을 거의 가지고 있지 않는 특정한 사실이 공식적으로 어떻게 표현되어야 하는가 하는 규정들의 카탈로그는 정말 카바레트다웠다.

그런데 이 규정들은 텔렉스의 텔레프린터, 이메일의 우선 참조인, 혹은 중앙위원회 선동부서의 전화로 전달받았다. 그러면 이 부서의 대리 관리자가 규정들을 총괄했고, 몇 가지 규정들을 전환기가 지나서 공고하였다. 그런데 다음의 것들은 언급되지 말아야 했다.

국가혼란이라는 단어, 왜냐하면 그 단어는 국가를 우스꽝스럽게 만들지도 모르기 때문이었다 - 그래서 반항심 때문에 신문에는 '동독 - 혼란'이라고 쓰여 졌다. 그렇지만 이 개념에 대한 금지령이 어김없이 추후에 보충해서 제출되었다.

포름알데히드라는 단어, 왜냐하면 인민들이 암을 두려워할지도 모르기 때문이다; 인민 실내수영장이라는 단어 - 왜냐하면 실내수영장은 어차피 인민을 위해서 있는 것이기 때문이다; 벌거벗은 동자상들, 볼링레인들, 맹꽁이자물쇠와 보행자 전용구역과 같은 단어들, 왜냐하면 이 단어들은 만족시킬 수 없는 욕구들을 불러일으킬지도 모르기 때문이었다.

파키스탄에 대한 부정적 보도들, 왜냐하면 우리는 카라치에서 이륙권과 착륙권을 유지하는 것이 좋기 때문이었다; 조선기업결합, 왜냐하면 그 조선기업결합이 저당 잡혀있었고 사장은 처벌받았기 때문이었다; 구운 소시지 가게라는 단어, 왜냐하면 인민들이 어차피 고기를 충분히 먹을 것이기 때문이었다.

원자력발전소라는 단어, 왜냐하면 딴 경우에는 민감한 주제가 고도로 고무(鼓舞)될지도 모르기 때문이었다; 스스로 제작된 비행기구들이라는 개념, 왜냐하면 이 말이 도주하려는 의도를 자극할지도 모르기 때문이었다; 규격 1의 경주용 자동차라는 단어, 왜냐하면 우리는 이 규격

1의 경주용 자동차를 구입하지 못할 것이기 때문이었다.

이 이외에도 다음과 같은 지침들이 있었다. 조감도에 있는 군중집회의 사진들을 제거 - 다음과 같은 이유제시로 지도자가 참석한 집회 때 사진사가 추락한다면, 그 책임은 너희들이 질 것이기 때문이었다. 혹은 외교문서에 기록되어있는 만남에서 탁자에 있는 과일접시의 사진 제거, 왜냐하면 인민이 시기심이 많게 될지도 모르기 때문이었다.

● 그와 같은 사실들은 실제로 카바레트의 소재가 될 만할 뿐만 아니라, 경직된 열등의식을 증명합니다.

거참, 노동자와 농민 국가의 지도부 내에 있는 분위기가 그랬다. 그 분위기 때문에 내가 아직 말하지 않은 몇 가지 금지령을 더 언급한다면, 대중매체에 대한 생각이 아마 완전해질 것이다. 그런데 대중매체가 국가의 평판에 대해서 근본적으로 우려를 제기하면 국가의 자주독립에 대한 우리의 하자를 누설하는 꼴이 된다.

동독의 범죄현상과 알코올중독에 대한 어떠한 것도 오랫동안 발표된 일이 없었다. 그리고 법원의 심리를 근거로 더 이상 부인될 수 없을 때까지 그렇게 오랫동안 동독에 신-나치스트가 존재한다는 사실이 비밀에 붙여져 있었다.

게다가 산림의 죽음, 스모그 오염, 혹은 이혼의 비율과 마찬가지로 동성애자는 존재하면 안 되는 것과 같은 생각들이 존재할 수 없다는 편협한 부끄러움에 직면하고 말았다. 그렇지만 동일한 영역 내에서는 부끄러움은 진기하게도 아무런 효과를 나타내지 못했다. 몇 번 국경을 통과할 때마다 입국하는 방문객들이 단테의 감정을 가질 수밖에 없었던 편협한 슬픔을 동독은 거리낌 없이 나타내고 있었다.

● **당신은 자신이 본받으려고 했던 저널리스트의 전형(典型)을 지녔습니까?**

정치적으로 조그마한 일에 대해서도 화를 내도록 끊임없이 이렇게 재촉한다면 누가, 혹은 무엇이 우리에게 정말 전형(典型)이 될 수 있다고 생각합니까? 그렇지만 신문학을 연구할 때 좌우명으로 우리가 함께 받았던 막심 고리키의 명언이 나의 기억 속에 남아있었다. 그런데 나는 자아를 확인하기 위해서 나와 다른 사람의 좌우명을 되풀이해서 비난했다. 이 점에 있어서 고리키도 러시아에서 망명했던 언론계를 신랄히게 비난했다.

"러시아에서 망명했던 언론계는 다만 소련의 신문들을 리프린트해서 거의 살아가고 있고, 나쁜 모든 것을 추려내고 농부들과 노동자들, 그리고 그들이 만들었던 새로운 질서를 비방할 수 있는 모든 것을 추려냅니다. 그런데 유럽의 시민 신문들은 그와 같은 망명의 구렁텅이에 빠져있는 그들의 편에 서서 지금 생계를 이어갑니다.

게다가 유럽의 무산계급도 이 신문들을 읽고 있습니다. 하지만 계급의식이 강력한 힘인 것입니다. 그 계급의식(Klassen-bewusstsein)이 성능 좋은 기계라고 하더라도, 날마다 각종 오물과 먼지로 더럽혀진 기계는 역시 더욱 좋지 않게 움직일 것입니다."

그래도 당시의 소련 신문들은 아직 그 폐해에 대해서 상당히 공개적으로 비판을 할 수 있었다는 사실이 그 인용문에서 추론될 수 있다.

그렇기 때문에 고리키는 도덕적 권위자로서 '자신의 조국을 헐뜯음'으로써 반공산주의 혁명을 후원하지 말라고 독촉했다. 다른 한편 우리는 이 점에서 사실들을 수정하거나 미화하는 것이 정당하다는 것을 알아차렸다. 더구나 그 정당함으로 인해서 사회주의 이상세계에 있는 어두운 부분이 방지되었던 것이다.

● 당신은 수석 편집인으로서 당신의 직원들에게 무엇을 전별품으로 함께 주었습니까? 당신은 고리키를 지속적으로 끌어댈 수 없었습니다.

내가 80년대 초에 회합에서 더욱이 주장했던 간결하게 함축된 다음의 말이 우리가 줄타기하는 특징을 나타냈다.

"우리가 현재 추진하려고 하고 승계하려고 하는 비판의 가장 효율적인 형식은 노인, 관례적인 것, 비효과적인 것, 비용이 드는 것을 비판하는 것입니다. … 우리는 사회주의를 변호하는 사람들입니다. 그렇기 때문에 우리가 지지하고 있는 비판의 주요 형식은 항상 새로운 표준을 설정하는 것, 즉 앞선 경험들을 전파하는 것 - 다시 말해서, 오늘의 좋은 것을 내일의 더 좋은 것으로 개조한다는 의미로 현존하는 것을 비판하는 것입니다." 따라서 좋은 것보다 훨씬 더 나쁜 것은 말로 표현할 수 없게 되었다는 것이다.

● 특히 호네커가 1971년 권력을 넘겨받았을 때, 물론 이완의 시기들도 있었습니다. 그 때가 행복감에 젖어있었던 시기들이었습니까?

행복감은 과장된 것이다. 그러나 우리는 희망에 차 있었다. 나는 그 시기에 「새로운 독일」의 편집부에 있는 대리 수석편집인으로 이미 3년째 일하고 있었다. 그런데 소련공산당의 모스크바 당원대학서 내가 1년 동안 연구하는데 중앙위원회의 선동부서가 나를 당의 '기관지'에 투입할 것을 지시했었다. 그런데 「새로운 독일」에는 아주 많은 대리 수석편집인들이 있었다 - 나를 포함해서 7명이었다.

그래서 편집인들은 수석의 과잉을 비웃었다.

"당신은 환영파티에 가는 것이다. 뷔페에는 아직 얼마든지 자리가 있다. 자리에 다가오는 것은 더 이상 갑작스러운 일은 아니다."

「새로운 독일」의 대리 수석편집인들이 자리에 앉기 위해서 돌아다니고 있었다. 편집인들도 관료주의적 풍속에 젖었다. 왜냐하면 글을 쓰고 있는 편집인들에게 지속적으로 비열하게 구는 지도자들의 숫자가 증가했기 때문이었다. 그래서 텍스트를 계획하고 검사할 때 시간적으로 그리고 인적으로 많은 비용이 낭비되었다. 따라서 유연하고 신속하라는 일간신문의 규정에 시간적이고 인적인 두 가지가 위배되었던 것이 사실이었다.

이와 같이 위배되는 일이 비로소 2번째 혹은 3번째 부분에서 곧장 일어났다. 왜냐하면 정치와 정치기구가 무엇이 중요했고 무엇이 중요하지 않았는지를 규정했기 때문이었다. 따라서 정치의 중대한 현안들이 문제가 되었을 때, 우리의 저널리즘은 잘난 체 하는 어조로 말을 하는 창구관리처럼 천천히, 그리고 간결하게 독자들에게 서비스를 제공했다. 그래도 많은 경우에서 내용이 없는 의사록 보도들과 콤뮤니케(Kommuniques)에 많은 사람들이 만족했던 것은 틀림없었다.

다른 한편, 외국에서 오는 보도들이 '사건들'과 관련이 되었던 경우에는 승낙을 받았던 것이 아니라 환영을 받았다. 예를 들면, 다른 나라를 방문하는 경우에 보도는 모든 신문의 지면(面)을 이용했다.

그리고 외국의 국빈이 도착했을 때 군사적 환영 세레모니에 대해서 아주 정확하고 무조건 비슷한 보도가 미리 작성되어 있었을 뿐만 아니라 끊임없이 반복되는 레퍼토리에 해당되었다. 그런데 한 헝가리 동료가 이러한 기사를 읽고 난 후에 나에게 말했다.

"너희들은 완벽하지 않다. 너희들은 군악대가 연주했던 프로이센의 열병행진곡의 악보를 게재하는 것을 잊어버렸다."

기자의 이 악습(惡習)들은 이미 울브리히트의 치하에서 도입되었다. 그렇지만 호네커가 기자들을 사실에 더욱 충실하도록 고무시켰다는 사실에 우리는 더욱 희망에 부푼 반응을 나타냈다.

● 그런데 희망들은 실현되지 않았습니까?
호네커와 더불어 무엇이 달라졌습니까?

케케묵은 역사 왜곡이 중지되어야한다고 생각했다. 물론 호네커는 이제까지의 사건을 해석한 것을 다른 말로 바꾸어 쓰지 않으려고 했다. 또한 언젠가 사회주의 갤러리에서 추방되었던 역사적 사진들에 있는 인물들이 더 이상 수정작업을 통해서 제거되지도 않았다. 호네커는 동독을 포함한 사회주의 국가에서 일어났던 재앙들과 대참사들을 공개적으로 보도해야한다는 것을 요구했다.

이 사실이 사람들의 흥미를 끌었다. 어쩌면 우리는 당사자들에게 공개적 보도에 대한 빚이 있을지도 모른다. 게다가 서방의 관습들과 비교해 볼 때, 그 요구는 엄청나게 진부한 것처럼 들린다. 그렇지만 자신의 인민들이 경악했던 비행기 추락을 비밀로 하거나 단지 부차적으로 언급하는 것이 당시에 사회주의 국가에서는 관례였다.

그러니까 사회주의의 비행기들은 동화적인 네덜란드인들처럼 그 동안 실로 한없이 잘 순응해 나가지 않으면 안 되었다. 「새로운 독일」은 호네커로부터 정보들을 더 많이 알리라는, 다시 말해서 더 많은 뉴스들과 별로 길지 않은 기고(寄稿)들과 견해들을 널리 알리라는 지시를 받았다.

● 그러면 당신은 활동여지를 측량하는 것에 성공했습니까?

체제를 옹호하려는 욕구 때문에 이미 70년대 중반에 옛날 관습들로 다시 빠져드는 일이 일어나고 말았다. 그래서 반대중매체(反大衆媒體)의 술책이 강하게 확산되었다. 따라서 이미 인민에게 보도가 나가기 3일 전에 연방공화국 TV에서 보았던 소위 불편한 사태에 대한 보도들이 동독에서는 의도적으로 늦게 발표되었다. 그래서 무정보가 특별한 형식의 정보가 되어버렸다.

그러니까 멀리까지 알려진 것이 통보되지 않았다면, 그 배후에 중대한 것이 은닉되어있는 것이 틀림없다는 것을 알게 되었다. 따라서 논평에서 일종의 기억할만한 논박이 일어나게 되었던 것이다. 반대자가 자신의 의견을 제시할 만한 활동무대가 주어지지 않기를 원했기 때문에, 명명되지 않았던 적대적 논거들을 사용하는 일종의 그림자(쉐도

우) 복싱과 그 논박은 비슷했다.

그렇기 때문에 편집인들은 논평이 실제로 무엇, 혹은 누구를 목표로 하고 있는가를 문의하는 독자들의 편지을 받았다. 그렇지만 중대한 모든 것을 신문의 행간에서 읽도록 독자들은 권고 받았을 뿐이다. 게다가 70년대 말과 80년대 초에 경제적인 난국들이 증가했을 때, 귄터 미타크는 경제적 현실에 추잡하게 접근했던 편집인들을 추종했던 신문들을 자세히 조사하도록 지시했다.

이 사실과 관련해서 체포되었던 자는 비난, 전임, 혹은 해임이 예상될 수밖에 없었다. 그러니까 모든 신문들이 발표할 수밖에 없었다면 이미 언급되었던 계획달성과 관련되어 있던 월 통계들을 조작하는 것은 특별한 도전에 해당되었다. 1988년과 1989년에 나왔던 통계들은 명백히 인간의 인내심을 극도로 시험하는 것이었다.

이 통계들 때문에 많은 독자들은 기업체와 가게에서 나타났던 경제적인 허풍과 비참한 현실 사이의 모순에 대해 분노했다.

● 추가로 당신은 또 비밀경찰의 감시를 받았습니까?

밀케가 다스리는 부(部)에도 대중매체에 대한 권한이 있는 분야들이 있었다. 이 부서들이 인쇄술로는 어떤 것도 뜻대로 되고 기술에 대한 정치적 과실(過失)들이 신문에 발표되거나 반동독 자료가 인쇄소에서 인쇄되는 것을 우선 보장해주었다. 편집부 자체가 1등급 정치적 공공기관이었다. 따라서 편집부와 당에 의해서 선발된 편집부 수장들은 스스로 자신들의 텍스트를 가장 잘 검사할 수 있었다. 물론 검사하는 것이 자신감에서 나오는 일은 아니었습니다.

다시 말해서, 당 자체가 검사하는 것에 대한 보증을 했고, 언급된 것처럼 「새로운 독일」의 경우에는 더구나 총서기가 친히 검사하는 것에 대한 보증을 해주었다. 그리고 대중 매체에 대한 권한을 가지고 있는 국가안전부의 근무단위들은 중앙위원회에 소속된 선동위원회가 알고 있지 않은 예외적 경우에만 대중매체 정책의 내용을 구성하는 일에 실제로 참여했다.

다른 한편, 국가안전부는 비공식 직원을 두어 당 기관지에서 조차 인쇄술 혹은 소방대책 규정의 준수뿐만 아니라 태도들, 그리고 편집부 직원들과 기술직원의 정치적 신뢰성을 감시했다. 그렇다고 호네커가 동의해서 태도들과 정치적 신뢰성을 감시하게 되었다고 나는 믿지 않는다. 그 감시는 고위 염탐꾼인 밀케의 책임이었다고 오히려 추측한다.

왜냐하면, 수석편집부의 한 직원에게 언젠가 한 번 이상 일을 맡기지 않게 되는 경우, 밀케는 그렇게 해서 자료를 얻고자 했기 때문이었다. 어쨌든 그는 공식적으로 「새로운 독일」의 편집부의 관심사에 개입하지 않았다. 왜냐하면 「새로운 독일」의 편집부는 총서기의 활동분야였기 때문이었다. 비밀경찰은 보고를 작성할 수 있을 뿐이었고, 총서기 혹은 담당 정치국원에게 보고를 통지할 수 있었다.

● 「새로운 독일」에 대한 국가안전부의 보고가 있었습니까?

아니다, 그 보고는 총서기에 대한 모욕이었을지도 모른다. 그러나 총서기와 정치국도 당내의 권력위계질서를 찬성하는 국가안전부 같은 전지(全知)한 공공기관이 서술했던 자신들의 위험을 의식하고 있었다. 그렇지만 전지(全知)한 공공기관의 영향이라도 결국 규정의 지배를 받고 있었다. 따라서 국가안전부 부장 자신이 규정을 위반하지 않고자 했다면, 국가안전부는 규정들을 고수해야만 했다.

그렇기 때문에 밀케와 같은 어떤 사람은 마찬가지로 KGB에 대해 아첨을 떨어야만 했던 것이다. 결국 저널리스트들이 정치노선에 충실하게 행동하는지를 독일 사회주의통일당이 완벽하게 감시하도록 국가안전부는 자신의 간첩정보들을 이용해서 도와주었다.

● 당신은 동쪽과 서쪽에 있는 대중매체들을 다시 한번 비교하여 보십시오. 그 대중매체들은 근본적으로 거의 관계가 없었습니다.

현실적인 사회주의에 있는 신문들, TV와 라디오 방송은 서방 민주주의에 있는 적절한 공공기관들과 물질적인 것 - 종이, 인쇄용 검정 잉크, 방송국, 흐린 유리판, 라디오들 - 이외에는 공통성이 실제로 거의 없었다. 그런데 서방에 있는 대중매체들의 역할과 대중매체들의 사회적 활동영역은 근본적으로 구별되었다.

정치, 경제의 모든 중요한 집단에 대해서 서방 대중매체들은 비판적 기능이 있기 때문에 서방의 대중매체들은 대체될 수 없는 것으로 간주되었다. 또한 이 대중매체들이 있는 지역은 역시 나무랄 데 없이 정해져 있지 않다. 욕망의 세계에 살고 있는 것은 역시 사람들뿐이다. 그러나 연방정부에 있는 다수의 신문사들은 자신들의 권리를 삼권분립의 요소로 인정하는 성과들을 아마 증명할지도 모른다.

대중 매체들의 이 기능은, 소위 기자의 독자적 조사에 의한 저널리즘에서 가장 인상 깊게 두드러진다. 그리고 미국에서 뿐만 아니라 연방공화국에서도 저널리즘은 이미 수년 전부터 가톨릭 신도들이 정죄(淨罪)의 불길이라고 불리어지는 것처럼 자신의 효능을 일반적인 정죄(淨罪)의 불길이라고 증명했다. 이 사실은 역시 인민들의 의식 속에 명백하게 뿌리를 내리고 있다.

그렇기 때문에 입증이 된 당의 기관지들을 이 조직체들의 직원들, 혹은 선거인들이 한 번도 특별히 평가하지 않았다 - 당 기관지의 발행 부수를 늘리려는 노력들이 그 사실을 나타내고 있다. 왜냐하면, 명백하게 중립적이고, 독자적이고 바로 그렇기 때문에 비판적인 언론의 능력들이 당 기관지에게 있다고 당연히 믿지 않기 때문이다.

저널리즘에 대한 서방의 진면목은 동요시키는 저널리즘의 기능을 광범위하게 받아들이는 용의에 근거를 두고 있지는 않다. 그리고 진정한 민주국가는 교체 가능성에 의해서 생존하는 것이다. 그러므로 민주체제에서 정치구조들이 지나치게 견고하게 된다면, 그리고 구두쇠와 부패가 만연한다면, 신을 대신해서 말을 하는 지진계들의 경보가 울려야만 한다.

따라서 민주국가는 전체로서 안정되는 반면에, 대중매체들은 체제를 동요시킨다. 옛날에 동독에 있었던 대중매체들을 몰이해적으로 오늘날 관찰을 하는 자는 자신이 이해하기 어려운 이 현상들이 근본적으로 다른 사회모형을 바탕으로 나타났다는 것을 똑똑히 알아야만 한다.

그리고 다수의 명목상의 독재체제를 통해서 인민사회의 모든 '환상적인' 삼권분립을 폐지하기를 바랐던 일종의 초권력이 이 사회모형 때문에 선언되었던 것이다. 이 사실과 더불어 언론은 생업일 필요가 없고 자본주의 시장의 경제적 압박에 더 이상 예속되지 않는다는 사실 때문에 마르크스 이후 언론에 자유가 있다고 했다.

그렇지만 혁명이 성공한 이후, 프로렐타리아트 독재를 추구했던 정당은 당에 순종적인 도구가 되었던 언론에 대한 환상을 갖게 되었다. 그래서 언론의 지사(支社), 즉 동독에 있는 언론의 모조품은 수년이 지나서 인민들의 불쾌감을 부채질 하게 되었다.

또한 동독의 대중매체들은 비의도적으로 네 번째 권력으로 변화하는 효과를 지니게 되었다. 그렇지만 동독의 대중매체들은 일상생활에 쓸모가 없는 체제를 퇴장시키는 것을 촉진시키는 결과를 불러일으켰다.

12

성급한 개명

독일 사회주의통일당이
사회민주당/좌파당연합으로 변화

● 당신이 2001년 익살스러울 정도로 간명하게 표현했던 것처럼 "사회민주당 소속 시장이 독일 자유민주당과 독일 녹색당의 이전투구가 끝난 바로 다음에 독일 민주사회당의 현명하고 합리적이며 이상적인 동반자와 신속하게 계약을 맺으니까" "행복호르몬들이 사회민주당 소속 시장의 동공에서 쏟아질 때", 당신은 사회민주당의 정신적 뿌리들이 어디에 있는지를 기억하기 위해서, 그리고 공산주의자들의 재 비상을 경고하기 위해서 당신은 독일을 횡단하는 여행을 했습니다. 그것이 조금도 과장되지 않았습니까?

이렇게 질문을 하는 사람은 실제보다 정도를 낮추어서 말을 한다. 베를린의 붉은 시청으로 진입했다는 것은 독일 사회주의통일당의 아류(亞流)들이 그 동안 도처에서 끌어들였을 뿐만 아니라 현저하게 증가한 영향력들 가운데 하나였다. 가장 놀라운 것은 사회민주당과 같은 민주주의에서 발생한 정당이 감소하고 있다는 것이다.

그런데 이 사회민주당의 당원들과 그 정당을 지지하는 유권자들이 감소하는 것은 소위 좌파당 연합의 당원들과 좌파당 연합을 지지하는 유권자들의 증가로 명백히 청산될 수 있다. 그리고 독일 사회주의통일 당에 남아있는 악의에 찬 호소가 연방공화국의 정치적 반죽 속에서 그렇게 많은 독성을 자유롭게 이용하리라고 누가 생각이나 했겠는가?

그렇기 때문에 더욱 장기적인 안목에서 보면 정평 있는 흑(기민당, 기사당) - 적(사민당, 좌파당) - 황(자민당) - 록(녹색당) 당집합체가 불안정하게 되었다. 게다가 세계화를 통해서 성취되었지만 사회적 약자의 이익에 반하는 성과들 때문에 민주국가에서 그렇게 중요한 정당들의 균형을 파괴하는 일이 지속적으로 이루어지고 있었다.

정당들의 균형을 파괴하는 일이 지속적으로 이루어지고 있기 때문에 기지와 라퐁텐가 구체적으로 추론을 할 권한이 틀림없이 없는 동안에는 2인 조인 그들은 늘 이득을 얻게 될 것이다.

● 그렇다면 당신은 공산주의의 재 보강을 정말로 옵션으로 간주하지 않습니까?

공산주의로부터 살아남았고, 그렇게 혹은 유사하게 낙인이 찍혔다면 누구나 TV시청용 안락의자에 틀림없이 앉아있을 수 있다. 그리고 히말라야와 황해 사이에서 살고 있는 10억 이상의 중국인들이 모택동 주의에서 자본주의로 가는 대장정(大長程)에 오르고 있다. 다만 다수가 아직 불안해하는 것 같다. 왜냐하면 당신은 수년 전부터 북경에서 살고 있는 전문가로서 그 사실을 더 잘 판단할 수 있기 때문이다.

그런데 중국에서 약간 북동쪽에 있는 곳에는 아직 뺨이 포동포동한 폭군이 자신의 인민들을 다스리고 있다. 그런데 그는 노년의 마르크스가 옛날에 가지고 있었던 비전들을 지향하고 있는 한국인의 괴이한 케리커쳐이다. 그리고 대서양 저편에는 백발이 된 막시모 리더(Maximo Lider; 위대한 지도자)가 "수평선을 떠나서 침략자를 찾고 있습니다. […] 그러나 배 밑의 만곡부는 비어있습니다. 따라서 적도 막시모 리더를 잊어버리고 말았습니다."

그리고 한스 마그누스 엔첸베르거가 피델 카스트로(Fiedel Castro)를 위하여 시를 썼다. 그러나 공산주의의 활동성이 연방공화국에서 오래전에 또다시 새롭게 조직되었다는 것과 같은 공산주의의 활동성에 대한 나의 경험과 지식으로 몇 사람의 신경을 건드린다고 할지라도 시간을 허비하고 있는 세계-공산주의를 경시하지만 확산되어 있는 이 관점은 나의 경우에는 바로 경보를 울리게 하는 하나 이상의 동기가 된다.

● 그러나 오늘도 다른 특성을 나타내고 있는 광신자 때문에 위협받는 것으로 느끼고 있습니다.

9.11사태는 모든 것을 바꾸어 놓았다. 세계를 새롭게 개혁하겠다는 자들이 등장했다. 그러니까 이슬람 테러주의는 알라신을 근거로 내세우고 있다. 이 테러주의는 하나의 정부나 국경선에서 확인될 수 없을 뿐만 아니라 비대칭의 무기를 사용하는 적이다. 이 사실 때문에 테러주의와 어떻게 싸울 것인가에 대한 예측 불가능과 갈등이 사회에서 일

어나고 있다.

게다가 신들린 상태가 종교적이고 정치적인 근본주의의 공통점이기 때문에 급진적인 폭력을 사용해서 세계를 개혁하려는 새로운 위기가 나타나고 있다. 이때 무신론의 민주사회당/좌파당 연합이 세계를 해방시키는 일에서 종교와 경쟁하고 있는 공산주의자들에게 어떻게 도움을 줄 것인가는 정말 예상도 못하고 있다.

그렇지만 유일한 정당인 무신론의 민주사회당/좌파당 연합은 오사마 빈 라덴을 보호하면서 에워싼 저 탈레반을 평화주의적인 여론들을 이용해서 반테러전선의 사계(射界) 밖으로 끄집어내려고 노력했다. 그런데 민주사회당/좌파당 연합의 독일 사회주의통일당의 여성 선구자가 소련의 아프가니스탄-침입을 동의했었음에도 불구하고, 민주사회당/좌파당 연합은 아프가니스탄에 대한 전쟁으로 미국이 군사적 조처들을 취한 것을 공개적으로 비난했다.

나는 자아비판적인 회상록에서 이 사실을 이야기하고 있다. 그렇기 때문에 독일 민주사회당에 있는 많은 사람들이 미국에 대해 의구심을 가지고 있는 배후에는, 어쨌든 추상화해서 표현한다면, 옛날의 '반제국주의적' 증오심과 적개심이 있는 것이다.

그런데 공산주의자들이 파시즘을 고루하고 감상적인 과오라고 항상 경멸했지만 파시즘 때문에 프로렐타리아트가 마지막 투쟁 목표, 즉 프로렐타리아트의 '역사적 미션'을 방해받을지도 모르기 때문에, 독일 민주사회당에 있는 많은 사람들은 이 모든 것을 평화적으로 꾸미고 은폐시켜서 행했던 것이다. 아무튼 특별히 '녹색의' 들판을 거두어들이는 일에 억측도 그때 함께 역할을 한다는 사실은 분명하다.

● 당신의 생각에 따르면 처음부터 그 정당이 다르게 취급받았는지도 몰랐단 말입니까?

좌절되었지만 대담하게 시도를 했던 '중요한 세력'을 1990년 10월에 즉시 연방의회로 들어오게 했던 것이 실수였다는 생각을 나는 늘 했다. 그곳에서 이 세력은 본래의 의도를 밝히기까지의 경과기간도 없이 즉시 15명의 원내교섭단체를 만들었다. 그렇지만 이 정견(政見)이 그 교섭단체의 승인을 받지 못할지도 모른다. 아무튼 그 정당은 허용되지 말아야했는지도 모른다.

왜냐하면, 그 정당이 활동했던 결과들이 독일연방의 이해관계들과 서로 일치하지 않았기 때문이었다. 뿐만 아니라 그 정당이 동독의 국가재정을 파탄시켰었다. 또한 그 정당은 인민을 스파이망으로 황폐화시켜버렸었다. 게다가 그 정당은 생각이 다른 사람들을 범죄시했었고, 가차 없이 단호하게 공격했었다. 물론 그 정당이 장벽에서 쏘았던 저격탄에 대한 책임마저 있었다.

● 왜 그러한 행동을 막지 않았습니까? 아마 그러한 행동이 잘 진행되고 있는 민주국가의 자주독립을 증명하지 못했기 때문이었습니까? 그렇지만 민주사회당의 국회의원들도 자유선거로 선출되었습니다.

그 민주사회당이 명칭 사용의 허용을 받지 못했다면, 그 정당은 다른 명칭으로 확실한 위치를 차지할 수 있었을지도 모른다. 그리고 그 민주사회당은, 예를 들면 정당 명칭에 대한 소유권과 관련된 요구들을 더욱 어렵게 관철할 수 있었는지도 모른다. 그렇게 되었다면 아마도 제거된 수백만 명의 독일 사회주의통일당 당원들을 찾아내는 것이 더욱 효과적으로 진행되었을지도 모른다. 그랬다면 아마도 더 많은 독일 사회주의통일당의 당원들과 동조자들이 이 민주사회당을 저버렸을지도 모른다. 물론 이것은 정치적이고 도덕적인 조처였을지도 모른다.

아직도 존재하고 있는 동독에 남아있는 독일 사회주의통일당의 권력을 박탈했기 때문에 물론 나중에 발전하는데 도움을 받게 된 것이다. 또한 그 경우들 때문에 새로운 상황을 대비하는 여유를 그 민주사회당은 갖게 되었다. 그때 이 민주사회당은 처음에는 자신이 소송을 너무나 두드러지게 의뢰했던 사람에게 의지하고 있었고, 다른 정치권에 있지만 비밀경찰에 대한 의무가 민주사회당에 있다고 주장했던 은폐된 당 추종자들에게 의지하고 있었다.

그래도 이 불투명한 구조들, 쉽게 변화된 정치적 어휘, 그리고 당의 재정적 자금의 위장 때문에, 적어도 희망이 그렇지만, 독일 사회주의통일당의 영향이 생존하고 있는 동독에서 민주사회당이 유지되기를 바랐다. 그런데 계산이 완전히 맞아 떨어지지 않았다.

그러나 그 사이에 독일 사회민주당으로 위장 탈바꿈했었던 독일 사회주의통일당은 연방공화국과 연방의회로 같이 진입했다. 그렇지만 독일 공산당은 결코 그것을 잘 하지 못했다. 그러나 독일 민주사회당은 민주적인 정당성을 조금도 훼손시키지 않고 그 일에 성공했다.

● 그렇다면 종합적 고찰에 대한 두드러진 관심이 서방에는 없었다는 것에 그 사실이 좌우되지 않았습니까?

광범위하게 사회적으로 논쟁을 시작했던 사실이 1989년이 지나서는 등한시 되어버렸다. 왜냐하면 더욱 커진 새로운 연방공화국이 그 사이에 다른 긴급문제들에 직면해 있었기 때문이었다. 게다가 정치가들이 공산주의 이데올로기의 쇠퇴기를 아마도 과대평가했던 것 같다. 아무튼 사법기관의 수단들을 사용해서 역사를 갱신하는 것은 전반적으로 볼 때 사법기관이 해야 할 일들이었다.

　그런데 공개적인 논쟁에 양쪽으로 둘러싸여있지 않든 혹은 오직 불충분하게 둘러싸여있든, 많은 인민들은 그 판결에 냉담한 반응을 나타냈다. 그렇지만 영속적인 경고는 소송들로부터 시작되었다. 인민들이 '좋은 목표들과 목적들' 대신에 목숨을 내놓아야 하거나 보복조치들을 당하고 있었다면, 정치적 권력은 '좋은 목표들과 목적들'을 증거로 결코 내세울 수 없다는 것이다.

　그래서 90년대 초 범행자와 희생자의 공개적이고 자발적인 대화를 '재판소들(Tribunals)'이라는 명칭으로 개최하는 것이 고려되었다. 그런데 이 명칭을 선택한 것이 불운이었다는 것이 확실했다. 왜냐하면 이 명칭 때문에 많은 옛날 사람들이 놀라서 자신들의 과거를 공개하지 못하게 했기 때문이었다.

　그렇지만 이 '재판소들'이 전혀 시작되지 못했다. 왜냐하면, 동독의 문제를 종합적으로 고찰하기 위해서는 중요한 것을 확실히 하였던 연방의회에 소속된 전문연구위원회가 설치되었던 이후로, 특별한 계기를 제외한다면, 그 시대의 베일이 동독의 현상과 특히 독일 사회주의 통일당의 역할을 가리고 말았기 때문이었다.

● 독일 전체의 민주주의에서 이 사실은 무엇을 의미할 수 있겠습니까 ?

실현되었던 마르크스주의의 반인도적인 결과들을 설명하는 것이 지속적으로 강렬하게 추진된다면, 이 사실은 민주주의를 위해서, 바로 경제적으로 어려운 시대에서, 그리고 테러의 위협에 직면해서 성과들을 거둘 수 있다. 그렇지만 공산주의의 민중선동이 선거인에게 더욱 용이하게 영향을 미칠지도 모른다.

전형적인 예는, 독일 민주사회당의 로빈후드 - 마음가짐(Robinhood - Attitüde)이다. 이 정당은 겨우 구조된 것에 지나지 않았고, 서둘러 개명되었던 단체임에도 불구하고, 동독의 빈곤을 사회적으로 후원하는 자와 소리 높게 알리는 기계를 이용하고 있다.

그렇지만 1989년 이후에 동독에 있었고, 나중에 통일이 되었을 때, 서독에 있기도 했던 모든 사람들이 - 특히 작업장들이 손실을 입었던 동독에 있는 많은 사람들이 좋지 못한 결과에 대한 책임을 떠맡지 않을 수가 없었던 빗나간 경제시스템을 창시했고, 추진했던 자는 결국 독일 민주사회당이었다.

좌파당 연합이 심하게 유발시키고 있는 어떤 것은 비밀경찰을 좌파당 연합으로 끌어들이는 것이다. 따라서 도처에서 비밀경찰을 좌파당 연합으로 끌어들이는 것이 예기치 않게 발견되고 있다. 그렇지만 비밀경찰을 좌파당 연합으로 끌어들이는 것은 뻔뻔스럽게도 하찮게 언급되고 있거나 비신사적인 행동으로 경시되고 있다.

그러나 비밀경찰이 인민들을 염탐하는 것을 추진했던 것이 오늘의 혁신적인 마음가짐과 일치될 수 있듯이, 독일 민주사회당의 해당 간부들은 자기 자신과 절충을 해야만 할 것이다.

그렇지만 우리의 정당민주주의에서 '그림자처럼 따라다니는 사람들'과 화해하는 것이 옳다고 거의 인정될 수 없을 것이다. 그런데 비밀경찰부의 비공식 직원들이 주의회(州議會)에서처럼 연방의회에 있는 독일 민주사회당의 원내교섭단체에도 있었다. 따라서 그 직원들이 민주국가에 있는 온순한 사람의 인내와 관련된 증거를 제공하고 있다.

● 그렇다면 독일 사회주의통일당의 책임, 그 중에서 당신의 책임도 역시 법적으로 종합적으로 고찰되었습니까? 왜 당신은 책임이 없습니까?

독일 민주사회당으로 개명되었던 독일 사회주의통일당에 남아있는 사람들은 평시와 같이 신뢰할 수 있는 자신이 조사받을 의무가 없다고 말하고 있다. 왜냐하면 독일 사회주의통일당에 남아있는 사람들에게는, 범죄자들이 과거에는 다른 사람이었고 현재도 또한 다른 사람이기 때문이다. 그렇지만 그들이 유죄판결을 받음으로써 범죄자라는 사실이 공식적으로 확인되는지는 모르겠다.

그런데 민주국가가 이와 같은 사고방식을 따른다면, 민주국가는 마르크스-레닌 간부정당의 특징을 인식하지 못하고 있는 것이다. 게다가 독일 민주사회당의 당원들의 거의 80%가 옛날의 독일 사회주의통일당의 당원수첩을 여전히 가지고 있었다. 물론 또 다른 합법적이고 정치적인 박해들은 대체로 문제가 되지는 않는다.

그러나 많든 적든 간에 당의 직무를 위촉받았던 모든 사람들은 이념적으로 다소 현혹되어 있었다. 따라서 누구나 정당노선에 대해 '완벽하게' 감명을 받았던 옹호자로서 자신을 이해할 수밖에 없었다.

동독의 검은 자본에 대한 해석을 하는 주권이 독일 민주사회당에 양도되어 있다면, 어느 경우에도 사회와 민주국가를 손상시키기 때문에 그 사실은 수용될 수 없을지도 모른다.

● 독일 민주사회당을 포함한 좌파정당연합이 유권자들에게서 세력을 획득했다는 사실을 물론 못 본체 할 수 없습니다. 이 좌파정당연합이 명백하게 극복된 과거의 유물이라면, 독일 민주사회당의 상대적 성과들이 설명될 수 있는 것처럼, 적어도 동독에서 얻었던 그 좌파정당연합의 득표수위가 플러스/마이너스 20%에 달하고 있습니까? 그렇다고 플러스/마이너스 20%가 모두 현혹된 사람들은 아닙니다.

이 사실 때문에 그 정당에 투표한 사람들이 우선 책망을 받을 수는 없다. 왜냐하면 소박한 사람들은 모든 정치적인 변화를 집중적으로 분석할 의무도 없고, 빈번히 분석할 수도 없기 때문이다. 그리고 투표한 사람들을 가지고 정당을 평가하는 것에, 물론 대중매체의 동의가 매우 중요하다. 특히 15%의 득표기록을 초과한 것을 대중매체들은 독일 민주사회당이 검사받지 않았지만 민주적으로 유용한지를 판단하는 척도로 사용했다.

● 독일 사회민주당의 자세가 그것에 어떤 역할을 했습니까?

독일 사회민주당에게는 특별한 중요성으로 제격이었다. 그런데다 독일 사회민주당은 각 주(州)에 있는 좌파정당연합과 제휴를 허용했다.

이것은 위험한 신호였다. 표어에 따라서 좌우의 연합을 선택하기로 결정하는 것이 동요하는 유권자들을 오히려 더 확고하게 할 것이다. 그렇지만 좌우의 연합을 선택하기로 결정한 상태에 대해 좌파당 연합이 불만스러워할 때, 왜 그 유권자들은 우선 독일 사회민주당을 경유하는 우회로를 만들까?

독일 민주사회당과 제휴를 후원했던 독일 사회민주당에 있는 사람들과 그 사실을 반대하기로 결정했던 사람들 사이의 논쟁 때문에 독일 민주사회당은 독일 사회주의통일당의 아류들이 만족을 나타낼 수 있도록 공개하게 되었다.

동독 최후의 수상이었던 기지는 다중의 관점에서 독일 사회주의통일당에 있으면서 1989년 말에 기가 죽어버린 집단에게는 행운이었다. 본질적인 것에 대해 변호사로서 내리는 판단력을 이용해서 기지는 1989년 12월 첫 번째 전당대회에서 다수의 대표 단원들에게 새로운 당명을 사용하면서 즉시 위장하지 말 것을 충고했다.

당명을 바꾸는 것은 아마 독일 사회주의통일당의 재원(財源)을 잃어버리는 것을 뜻할지도 모른다. 그렇기 때문에 스스로 독일 사회주의통일당 - 독일 민주사회당으로 부르자는 기지의 제안은 역시 수용되었다.

공산주의자들이 권력을 향해서 새롭게 진군하기 위한 자금이 어떤 의미가 있는가를 기지는 알고 있었다. 그래서 크렌츠를 계승한 자로서 그가 첫 번째로 취한 조처들 중의 하나는 중앙위원회에 있는 비교적 높은 지도층의 모든 사무실과 금고들을 봉인하는 것이었다.

그 결과로 사무실과 금고에서 아무 것도 발견되지 않았지만, 독일 사회주의통일당이 남겨놓았던 동독 국가은행의 사업구좌에 들어있는 모든 것이 별로 늦지 않게 발견되었다.

대중매체의 보도에 따르면 수십억 동독마르크와 수백만 외화들이 있었다고 한다. 그리고 동독이 1990년 6월에 새로운 정당법을 통과시키기 직전일 때, 독일 사회주의통일당의 오랜 재산을 확보하려고 열성적으로 부지런히 움직이는 모습이 당 중앙본부에서 포착되었다.

또한 간부들과 신임을 받고 있었던 다른 사람들에게 '대부(貸付)'가 이루어졌다고들 한다 - 극도로 장기적인 지불기한으로, 부분적으로는 합리적인 담보를 제공하지 않고, 낮은 이자율로. 그런데도 승인된 자신의 봉급들을 공제한 다음에 모든 소득을 채권자인 독일 사회주의통일당 - 독일 민주사회당에 지불해야할지도 모르는 당에 봉급 수령자들은 충성을 맹세했다.

때때로 이러한 사실들을 신문보도에서 읽을 수 있었다. 그런데 중앙위원회에서 돈을 세탁하는 사람들이 신임을 하는 사람들 중의 한 사람은 아랍인이었다고들 한다. 그 사람은 100만 마르크보다 훨씬 더 많은 돈을 받았다고들 한다. 그렇지만 이 돈의 대부분은 이슬람교의 센터를 베를린에 건립하는 데만 사용되었다.

아무튼 무신론의 독일 사회주의통일당이 이 사실에 호의적이었다는 것이 참으로 놀랍다. 그렇지만 아랍인은 운이 나빴다. 왜냐하면 신탁회사가 1990년에 해당 계좌를 차단했기 때문이었다. 그래서 이 아랍인은 연방과 대금회수 기업에게 많은 금액의 빚을 지게 되었다.

● 독일 민주사회당의 웅변술 교본에서는 독일 민주사회당이 동독 인민들

의 오로지 진실한 목소리를 대변한다는 것을 되풀이해서 들을 수 있습니다. 그런데 그때 그 사실에 이상이 있는 것입니까?

그 사실을 다수의 동독 인민들은 거절했을지도 모른다. 물론 독일 민주사회당과 제휴를 후원하고, 그 제휴를 통해서 냉전의 불신이 제거되었을지도 모른다는 논거로 그 제휴를 설명하는 독일 사회민주당의 대표자들은 이미 소문으로 앞의 사실을 들을 수 있었다.

독일 민주사회당은 그 사실에 대해서 확실히 감사하고 있다. 왜냐하면, 그 사실이 간접적으로 자신의 허무맹랑한 요구를 뒷받침하고 있기 때문이다. 그렇다고 1989년에 무슨 일이 일어났는지를 되풀이할 필요는 없다.

아무튼 좌파정당연합은 독일 사회민주당 혹은 다른 민주정당들과 정치적으로 화해할 때가 되었다는 사실에 찬성하고 있다. 왜냐하면 연방공화국에 있는 동쪽의 시민들과 서쪽의 시민들이 서로 화해하도록 하는 결정적인 기여를 하였기 때문이다. 게다가 연방의 각 주(州)에 살고 있는 모든 시민들에게 유리한 이 월권을 마찬가지로 몇 사람의 저명한 사회민주주의자들이 적어도 묵인하기까지 한다.

그렇게 함으로써 그 사회민주주의자들은 독일 민주사회당과 약속된 선거 - 동맹으로 얻게 된 난처한 평판을 벗어날 수 있다고 아마 생각하는 것 같다. 그렇지만 동독에 있는 유권자들의 1/5만이 독일 민주사회당에 투표했다는 사실이 냉혹하지만 간과되었다. 그래서 독일 사회민주당에 있는 몇 사람이 자신의 정당이 동독에서 하는 역할을 왜 부정하는지를 사람들은 자문하고 있다.

결국은 동독에서 평화적인 혁명을 하는 동안에 사회민주주의를 설립한 창립자들 중의 한 사람인 리하르트 쉬뢰더가 신문기고에서 한번 독일 민주사회당을 동독과 동일시했던 에곤 바르에 대해서 반론을 제기에 이르렀다.

"당신은 독일 사회주의통일당이 결코 충족시킬 수 없었던 소망, 즉 '당과 인민이 열망했던 통일'을 독일 민주사회당이 충족시키고 있습니다."[24]

더구나 독일 사회주의통일당의 추종자들이 권력의 주변에만 있다면, 독일 사회주의통일당의 추종자들을 마법에서 구해내겠다는 허황된 꿈이 몇 사람의 머릿속에서 여전히 떠나지 못하고 있다.

그래서 베를린에서 민주사회당과 어울리지 않은 제휴를 맺었던 것에 반대하는 저항 때문에 일련의 다른 사회민주주의자들과 함께 독일 사회민주당을 떠났던 사회민주주의의 원류였으며, 옛날 서베를린 의회의 의장을 지냈던 발터 지케르트(Walter Sickert)이 있다.

그는 이미 1946년에 공산주의자들과 강제통합을 반대한다는 당원들의 의심을 제거하기 위해 사회민주주의자들의 지도자들이 특징적으로 쓰는 표현인 마법에서 구해내기를 사용하면서 애를 썼던 게 생각난다.

그렇지만 그 중에서도 동독의 감옥에서 죽음을 맞이했던 700명의 사회민주주의자들이 이 권고가 얼마나 쓸모없는 것이었는가를 입증하고 있다. 그렇다고 오늘의 독일 민주사회당에게 그런 비행들의 경향도, 가능성도 전가될 수 없지만, 독일 사회주의통일당을 추종하는 자들이 민첩하게 작성했던 정치 서문을 가지고는 깨끗이 할 수 없는 역사에 대한 도덕적 부담이 독일 민주사회당에 남아있는 것이 사실이다.

---

24) 「자이트(Dei Zeit)」, 33/2001

- 그렇다면 정당은 바뀌면 역시 안 됩니까?

네, 그렇지만 정당이 자신의 과거와 관계를 끊었다면, 이 정당은 정말로 겨우 변화될 것이다. 그런데 독일 민주사회당 혹은 좌파정당연합의 당원들이, 2007년 이후 자칭하고 있는 것처럼, 오늘날 거의 76,000명에 달하고 있다. 당원의 약 1/4이 신규 당원들이다.

다시 말해서, 추측컨대 보다 젊은 사람들과 좌익의 독일 사회민주당원들이다. 그러나 대부분은 비교적 나이가 많은 세대의 영향을 받는 사람들로 구성되어 있다. 그리고 비교적 젊은 급진적인 사람들, 다시 말해서 정신적이고 정치적인 정관(定款)에 따라 무제한이 아닐 뿐만 아니라, 당의 변화에 대한 기대를 갖고 있는 사람들로 구성되어 있다.

나이 많은 당원들의 대부분은 동베를린에 오래 전부터 거주하고 있다. 이들은 대부분 옛날에 중간 정도의, 그리고 비교적 높은 간부였다. 그렇기 때문에 이들은 당 정치연수원은 아니지만 1년 동안의 당 견습 기간에 자신들의 정치교육을 받았다. 그러나 이들은 근본적으로 정치적인 자폐증 환자들이다. 그럼에도 불구하고 자신들의 후계자들이 혁명을 할 만한 상태가 될 정도로 시간이 무르익을 때까지 나이 많은 당원들은 정당이 보존되는 것을 보고자 한다.

또한 그들은 잠재적으로 불쾌해하면서 수정주의, 즉 사건이 일어나는 자본주의의 사회에서 뛰어놀고 있는 소위 개혁자들이 당 노선을 이탈하는 행위를 관찰했다. 그러나 오늘날 이 개혁자들이 아마 당의 성스러운 성배(聖杯)를 더욱 적합하게 수호하는 자들이라고 나이 많은 당원들은 어쨌든 파악하고 있다.

마찬가지로, 최종적으로 사회주의로 해결되어야 한다는 것을 믿고 있는 개혁자들은 재차 늙고 완고한 사람들을 재능 있는 사람들로 추천하고 싶어 할 뿐만 아니라, 여느 때와 똑 같이 진실하게 사회주의의 일에 몰두하는 자들을 추천하고 싶어 한다. 그렇지만 그들은 미친 놀이 사회(Fun-Gesellschaft)에 훨씬 더 적절하게 익숙해 있는 자들이다.

● 다른 쪽 사람들이 없어도 한 쪽 사람들이 살아가지 못합니까?

그렇다. 유연성이 없는 마르크스주의자들은 유연성이 있는 마르크스주의자들을 필요로 한다. 왜냐하면, 다른 경우에서는 유연성이 없는 마르크스주의자들은 불합리한 분파들로 빠져들지도 모르기 때문이다. 그런데 사진이 많은 정치잡지들을 유연성이 없는 군중이 구독한다. 왜냐하면, 사진이 많은 정치잡지들을 통해서만 유연성이 없는 군중은 또다시 세상 사람들이 흥미롭게, 회의적으로, 존경, 혹은 혐오하는 마음으로 바라보는 개혁자들이 되기 때문이다. 아무튼 좌파정당연합/독일 민주사회당은 다시 말해서, 체조 팀의 조장과 독한 선수단이 불가피하게 공생하고 있는 것과 같다.

● 정당이 어떻게 자리를 잡게 되는가는 유권자들에게 달려있지 않습니까?

그렇다. 민주주의 원칙과 선택의 자유를 통한 인민들의 스스로의 결정권이 중요하게 받아들여지지 않고, 인민들이 조작대상들로 품위가 떨어지는 것이 아니라면, 시간이 지나면 동독 유권자들의 일부도 비판적인 관찰에서 완전히 제외될 수는 없다. 그렇다고 이 사실 자체가 완

전한 선전활동을 하지 못했다는 것을 동쪽에 있던 인민들이 1989년에
도 증명했다.

● 그 사이에 독일 민주사회당과 10,000명 이상의 반항적인 좌경 사회민
  주주의자들이 좌파정당연합이 되려고 모였습니다. 그렇지만 좌파정당연
  합은 독일 사회주의통일당과 거의 관계가 없습니다.

  그것은 옳은 말씀이다. 독일 민주사회당이 1년 동안 서방에서 정착
할 수 없었다는 사실을 독일 민주사회당은 우선 딜레마로 느꼈다. 그
래서 기지는 자신의 방법으로 독일 민주사회당을 조금 바꾸어보려고
처음으로 시도했다. 그리고 1989년 전당대회에서 그는 군대를 유고슬
라비아에 투입하는 것이 정당하다는 것을 증명하려고 시도했다.

  그렇지만 대표단원들은 이데올로기에 의해서 연방 독일의 정책을
거절하는 것을 포기할 준비가 되어있지 않았다. 그래서 기지의 견해에
찬성하지 않았던 것이다. 그래서 그는 이 사실에 대해 매우 화를 냈다.

  당시에 그는 신경쇠약으로 당 업무에서 은퇴한 후에 변호사 활동에
또다시 전념하고 있었다. 그렇지만 잠시 동안만 그는 법정의 여기저기
에서 부대소송(附帶訴訟)의 원고로서 임무를 다하기 위해서 공감을 얻겠
다는 너무나도 큰 의욕을 가지고 있었다.

● 그런데 기회는 베를린에서 왔습니다.

  독일 민주사회당은 독일 기독교민주동맹이 상원을 해산하는 일에

참여했고, 갑자기 2002년에 새로운 베를린 정당연합의 일부가 될 수 있었다. 이와 같은 기회가 가지는 상징적 중요성은 과소평가될 수는 없다. 그리고 옛날의 서베를린은 자유와 동독의 전횡에 대한 저항의 상징이었다. 하필이면 옛날의 전위도시(前衛都市)의 환경에서 독일 민주 사회당이, 옛날에는 독일 사회주의통일당 출신의 현직 대리시장을 이 직시키는 것은 믿을 수 없는 일이었다.

게다가 기지는 엄청난 인기상승을 이용해서 정계로 복귀하게 되었고, 경제 상원의원이 되었고, 앞으로 있을 선거 때에 서쪽에 있는 연방 공화국에서 확고한 기반을 잡는 더 좋은 기회를 이런 상황에서 예감했다. 또한 그는 자신이 경제를 발전시킨 사람으로 화려하게 소개되기를 원했다. 그렇지만 그렇게 되는 것이 자신이 가정했던 것보다 더욱 어려웠다.

왜냐하면 그 도시는 고액의 부채를 지고 있었기 때문이었다. 더구나 그는 기대들을 특히 점점 커지게 해서 자신이 허풍선으로 평가받을 우려가 있었기 때문에, 자신이 의도했던 것을 그는 성취할 수가 없었다. 게다가 연말 전에 보너스 마일리지 - 사건이 발생했다. 그래서 그도 심하게 해(害)를 입었다.

이 사건 때문에 그는 정치적 퇴장을 당할 수도 있었을지도 모른다. 그렇지만 그는 노련하게 이 사건에서 빠져나갔다. 그러니까 마찬가지로 심하게 해를 입었던 다른 정치가에 반해서 그는 자신의 공직에서 자발적으로 은퇴했던 유일한 사람이었다. 따라서 불쾌한 상황을 어느 정도 긍정적으로 전환시키는 것에 그는 성공했던 것이다.

● 다시 말해서 이제 서방에 있는 카운터파트를 필요로 했던 영리한 남자
  : 오스카르 라퐁텐.

그레고르 기지는 정말 비교적 오랜 시간 동안에 오스카 라퐁텐과
교우(交友)를 했다. 예를 들면, 라퐁텐이 기지의 책들 가운데 하나를 프
레젠테이션할 때 치사(致謝)를 했을 정도였다. 그러니까 라퐁텐은 기지
에게는 완전히 행운의 사람이었다. 독일 사회민주당의 의장의 지위를
잃어버린 다음에 라퐁텐은 쉬뢰더의 진로에 동의를 하지 않았던 자들
의 대변자가 막 되려고 했다.

그런데 치사(致謝)를 하는 일이 기지에게 아주 적절하게 일어났다.
왜냐하면, 기지는 라퐁텐과 더불어 결국 자신의 정치적 세력범위를 서
방 쪽으로 증대시킬 수 있었기 때문이었다. 그리고 좌파정당연합은 어
쨌든 결국 독일 사회주의통일당의 아류들이 실제로 연방공화국에서 확
고한 지위를 차지할 수 있는 기반이 되었다. 따라서 좌파정당연합과
독일 사회주의통일당의 아류들은 이상적인 결합을 이루었다.

그러므로 독일 사회민주당의 명망이 곧바로 상실되어버리고 말았다.
그렇지만 변화는 훨씬 더 통렬했다. 다시 말해서, 사회민주정부와 독일
기독교민주동맹은 논쟁의 여지없이 국민정당으로서의 역할을 상실하게
되었다. 결국 정치적으로 균형을 이룬 상태에서 큰 정당들이 연립으로
결합될 가능성들 때문에 지금 퇴장도 일어날 우려가 있다.

● 좌파정당연합의 두건을 쓰고 있는 독일 민주사회당은 앞으로 어떻게
  되는 것입니까?

예측할 수는 없으나, 독일 사회민주당은 최대 20%로 거의 정점을 달성할 것으로 생각한다. 따라서 독일 민주사회당은 당분간 아마 더 많은 것을 기획하지는 않을 것이다. 뿐만 아니라, 기지와 라퐁텐은 앞으로 행정에 대한 책임을 떠맡지 않으면서도 확고한 지위를 가진 자들이 시도하고 있는 모든 것을 비판하는 방해꾼들이 될 것이다.

● 그렇지만 경제위기, 기지와 라퐁텐을 고려해서 마르크스주의가 또다시 약진하고 있다는 것을 확고한 지위를 가진 자는 솔직하게 주장하지 않으려 하겠지요?

나는 독일에서 마르크스주의적인 상황들로 복귀하거나 회복하는 것을 추구하지 않는다. 더욱이 독일 유권자들은 마르크스주의적인 상황들로 복귀하거나 회복할 준비가 되어있지 않고, 실망한 사회민주주의자들 조차도 준비가 되어 있지 않다.

● 그러나 좌파정당연합은 경제위기에서 역시 매달릴 수 있는 정당이 될 수 없습니까?

좌파정당연합은 경제위기에 매달릴 수 있는 정당이 아마 거의 되지 못할 것이다. 왜냐하면, 좌파정당연합의 대책들로 인하여 약화된 경제조직체에서 사회주의 혹은 부분 사회주의가 조금 초래될 것이기 때문이다.

● 사회주의가 실제로 이미 결코 더 이상 필요하지 않겠지만, 우리가 자학적 행위를 하는 경향이 있고, 실상들의 문제점들을 토론하는 것으로 우리 독일인들은 세계에 널리 알려져 있을 뿐만 아니라 빈번히 조롱까지 받고 있습니다. 통일 때에도 사실이 이러했습니까?

통일을 어떻게 알아차리게 되었고, 이 과정에서 단호한 조처들이 어떤 환희들을 불러일으켰는가? 이 과정이 예감될 수 있었던 것보다 더욱 복잡하게 틀림없이 진행되었다는 사실 때문에, 가능한 모든 비관론자들도 곧 나타나서 이 과정을 반대하도록 도발했다.

90년대 초에는 라퐁텐이 했던 경고들을 들을 수 있었다. 왜냐하면, 헬무트 콜이 대승리를 차지했기 때문이었다. 그런데 정말 10년이 지나고나니 동독인과 서독인을 명목상으로 없애기 어렵게 하는, 여전히 분리시켜 놓은 성벽을 그린 그림이 사람들에게서 유행했다. 아마 그 사실이 20주년 기념일을 연상시키고 있다.

동독에서 정치의 원조가 민주주의에 대해서 여전히 아무 것도 파악하지 못했을지도 모른다는 것을 어쨌든 1999년에는 거의 대부분 책을 읽고서 알 수 있었다. TV 토크회합에서도 주목을 끌었던 책이 최고의 성과를 올렸다.

그러니까 서방국가에 대해 '독일 민주공화국의 인민'이 가지고 있는 반감들은 독일 민주공화국의 인민들, 즉 동독인들은 1953년 6월 17일에 고집을 부려 독일 사회주의통일당에서 얻어냈던 동독인의 '게으름에 대한 권리'를 부지런한 서독의 노동자들도 누리기를 원했다는 사실에 뿌리를 두고 있었다는 것이 이 책의 핵심진술이었다. 그것이 역시 독일 민주사회당이 직무를 수행하는 바탕이었다.

● 그때까지 물론 이러한 소리들은 아마 청취할 수 없었을 것입니다.

독일 사회민주당에서 오스카르 라퐁텐을 포함해서 1990년의 선거 패배자에 대한 연맹의 질책이 퇴색되어 버렸다. 게다가 오직 지지표를 얻기 위해서 동쪽을 생기 넘치는 지역들로 만들겠다는 것을 헬무트 콜이 약속했다는 질책도 아마 청취할 수 없었을 것이다.

그 대신에 이미 당시의 연방수상인 슈뢰더는 즐거운 마음으로 동쪽에 있는 주(州)들을 가로질러 여행하는 동안에 어떤 특정한 사실이 어떻게 표현되는가를 새롭게 규정한 것을 포고(布告)했다. 부분적으로 잘 발전되었는지도 모른다. 그렇지만 새롭게 규정한 것은 그가 집권하기 전의 시간도 아마 같이 참작했을 것이다.

독일 기독교민주동맹이 통일에 기여했던 것과 관련해서 모든 다른 정당도 역시 통일에 기여를 했을지도 모른다는 논평으로 독일 사회민주당 총서기인 뮌테페링(Münterfering)이 반응을 나타냈을 때, 그는 새롭게 규정한 것을 간접적으로 역시 행한 것일 뿐이었다. 이 사실은 1989년, 그리고 특히 1990년에 무엇을 목적으로 그 기반들이 놓였는가가 완전히 반대로 전해지지 않았다는 사실만을 의미할 수 있다.

당시의 연방의회 의장인 볼프강 티어제가 여러 번의 이의를 제기한 후에 스스로 해설했던 것처럼 새로운 주(州)들이 가능한 한 빨리 서방 수준을 달성하기 위해서 또 다른 노력들을 해야 한다고 호소하는 그의 표현들은 역시 그대로 수용되어야만 했다. 그렇지만 두 서너 개 주(州)의 경우에 기대들이 확실히 너무 높았을 뿐만 아니라, 통일로 극복될 수 있었던 도전들의 분야들도 확실히 인식되지 못했다.

● 그렇지만 몇몇 지역들의 절망적인 황무지와 다르게 생기 넘치는 지역들이 실제로 상상이 됩니다.

2009년 초에 행했던 대표적인 포르자(Forsa) - 여론조사에 따르면 독일의 재통일이 많은 독일인들의 기대들을 충족시키지 못했다는 것이다. 그러니까 조사받은 사람들 가운데 반(半)이 조금 못되는 사람들만 자신들의 개인적인 생활 상황이 개선되었다고 생각했다.

더구나 동독에 살고 있는 4명당 1명은 1989년 이전에 동독에 살았던 사람들로서 현재보다 옛날이 더 잘 지냈다고 생각하고 있었다. 물론 좌파정당연합은 이러한 보고에 의지할 수도 있다.

이 사실 때문에 동독의 종말이 발생한지 20주년에 동독을 지지하는 몇 사람들은 때 맞춰 행복해하고 있다. 그렇다고 20년 동안에 달성된 것이 그렇게 쉽게 사소한 것으로 처리될 수는 없다. 게다가 동쪽에 있는 지역이 근본적으로 변화되었다는 사실이 간과될 수는 없다.

뿐만 아니라, 이 지역은 계속 변화하고 있다. 따라서 소망이 미해결인 채로 남아있는 모든 것에서 이 변화들과 발전들은 간과되지 말아야 할 것이며, 하찮게 이야기되지 말아야 할 것이다. 그렇지만 때때로 변화들과 발전들이 소리를 질러 중단하기를 바라고, 옛날에 동구권에 속했지만 연방공화국이 비호할 수 없었던 저 국가들이 중시되고 있다.

게다가 서 - 동 이주를 실현시키는 데에 진실로 1조 6천억 유로가 들어간다. 그리고 국민경제가 서독으로 역류되지 않으면서 동독에게 유용했던 금액이 여전히 1조 유로 이상이라고들 한다. 그리고 드레스덴 혹은 라이프치히, 에어푸르트, 혹은 마그데부르크와 같은 도시에서, 옛날 동독의 소도시와 마을에서 얼마나 많은 것이 변모되었는가?

얼마나 많은 환경훼손들이 제거되었는가? 자동차 전용도로와 국도의 망(網)은 어떤 모습을 보여주고 있는가? 얼마나 많은 영업지역들과 얼마나 많은 공익기관들이 생겼는가? 많은 거주 지역의 모습이 어떻게 개선되었는가? 뤼겐과 다르스 사이의 동해 연안에 있는 관광사업 분야가 어떻게 발전되었는가?

이 점과 관련해서 시장경제 체제로 변화하는 것 때문에 구조개편을 하려는 많은 공장들은 일시적인 휴한기(休閑期)를 가질 수밖에 없다는 사실이 오늘날 모든 사람에게 자명하게 받아들여질지 모른다. 또한 역사적으로 짧은 10년의 기간에 이 유례없는 과정에서 이렇게 많은 결과들이 나왔다는 사실이 한층 더 중요하다.

뿐만 아니라, 동독으로 수십억의 외화를 지불하는 방법들이 성과를 거두어들였다. 왜냐하면, 그 방법들이 자립을 위한 재정지원을 의미했기 때문이다. 이 점과 관련해서 과오(過誤)들, 부정행위들과 사기들이 발생했다는 사실에서 아무 것도 달라진 것이 없다.

● 우선 독일의 경제성장 부족은 지금 구동독의 주(州)에 역효과를 내고 있을 뿐만 아니라 서방에서 나타나고 있는 하나의 경제성장 부족이라고 몇몇 경제학자들은 생각하고 있습니다. 당신은 이 견해에 동의하십니까?

오히려 그 주장은 틀렸다고 나는 생각한다. 범세계적인 재정위기에도 불구하고, 구동독에서 오는 이주(移住)에도 불구하고, 매일 구동독으로부터 들어오는 거의 500,000명의 통근자들에도 불구하고, 오늘도 구서독의 실업이 여전히 유럽의 평균 이하에 머물고 있다. 여전히 구서독은 매년 수출기록을 세우고 있다.

그렇지만 구동독의 부흥을 보장하기 위해서 구서독이 매년 거의 국민 총생산의 4%를 구동독에게 투자해야만 하는 한, 서독의 소비와 투자가 단단한 성장을 이룩한다는 사실은 그렇게 오랫동안 기대할 수는 없다. 다시 말해서, EU - 위원회는 오늘날 일어나고 있는 경제성장 부족에 대한 2/3 이상의 책임이 통일의 결과들에 있다고 주장하고 있다. 그리고 국제 경제전문가들도 그 사실을 유사하게 판단하고 있다.

● **동독이 우리에게 무엇을 남기고 있는 것입니까?**

유도질문을 하면서 이미 대답을 듣는 유도심문과 같이 들린다. 그렇지만 내가 동독의 멸망에서 긍정적인 것을 찾아보려고 시도한다면, 이때 진심과 아이러니가 혼합되어 있다. 그런데 사회를 주행시험구간으로 끌고 갔다면, 마르크스와 엥겔스의 사회이론은 대실패로 끝난다는 논거가 그들의 조국에서도 만들어졌다.

그리고 우리 시대의 현인들 중의 한 사람인, 철학자 칼 포퍼(Karal Popper)가 그 논거를 간명하게 표현했던 것처럼, 노력해서 얻어진 풍요로운 삶 때문에 지옥이 생기게 되었다. 따라서 이론이 삶에 유용하다는 것은 실제의 시도를 통해서만 확인될 수 있는 것이었다.

그런데 실제의 시도는 부정적으로 진행되었다. 그러나 이 시도에 대한 경험은 역시 가치가 있는 것이다. 그렇기 때문에 이 궤도를 다시 한번 벗어날 필요가 없다.

모든 연방 주(州)에서 널리 사용되기 시작했던 녹색의 화살표는 동독에서 실질적으로 만들어졌던 것의 유산이다. 교통신호가 갖추어진 네거리에서 녹색 화살표는 빨간 불일 때 우회전 하는 자들에게 불필요한 정지시간을 가지지 않게 한다. 그리고 나는 1990년 봄에 대한 진술에서 그 녹색 화살표가 유효하다는 것을 확인받았다고 생각하고 있다.

　　그렇지만 나는 오늘도 우리가 어떻게 그 녹색 화살표를 동독에서 널리 행해지게 할 수 있었는지를 물론 아직도 자문한다. 우회전 하는 자들이 우선이고, 경보색이 빨간 불일 때 여전히 우선이다.

● **그러므로 이 주제는 단 한번만으로 처리되는지도 모릅니다**

　　그래서 나는 더욱 조심스러운지도 모른다. 승리자인 민주주의는 건망증의 경향이 있다. 민주주의가 독재국가에서 통례적인 것처럼, 민주주의는 경계(警戒)를 알지 못한다. 또한 민주주의는 관용과 항의에게 최적의 활동여지를 제시하고 있다.

　　민주주의는 다원적이다. 그리고 민주주의에 있는 자유세력들은 유감스럽게도 착취당할 수 있고, 악용될 수 있다. 게다가 민주주의의 적들에 대항하는 민주주의의 원칙적 본질을 존중하는 자는 다른 한편 독단적으로 편협한 것으로 쉽게 평가절하될 수도 있다.

　　좌익정당과의 관계에서 이 사실에 대한 몇 가지 증거들이 제시되고 있다. 민주주의자들은 다시 말해, 눈과 귀를 항상 열어놓아야만 하고, 입은 다물지 말아야만 한다. 또한 민주주의는 결코 완벽하지 않고 항상 진행 중이고, 항상 서두르고 재난들로부터 보호받지 못하고 있다.

부 록

1

법정에서 한 첫 번째 진술

베를린 지방법원, 1996년 2월 22일

친애하는 재판장님, 숙녀 여러분, 그리고 판사님, 검사님 !

한 저널리스트가 이 소송의 개시에 대해서 조소적으로 표현을 했습니다. 모아비트에서 정치국의 마지막 회의가 개최되고 있다. 나는 그의 언행이 옳다고 인정하지 않기 때문에, 나는 - 정치국에서 일반화된 경험에 반해서 - 앞에서 발언한 사람들의 진술들에 찬성하지 않으려고 합니다. 그러니까 과거에 대해서 여전히 다른 관점들도 있습니다.

1.

성벽을 개방한 것과 이미 한계에 달했던 정부를 내가 공동으로 종결지은 지, 정확히 6년이 지난 거의 그날에 정치국원이었기 때문에 성벽에서 살해한 자로 기소(起訴)되어있는 소송이 시작되었습니다. 검찰이 소송을 원하고 있는데다 부로이티감씨가 포기한 이후에도 변함없이 소송 개시결정이 소송을 앞당기고 있기에 내가 그렇게 느긋하게 바라보지 못하는 이 사실 때문에 진퇴양난(進退兩難)이 나타나고 있습니다.

나와 같이 동일한 불법행위에 대해 책임이 있으며, 여기 법정에 출석해 있는 어떤 사람과는 다르게 나는 법정의 직속권능을 의심하지 않고 있습니다. 또한 '승리자의 사법부'와 같은 수사적(修辭的)인 언어의 노도들에 대해 아무런 평가를 하지 않고 있습니다.

그런데 역사의 흐름을 가로지르는 새로운 역할이 연방독일의 판결에 주어졌습니다. 연방독일의 판결이 호의적 상황에 처해있지 않은지도 모를 뿐만 아니라, 동독은 어떤 불명예를 당하지 않고 사라졌는지도 모르고, 인민들의 거부와 저항으로 몰락하지 않았는지도 모릅니다.

이 맥락에서 내가 해명하도록 해주십시오. 회의들, 결정들, 규정들, 그리고 규정들의 수정들, 조처들, 금지들의 사면(赦免)들과 확장들, 인가들, 확인들, 논의들, 작업그룹들의 투입, 지시들과 명령들, 그리고 정치국에 대한 기소장(起訴狀)의 14쪽에서 51쪽까지 기록되었던 것처럼, 정보의 수령(受領)이 조서(調書)에 따라 인용되었다고 나는 주장합니다.

정치국 회의에 내가 참석했다는 것이 기소장(起訴狀)에 주장되어있는 한, 언제나 내가 검증할 수 없음에도 불구하고, 나는 그것을 반박하지 않습니다. 기소장의 17쪽에서 43쪽까지에서 발견될 수 있는 것처럼 회의들, 결정들, 국가 국방위원회의 명령들과 지시들이 법정에서 조서에 따라 인용되었다는 것을 마찬가지로 의심하지 않습니다. 기소장의 53쪽에서 70쪽까지 이름이 기록된 인민들은 내가 질책 받았던 경우에서 기소장에 기술되어 있는 것처럼 그렇게 부상당했거나 살해당했습니다.

내가 1981년부터 독일 사회주의통일당의 후보 정치국원으로서, 그리고 1984년부터 독일 사회주의통일당의 정치국원으로서 정치계급과 지도부의 일원이었던 그 체계는 활기를 띄기 전에, 즉 실현되기 전에 실패로 끝나고 말았습니다. 이 사실이 결정적이었습니다. 특수한 경우에는 이 사실이 기분이 나쁜 것으로 지각되지만, 명백히 희생으로 가득 찼던 과거와 가장 나이가 많은 두 사람의 피고인들이 나치의 잔혹한 행위에 대해 고결하게 저항했던 것도 이 사실을 바꾸지 못합니다.

정당성의 유토피아가 어떻게 조립될 수 있는지를 알려고 하는 우리 해방자의 요구는 그 체계가 실패로 끝난 다음에 생명력이 있는 현실에 대한 미사여구로 이루어져야만 합니다. 정책, 역사, 철학에 대해 객관적으로 숙고하는 평가, 경우에 따라서는 사법부에 대한 평가도 유토피아에서 일어날 수 있는 가장 훌륭한 것입니다.

일괄적인 구조들이 아니라, 다시 말해서 독일 사회주의통일당이 겉보기에 완벽하게 자신을 묘사한다고 해서 기소장에 있는 다량의 인용문들을 통해서 재 워밍업이 이루어지고 있는 것과 같은 재 워밍업이 이루어지는 것이 아니라, 객관적인 상황들과 관계들, 그리고 개별적인 것을 해명하면 법에 맞는 판결이 이 소송에서 내려질 수 있을 것이라는 소망을 나는 가지고 있습니다.

그렇지만 사법부의 중요한 대표자가 자신이 이 피고인들에게 유죄판결을 내림으로써 - 아마 최근 독일 역사의 다른 시기에 있었던 법률적으로 미해결된 것에 대한 기억에서 - 자신의 아이들에게 떳떳하고자 했다고 자신의 생각에 따라 설명한다면, 나도 그 사실을 불확실한 이데올로기적인 결심을 표명하는 것으로 간주합니다. 여기에서 공동 피고인에 대해 공개되어 있지 않은 원고를 추적하는 것이 뜻대로 되지 않는다는 것이 언급되었습니다.

그럼에도 불구하고 나의 출판물에 있는 문구들을 비난하는 일을 검찰은 단념하지 않을지도 모릅니다. 그런데 이 사실에 대항해서 나는 아무 것도 할 수가 없습니다. 그래서 동독의 과거를 성실하고 가차 없이 종합적으로 고찰할 정당한 근거는 있으나 아마 더 이상 현대적으로 요구하지 않는 것과 이 대항이 어떻게 비례하는가를 나는 자문하고 있습니다. 그렇지만 이러한 대항시도가 검찰의 부담을 가중시킨다는 것을 감수해야 한다면, 누가 이 대항시도를 행하고 싶겠습니까?

고소의 일차원성, 작년에 나왔던 내 출판물에 있는 질책 받은 표현들에 대해서 이렇게 해명함으로 나는 나의 태도에 대한 오해들을 풀고자 합니다.

2.

성벽에서 죽은 자들은 결국 실패로 돌아갔지만 인류를 고통의 거리에서 벗어나게 해주려는 우리의 시도에서 물려받았던 부담의 일부입니다. 개인의 역할을 추상적인 인류의 개념인 공익보다 더 낮게 평가하는 사회 관념에 존재하고 있는 내적 논리학이 이 비인간적 행동을 하도록 부추기고 있습니다.

아서 쾌슬러 작품에 있는 그림을 빌리기 위한 각 개인이 50억을 50억으로 나눈 몫에 지나지 않는다고 한다면, 인류가 비인간화되고 있는 것을 우리가 인식하지 못했던 것입니다. 유토피아를 평범하게 실현하는 것은 개인이 의심스러운 이상적 척도에 따라 마구 책망해서 올바르게 만드는 융통성이 없는 규칙인 것으로 밝혀졌습니다.

나는 그 과정을 맨 먼저 명백하게 고백하지 않았을 뿐만 아니라 현재 그 사실을 재삼 확인하고 있습니다. 이 세계관을 지지하는 사람이고 주창하는 사람인 나는 성벽에서 살해당한 자들을 생각할 때 책임과 치욕을 느낍니다. 그래서 나는 희생자들의 가족들에게 용서를 구하나, 용서가 거부된다면 나는 그 사실을 감수할 수밖에 없습니다. 그렇다고 이와 같은 조사를 하지 않고 계속 생존한다는 것이 나에게는 불가능할지도 모릅니다.

여기서 이 사실을 고백하는 것이 굴욕의 감수를 향해 가는 체면 깎이는 길입니까? 나는 그렇게 생각하지 않습니다. 실패한 독선이 어디서 자가당착(自家撞着)이 되고 있는지가 확실하지 않을지도 모릅니다.

3.

독일의 과거에 있었던 동독 - 자본에 대한 나의 판단이 몇 사람들의 마음에 들지 않는다는 것을 나는 알고 있습니다. 그렇다고 내가 그 점을 고칠 수도 없고, 고치려고 하지도 않습니다. 그럼에도 불구하고 무엇이 더 좋은 점수를 얻을 만한 가치가 있는가를 현혹적으로, 그리고 환상적으로 언급하는 경우에 그 사실 때문에 나는 혼란을 겪지도 않을 것입니다.

나는 그 사실보다도 나의 권리를 더 많이 파악하고 있습니다. 왜냐하면 그것이 나의 의무이기 때문입니다. 이런 종류의 소송에서 반전(反轉)이 되어서 나 개인에 대한 모욕과 증오가 끼어있는 냉혹함에 대해서 의견을 표명하는 것이 이미 부수의식(附隨儀式)이 되어버린 사실을 나는 불합리한 구경거리로 느끼고 있습니다. 그때 법정 앞에 도착한 자들에게 나에 대해서 쓰여 있는 전단들이 강제로 배부되고 있습니다.

"11월 9일에 그는 장벽의 사건을 야기 시켰고, 전환기와 서독의 점령국들을 도와서 승리를 거두었습니다. 전환기의 중심인물이 점령군의 병사들의 사건을 처리하는 사법부의 시달림을 지금 받고 있습니다."

호네커를 실각시키지 않았고, 장벽을 개방하지 않았지만 달랠 길이 없는 향수병에 잘 젖는 이 사람들의 대표적인 사람인 모드로프씨가 탑거리에 있는 주 현관 앞에 나타났던 것이 아니라, 소송을 개시하기 직전에 그는 「새로운 독일」이라는 일간신문을 통해서 그의 추종자들에게 신호를 보냈습니다.

그는 나를 '존경할 만한 사람'으로(11월 12일자 「새로운 독일」이라는 일간신문) 부르지 않았습니다. 다시 말해서, 마구 두들겨 팰 수 있는 아무개로 불렀습니다. 우직한 사람이 늘 선동자로서 활동하는 것입니다. 모든 정치적 논리에 따르면, 이 선동자의 입에서 나온 그러한 비방은 본의 아닌 명예회복 선언과 마찬가지입니다. 그런데 이런 타입의 지위가 높은 사람들은 옛날처럼 여전히 당 노선을 이탈한 자들을 이단시할 수 있다고 그는 표명하고 있습니다.

모드로프와 그를 따르는 당 추종자들은 나를 아마 다시 한번 그들 타입의 당에서 쫓아내고 싶어 할지도 모릅니다. 그리고 그들이 할 수 있다면 훨씬 더 용이하게 소송을 제기할지도 모릅니다. 그렇지만 그들이 소송을 제기할 수 없다는 것이 정말 발전인 것입니다. 그렇지만 나는 이 우스꽝스러운 보조 프로그램을 언급하고 있습니다.

왜냐하면, 그 보조프로그램에는 쓸데없이 격식을 차리는 아이러니가 나타나기 때문입니다. 다른 출발점에서 시작한다고 하더라도 이 작은 주먹을 쓰는 자들처럼 샤보프스키에 집착하기 때문에 아이러니가 주시하는 방향에서 다시 나타난다는 것을 그 보조 프로그램 때문에 검찰이 생각하지 못하는 것입니다.

4.

평안하게 멸망한 동독에 대해서 내가 진술했기 때문에 나는 특정한 쪽으로부터 동독의 옛날 보통 인민들을 비방하고 있다는 비난을 받고 있습니다. 그런데 실제로 예를 들면, 동독이 연방정부에 있는 은밀한 '세 번째 임금협상 파트너'와 같은 그러한 것이었다는 사실을 나는 증거로 끌어대고 싶지 않습니다. 그렇지만 동독의 정치적 파산을 결국 같이 초래하게 되었던 엄청난 해외 부채들과 오직 관련되어 있는 입헌적 약점 때문에 동독은 사회적 업적들과 안정들을 이룩할 수 있었다는 것을 오늘날 우리 모두가 알고 있습니다.

내가 유죄선고를 받는 것은 특히 나 자신을 비난하는 것입니다. 나의 출판물에서 나는 그 사실을 분명히 했습니다. 따라서 나는 나 자신을 비난하지 않을 수가 없었고, 나 자신과 화해하지 않을 수가 없었습니다. 그렇지만 나는 당시에 독일 사회주의통일당의 다른 당원들을 고무할 수 있었지만, 당원들의 당황과 수치심에서 벗어나는 것을 거의 바라지도 않았습니다. 오히려 당황과 수치심에서 벗어나는 것은 망상이었습니다.

제한적인 득표를 얻었던 독일 민주사회당이 '실제적인 것의 규범적 효과'를 근거로 내세워서 성공을 한다고 해도, 그 망상은 오늘 너무나 우스꽝스럽고 무의미하게 되었습니다. 한편의 사람들은 가볍게 몸을 뒤흔들고 나서 그들이 6년 전에 어디에서 인민으로부터 곤경에 빠졌는지를 잊어버립니다. 다른 한편의 사람들은 통일의 문제에는 전혀 관심이 없었고, 정치적으로 그런 종류의 비의적(秘義的) 사고를 할 시간도 더 이상 없습니다.

그렇지만 많은 당사자들이 사고하기를 싫어하는 것과, 비겁하게 사고하는 것, 그러나 역시 '종합적으로 고찰하라'는 소리가 크지만 상당히 성과가 없는 외침 - 일련의 저널리스트들과 특히 라이너 힐데브란트 박사를 제외하고 - 때문에 나는 때에 따라서 자제력을 잃을 정도로 격분했고, 세련되지 못한 생각을 하도록 유혹받았다는 것을 나는 고백합니다. 그러나 그 생각들이 중요한 것이 아니라, 평가들이 중요한 것입니다!

양자택일 없이 이 체제에서 일을 했고, 자신들의 삶을 조정해야만 했고, 그렇게 해서 동일성을 확인했던 것과 같은, 그러한 것을 공식적인 정책으로가 아니라 아마 그들이 생존하는 쓸데없는 격식을 차림으로, 장애요소들을 극복함으로, 불충분한 전제조건들에도 불구하고 자신이 성취함으로, 그리고 아마 인간의 연대감으로 발전시켰던 동독에 있었던 많은 사람들이 주목할 만한 것과 참여해서 성취했던 것을 동독에 대한 나의 판단은 전혀 과소평가하지 않으려고 하고, 전혀 과소평가할 수가 없습니다.

동독에서 정치적인 책임을 가졌던 자만이 완전히 쓸모없는 것, 즉 체제의 목표를 이룩하지 못한 것을 인식하고 인정할 의무가 있습니다. 그렇지 않으면 동독에서 정치적인 책임을 가졌던 자는 위선적인 행동에 대해서 질책을 받게 됩니다. 이 질책에서 벗어나 있을 뿐만 아니라, 이해되지도 않았지만 불이익 마저 당했던 동독인민과 뜻을 같이한 자는 낯선 사람의 따뜻한 도움을 받을 것입니다. 그리고 그 권력 아래에서 더 오래 살기를 원하지 않았던 우리를, 그 권력에서 구해내기 위해서 1989년에 데모를 했던 자들을 활용하는 방향전환이 필요합니다.

나는 여기서도 눈앞에 아른거리고 마음속에 새겨져 있는 1989년 10월의 잊혀지지 않는 광경들, 그것을 이야기하고 있습니다. 그런데 베를린 거리에서 나는 인민들과 토의를 시도했습니다. 그랬더니 당황, 흥분, 분노, 더 나아가 증오가 대화의 시작부터 압도했습니다. 그때 정치국 동료를 인지했다는 것이 나는 기억나지 않을 정도였습니다. 아마 인지했다는 것이 기억나지 않기 때문에 공동 피고인들이 했던 몇 가지 해명들이 동독을 미화시키는 것을 더욱 초래하고 말았습니다.

5.

최근의 역사에 대해 많은 직업에서 필수적으로 종합적인 고찰을 하는 그러한 과정을 내가 의심하면서 나는 자신이 확고하게 되었다는 것을 알아차렸습니다. 그리고 다방면의 인과 관계망을 가지고 있는 역사와 정치는 복잡한 관점보다는 선택을 더욱 중시하는 사법부의 수단을 벗어나 있는 것입니다.

따라서 객관적인 숙고, 그러나 원칙적인 숙고를 해본 결과, 나는 그 고소를 받아들일 수 없는 것입니다. **역사적인 해명이 만족할만한 수준에 이르게 된다면, 그 해명은 흑백 둘의 집계에, 즉 정당한 사람들과 부당한 사람들의 목록작성에 만족할 수는 없습니다.**

따라서 그 해명에는 사회의 실책들이 배제될 수 없고, 냉전의 미친 짓이 배제될 수 없고, 사회적 변화에 대한 욕구를 내일처럼 오늘 유발하고, 마르크스적인 유토피아 - 우리의 대실패에도 불구하고 장래에 마르크스적인 유토피아로 추종자들을 치닫게 하고자 하는 걱정거리들이 배제될 수도 없습니다. 그러니까 유토피아에 있는 유혹의 힘을 들추어내어서 약화시키는 것이 중요할지도 모릅니다.

그런데 소송이 이 사실에 기여하지 못할 것이라는 것이 나는 두려웠습니다. 왜냐하면, 이 소송이 피고인들을 단지 완성된 산물들과 일부의 인간들로 이해하고, 검찰의 가정에 딱 들어맞기 때문입니다. 게다가 나머지 정치국이 떠맡아야하는 사법적인 전체 부담을 사회의 기대를 저버린 청소년들이 잘못된 이데올로기에 대한 무죄판결로 평가할 것입니다. 격언에 따르면, 후진 놈들, 그러나 좋은 목적은 훼손되지 않습니다. 그렇지만 훼손은 나에게는 수선의 반대로 보였습니다.

내가 도덕적으로 유죄라고 느끼고, 정치국원의 자격이 있는 동안에 결국 정치국원의 자격을 근거로 법에 저촉되는 살인 행위를 여러 번 범했던 법률적 구조에 대하여 동시에 항의하는 것이 항변(抗辯)은 아닙니다.

그렇다고 내가 고소하는 처지에서 딜레마에 대한 법원의 부담을 덜어주려고 단지 머리를 숙인다면, 이데올로기이고 입헌적인 번거로움과 범죄 사이에 있지만 충분히 규명되어 있지 않은 범위에서 범인으로 확실히 규정된다는 것은 법률에 대한 회의적(懷疑的) 서비스일지도 모릅니다.

6.

나는 고소의 의미에서 나 자신이 유죄라고 생각하지 않습니다. 왜냐하면, 나는 정치국원으로서 국경선을 넘어 도주하는 사람들을 죽이라고 요구했거나 명령했던 결의들이나 조처들에, 즉 결정에 협력하지 않았기 때문입니다. 게다가 이전의 법원심리에서도 이 사실이 명백하게 되었던 것처럼 - 독특한 절대권력의 지배하에 있지만 소위 이미 한계에 달했던 정부의 문제들을 결정하곤 했던 국가 국방위원회의 회원이 나는 결코 아니었습니다.

국가 국방위원회의 결의들을 정치국을 통해서 인가하는 것은 적어도 내가 정치국원이었던 시기에는 없었습니다. 뿐만 아니라 국가 국방위원회에서 구체화되었던 권한의 논리에 따르면 정치국의 인가는 필수적이 아니었습니다. 그런데 국가 국방위원회의 의장이며, 총서기이자 동시에 국가평의회 의장은 한 사람이었습니다.

이와 같이 그가 관직들을 겸임하고 있는 상황에서 그는 정치국에 설명해야할 의무가 실제적으로 없었습니다. 덧붙여서 인민의 관할권이 군사적 분야와 연관되어 있었던 저 정치국원들도 국가 국방위원회에 참석했다는 것이 떠오릅니다. 나머지 정치국이 국경선을 넘어 도주하는 사람들을 죽이라는 결정에 대한 최종 동의를 결코 청하지 말아야만 했습니다.

검찰은 이 사실을 당연히 인정하려고 하지 않습니다. 그러나 이 사실은, 더욱 정확히 말하면, 국가 국방위원회의 결의들에 대해 이전에 협의한 것도 아니고, 그 결의들에 대해 정치국이 나중에 단호하게 인가한 것도 아닙니다, 70년대 중반 이후로는, 내가 알기로는, 일어나지 않았습니다. 정치국의 전능(全能)을 기소하는 것에 대한 주제에 이 사실이 어떻게 적합합니까?

7.

호네커에게 특히 어렵게 여겨졌던 일정한 문제영역들을 정치국의 협의들에서 제외시켰던 것은 군사적인 결정들과 이미 한계에 달했던 정부에 국한되어 있지 않았습니다. 동독의 지불능력, 혹은 지불무능력도 '국제 수지'라는 레테르가 붙어있는 특별 연구그룹에서 논의됩니다. 그 다음에 정치국은 미화(美化)된 정보들을 받았습니다.

그리고 비밀경찰 부서의 활동도, 적어도 내가 정치국에 속해있었던 시기에, 이 연구그룹의 정보와 결정에서 입수된 것이었습니다. 그리고 기념일을 맞이해서 장성들을 승진시키는 관례를 포함해서 모든 중요한 문제들을 화요일에 개최되는 정치국 회의를 모범으로 하여 호네커와 밀케가 단 둘이서 상의했고 결정했습니다. 모든 공산당의 경우에 그렇게 하는 것이 스탈린의 창안(創案)에 따라 널리 세간에서 행해지고 있었던 것과 같은 현상들과 풍조들입니다. 그리고 총서기는 소위 전체 노선, 즉 모든 당원에게 구속력이 있었던 정치적, 그리고 이데올로기적인 행동규약을 구체화했습니다.

그러나 총서기 자신이 자연사한 후나 총서기가 강제로 실각되어서 변화가 일어나게 되었을 때만, 전체 노선을 제한적으로 변화시키는 것이 가능했습니다. 실각은 명백히 예외입니다. 실각은 단지 두 번 일어났습니다. 한번은 흐루쉬쵸프에서 브레쉬네프로 정권이 교체될 때, 두 번째는 공산주의를 스스로 청산하는 마지막 단계에서, 즉 1989년 10월에 있었던 호네커의 해임 때입니다.

이 사실을 다시 한번 명백히 말할 기회를 나에게 주십시오. 내가 정치국 후보위원과 정치국 정위원이었던 시기 - 동독의 관청들이 그 사실에 대한 권한이 있는 것처럼 보였던 때까지는 - 오직 호네커와 밀케, 그리고 내가 알고 있는 한, 호프만이 이미 한계에 달했던 정부와 관계되었던 전체 결정들을 했습니다.

그러니까 나는 그러한 결정들을 내리는 데 참여하지 않았고, 조언을 요청받은 일도 없었고, 동의를 요청받은 일도 없었습니다. 동독의 내부, 혹은 외부에 또 다른 결정 담당자들이 있었는지를 나는 알지 못합니다. 내가 정치국에 있었을 당시에 호네커, 밀케와 아마 호프만이 - 어떤 위원회에서 그들이 회의를 열었고 이 결정들이 대체로 어떤 위원회에서 내려졌는지에 좌우되지 않고 - 이미 한계에 달했던 정부의 일을 처리했다는 인상을 확실히 받을 수 있었습니다.

바르샤바 동맹을 맺은 동맹국들의 동의 없이는, 특히 소련 측의 동의 없이 혹은 소련 측의 의지에 반해서 이미 한계에 달했지만 소련 측이 반대하지 않는 정부를 제거하는 것이 불가능했을지도 모른다는 것에 대해 나는 확신을 가지고 있습니다. 그 사실에 대해서 다시 말해서 두 가지 가정이 필수적이었습니다 - 동독에서 호네커가 실각당한 것과 국제적으로 모스크바의 중심부가 급격히 악화되어서 권력이 몰락하는 것.

8.

군사적인 블록들 사이에서 자행되었던 반인간적인 한계에 대한 소련 정책의 책임이 심리(審理)될 것이라는 사실은 아마 고려될 수 없을 것입니다. 바로 그렇기 때문에 여기에서 이 관점에 대해서는 언급되지 말아야 합니다.

장벽과 이미 한계에 달했던 정부에 대해 울브리히트, 혹은 호네커의 관여가 항상 얼마나 중대했던가 - 울브리히트와 호네커가 1961년 모스크바의 지시에 따라, 그리고 모스크바의 동의를 받아 실행했다는 것은 의문의 여지가 없습니다. 한편은 그들을 소련 공산당의 지방총독으로 분류하는 것, 그렇지만 다른 한편은 냉전의 시대에 소련 강국에 아주 중요한 가치가 있었던 블록의 서쪽 경계선에 대한 문제에서 그들을 동독의 연금생활자로 공포하는 것이 정치적으로 자가당착적(自家撞着的)입니다. 소련의 관할권과 소련의 책임이 전혀 없다는 것이 고소가 더욱 납득되지 않는 사실구성요건입니다.

동구권의 의심할 여지가 없는 권력의 중심인 모스크바가 자신의 서쪽측면, 즉 철의 장막의 가장 중요한 부분이 품고 있는 의중을 알 수 없는 상태의 임무를 주었고, 그 상태를 계획했습니다. 그리고 이 군사 분야에 대한 총사령권은 바르샤바 동맹이 종말을 고할 때까지 소련 원수(元帥)의 책임이었습니다.

독일을 가로지르는 장벽은 50년대 말과 60년대 초에 소련의 독일 울타리,

즉 동독 밖으로 탈출하는 경향을 차단시키기 위한, 그리고 공산주의 진영의 서쪽에 있는 제방, 즉 동독의 또 다른 동요를 방지하기 위한 소련의 최후의 타개책이었습니다. 그러므로 장벽의 축조는 모스크바의 규정, 촉구와 동의 없이는 생각할 수가 없습니다. 그래서 독일의 공산주의자들은 그 사실에 대해서 역시 쾌히 승낙하는 뜻을 표시했던 것 같습니다.

그렇지만 장벽을 구축하는 것이 아무리 순수하였어도, 그리고 바로 '실제로' 1961년에 소련 정부가 행했던 제작물들이 아니었다고 해도, 28년 후에 일어났던 장벽의 붕괴와 모스크바 지도부는 관계가 있습니다. 그리고 장벽의 붕괴에 대한 동인(動因)은 동독 거리에서 일어났던 인민들의 시위운동을 근거로 삼았습니다. 그래서 동독 공산주의자들은 독일 사회주의통일당의 3명의 정치국원들을 부추겨서 결국 사살하도록 사주했던 것입니다.

고르바초프 치하에 있던 소련 지도부는 11월 9일 발생했던 국경개방에 대해 놀란 모습을 보였습니다. 더구나 기쁜 모습을 나타내지는 않았습니다. 파린과 다른 외교관들의 기억들이 이 사실을 입증하고 있습니다. 「슈피겔」지에 게재되었던 공고에서 추론될 수 있는 것처럼, 호네커의 추종자들이 취했던 첫 번째 독립적 조처에 대해 자신의 불만을 고르바초프는 오늘까지 단지 어렵게 은폐하고 있을 가능성이 있습니다.

자신의 책임을 부인하지 않으면서 나는 동독 체제의 치욕에서 인지될 수 있는 모든 것에 대해 소련이 엄청난 공동 책임이 있고, 원흉이라는 것을 말하려고 합니다. 과거 소련연방의 러시아, 더욱 정확히 말하면, 완전히 성숙되지 못한 옛날의 소련 군대와 KGB의 장교들이 소수민족의 독립의지를 짓밟았던 심한 파괴를 일삼았던 난폭한 시위운동에 직면해서 누가 그 사실을 솔직히 의심하고자 했겠습니까.

그래도 '진영'의 서쪽 경계선, 다시 말해서 그들이 사회주의 소련연방공화국의 경계선을 철제장막이 아니라 플라스틱장막으로 동경했던 것처럼, 오늘날 이쪽 측면이 그렇게 경계선을 플라스틱장막으로 한다면, 그것은 정말 우스꽝스러울 겁니다.

동독의 실행과 창안(創案)에 대한 전 간부집단의 정치적, 그리고 도덕적인 관심과 관련해서 모스크바에 있는 전 간부집단의 중요한 일부는 어떻게 더 이상 아무 것도 알고자 하지 않았는지, 그리고 연방공화국 측의 그러한 경고로부터 어떻게 손상 받지 않았는지, 나는 놀라면서 경험하고 있습니다. 그러므로 최근 독일 역사를 종합적으로 고찰할 때, 어떤 분야에서 늘 그러한 경고가 발생하는지를 어떻게 고려하지 않을 수 있었겠습니까?

9.

이미 한계에 달했던 정부가 변화를 게을리 했다는 비난은, 그러한 시도가 성공에 대한 최소한의 희망을 약속했었다면, 법률적 가치를 야기한 것입니다. 그렇지만 이 변화의 방향을 지향했던 모든 돌진은 그 당시의 조건들 하에서는 소위 총서기의 전체 노선과 인품을 의심하는 시도로써 즉시 예감되었을지도 모릅니다.

총서기의 전체 노선은 정치국에서 혹은 다른 위원회에서 다루어질 기회가 가장 적었을 지도 모릅니다. 그래서 당사자는 '적대자의 전문 용어와 사고'를 신봉했는지도 모릅니다. 이러한 견해들을 설명하거나 관철시키려고 시도했을지도 모르는 자는 '정신병자' 혹은 '당노선 이탈자'로서, '노동자 계급의 적이 가지고 있는 토로이 목마'로써 즉시 영향력을 빼앗겼을지도 모릅니다. 의례적으로 사격명령이 없었지만 정치국의 적절한 결정이 있었습니다.

최근에 인민들이 동독을 거대하게 탈출하는 것에 특히 인상을 받았던 1989년에 비로소 나는 이런 경향의 조처를 결심했습니다. 뿐만 아니라 두 명의 정치국원들인 크렌츠와 로렌츠는 - 우선 나와는 별개로 - 마찬가지로 여행의 자유가 없는 동독은 기회가 없을지도 모른다는 결론에 이르렀습니다.

인간의 품위를 더욱 존중하는 다른 독일로 나아가는 길이 열려져야 한다면, 총서기인 호네커는 권력을 빼앗기지 않을 수가 없다는 사실이 숙고되는 첫 순간부터 인민들의 동독 탈출과 관련되어 있었던 것입니다. 최초로 인민들은 결국 자유롭게 여행을 할 수 있게 되었습니다.

기소장에 언급된 1989년 9월의 정치국 회의에서 나는 여행양식을 변경시킬 수밖에 없는 불가피성에 대한 주의를 환기시켰었습니다. 그렇지만 그 불가피성에 대한 토의는 성사되지 못했습니다. 왜냐하면 회의를 주재하는 사람인 미타크가 토론을 탄압하기 위해서 호네커가 병 때문에 부재라는 것을 구실로 삼았기 때문이었습니다. 그래서 자기 사람을 정치적으로 제외시키면서까지 동독의 정치적인 진로를 너무나 필연적으로 혹은 기한이 지나서도 변화시키는 것을 도입하려고, 세 명의 정치국원들은 호네커를 해임시키기 위해 처음 실제로 주어졌던 기회를 공모적(共謀的)인 방법으로 이용했습니다.

인민대중의 탈출, 라이프치히에 있었던 월요일 시위운동과 같이 점점 제한을 두지 않았던 인민들의 항의들, 그리고 자신의 내정(內政)에 나타났던 어려운 상황 때문에 점증적으로 요구되었던 모스크바의 지도(指導)가 성공에 대한 약간의 희망을 품고 첫 번째 정치 변화들을 도입하기 위해서 호네커의 해임이 착수될 수 있었던 상황으로 요약됩니다.

국경의 개방, 장벽의 붕괴, 여행자가 왕래할 수 있는 자유, 혹은 그 조처가 어떻게 표시되는가를 통해서 이미 한계에 달했던 정부는 간단히 수정되었거나 인간답게 되었던 것이 아니라, 완전히 쓸모없게 되고 말았습니다. 이러한 정부를 위해서 우리에게 필수적이고 결정적인 전제 조건은 바로 호네커의 실각이었습니다.

따라서 변화는 총서기의 권력을 박탈하는 것으로 시작해야만 했습니다. 그렇지 않으면 변화는 일어나지 않았을지도 모르거나, 독일 사회주의통일당의 지배가 조만간 종말을 고(告)하는 것이 유혈충돌로 귀결되었을지도 모릅니다. 그렇게 되는 것이 공산주의 구조 내에 있는 행동의 논리입니다.

10.

1989년 11월 9일부터 독일에서 일어났던 정치 변화들을 통해서 나에게 위임된 소임을 법원이 알기를 원한다면, 법원은 장벽개방에 당사자들이 관여하였다는 사실을 간과할 수 없는 것입니다. 따라서 법원이 '변화를 게을리 한 것'을 어떻게 살해로 규정할 수 있고, 장벽을 붕괴시키려고 한 행동을 어떻게 무가치한 것으로 간주할 수가 있습니까?

물론 그 장벽 때문에 얼마나 많은 사망자들이 아마 아직도 생길지도 모르고, 첫 번째 중대한 조처로 장벽이 붕괴되지 않았을지도 모르지 않습니까? 장벽의 붕괴 때문에 통일로 귀결되는 과정이 일어났다는 것을 누가 부정하고자 했겠습니까?

판사님과 검사님, 이 드라마틱한 과정들을 '공짜로 구경하던 사람들'이었던 모두는 1989년 11월 9일의 저녁에 느꼈던 자신들의 느낌들을 생생하게 그려내기를 나는 바라고 있습니다. 단 한번만으로 장벽에서 일어났던 사격들에 대한 결말을 지었던 이 시도가 6년이 지나서 이 소송의 주제와 관련해서 아무 쓸모가 없게 되어간다는 것을 나는 믿을 수가 없습니다.

11.

결국 내가 - 특별하든 아니든 - 늘 들을 것이고, 느낄 것인 하나의 문제에 대해서 대답하게 해주시기를 바랍니다.

내가 1990년 초에 독일 사회주의통일당/독일 민주사회당에서 면직되었을 때, 생각을 근본적으로 바꾼 것이 단지 개인적인 패배의 결과는 아니었습니다. 이데올로기의 봉쇄는 너무 늦게, 분명히 너무 늦게, 게다가 오늘의 나의 관점에서 너무나 벗어나서 1989년 전반기가 되어서야 완화되기 시작했습니다.

그렇지만 이 사실은 헝가리 국경선을 넘어갔던 당시 동독의 대탈출과 같은 멈추지 않은 과정이었습니다. 그래서 나는 독단에 반대하는 생각을 가지고 행동을 하기 시작했습니다. 다시 말해서 총서기들, 즉 마르크스주의 - 레닌주의의 살아있는 부처들이 파면될 수 없다는 독단에 반대하는 생각을 가지고 행동을 하기 시작했습니다.

당에서 나를 축출한 것에 대한 쇼크 때문에 처음에는 아직 진정으로 신뢰하지 않으려고 했던 새로운 정신적인 독립에 대한 감정이 넘쳤을 때, 사고를 너무나 자유롭게 하는 일이 물론 처음이었습니다. 그렇지만 잘못된 공산주의에 대한 여전히 헛된 충성과 정신적인 매료들은 단절될 수 있었다는 것을 그 쇼크 때문에 알게 되었습니다.

그 이후 6년 이상의 세월이 지나갔습니다. 짧은 시간이 아니었습니다. 그렇지만 극히 중요한 낙마(落馬)가 그때보다 먼저 일어났다면, 그때는 중요하지 않은 것입니다. 따라서 그때는 인간이 단지 배울 생각이 있다면 지식을 아주 많이 증대시킬 수 있는 시기입니다.

나에게 신용대부를 허락해 주었고, 인식을 하는 심히 고통스러운 길을 계속 나아갈 용기를 내도록 해주었던 사람들은, 특히 이전의 연방공화국 시민들이었습니다. 따라서 내 인생에서 아마 가장 중요한 인간적인 경험에 대해서 나는 그분들의 신세를 지고 있습니다.

아무튼 인간은 생명이 문제라고 하였지만, 소송에 대한 나의 논평들이 가능한 이득을 보려는 것으로 해석되지 않을지도 모릅니다. 왜냐하면, 나의 논평들은 이러한 고소에 대한 보편적이고 항목별 응답들이기 때문입니다.

그리고 세계를 개혁하는 이데올로기를 위해서 인간만이 목숨을 희생할 수밖에 없다는 사실이 정당하다는 것을 세계를 개혁하는 이데올로기가 증명할 수 없다는 사실을 나는 공개적으로 한 번도 말하지 않았습니다. 그것은 장벽에서 죽었던 모든 사망자들을 두고 하는 말입니다. 왜냐하면, 모든 사망자는 우리를 행복하게 하는 것을 강제로 수락할 생각이 없었기 때문이었습니다.

내가 모든 사망자에 대해서 도덕적 책임을 느낀다는 것을 나는 반복합니다. 그 책임에 대한 이 감정을 늘 나는 지니고 있을 것입니다. 그러나 나는 배후 살인자로 공언(公言)되는 것을 감수할 수가 없습니다. 그렇게 하는 것은 동독이라는 개념과 유럽의 전후정책과 말살된 국가와 상호관련이 있는 나 자신의 길과 연관되어 있는 이질적인 정치적, 사회적, 그리고 심리적인 상황들을 단순히 법률적으로 정산하는 것처럼 나에게 보입니다.

「슈피겔」지에서 나는 여기 모아비트 지역의 다른 소송에서 거론되었던 판사님의 입장을 읽었습니다.

"법원은 언제나 법원의 역사적 편파성을 의식하고 있었습니다. 피고인들이 우리 모두와 같이 독일 전후 역사의 포로라는 사실이 피고인들을 위해서 고려되어야만 했습니다."

이 말은 법원의 법정 이 쪽과 저 쪽에 있는 모든 사람이 명심해야할 말입니다. 나의 인품과 관련되어있는 기소장의 진술들, 혹은 자료들에 대해서 나는 항의를 받은 적이 없습니다. 이 사실이 내가 소송에서 말해야만 하는 모든 것입니다. 소송 당사자들의 또 다른 질문들에 대해 대답하는 것을 나는 계획하고 있지 않습니다.

베를린, 1996년 2월 22일
귄터 샤보프스키

2

법정에서 발표했던 확정적인 성명
- 베를린 지방법원, 1997년 8월 18일

친애하는 재판장님, 숙녀님들, 그리고 판사님,

이 소송에서 대답들이 기대될 수 있을 뿐만 아니라, 이 소송은 명백히 문제들을 제기합니다 - 정책, 역사, 법률의 문제들, 소송의 결과들이 얼마나 다르게 수용될 것인가. - 피고인들에 의해서, 세상 사람들에 의해서, 아마 더군다나 법률가에 의해서 - 하나는 논쟁의 여지가 없습니다. 지난 18개월 동안 장벽에서 죽은 자들이 중심에 있었습니다. 그런데 법원은 자신의 의무를 떠맡았기 때문에 자신의 의무를 알아차렸던 것입니다.

우리에 대해서 어떤 판결이 내려지는가, 법원이 검사장의 요청을 어느 정도까지 따를 것인가, 우리는 계엄령에 따라 사형선고를 내렸던 범죄를 '판결했던 자와 집행했던 자'일지도 모른다는 것을 밝혀내는 이 소송을 한 다음에는 또 다른 것은 의심할 여지가 없습니다. 늘 어떤 이유들 때문에 - 우리에게 등을 돌리고자 했던 유일한 난민도 여기에서 기술되었던 끔찍한 경우에는, 그 경우에 대한 대가로 자신의 목숨을 걸 수밖에 없었다는 사실이 정당하다는 것을, 어떤 것도 과거에 증명할 수 없었고 현재도 증명할 수 없습니다.

숭고하고, 인간적이고, 정당한 이상들과 목적들을 마력으로 불러내지만 장벽에서 죽은 자들과 같은 그런 희생자들 없이, 사회 체계의 존립을 염려하지 않을 수가 없는 사회 체계도 범행 자체에서는 합법으로 인정받지 못합니다.

따라서 사법부 장관의 지시가 이 사실에 필요로 하지 않습니다.

그렇지만 우리 가운데 자신을 신뢰할 수 있는 자는 조사받는 이 쓰라린 길을 가야만 합니다. 그래도 진실은 백일하에 드러납니다. 그러니까 여전히 어찌 할 바를 모르거나 불손하게 진실을 보지 못하는 자는 자기기만을 저지르는 것입니다. 따라서 목표는 바로 수단을 정당화시키지 못합니다.

나의 경우에는 이 사실이 중요한 문제입니다 - 혹은 교화(敎化)의 재앙입니다. 우리는 새로운 사회를 구축했습니다. 이 사실은 우리의 경우에 일반적으로 합법입니다. 게다가 그때 우리는 일련의 문제들을 그전대로 해나갔습니다. 그런데 때때로는 어느 정도 잘 되었습니다.

그렇지만 그 다음에는 또 잘 되지 않았습니다. 그래서 독일 사회주의통일당 베를린 시당의 제1 비서로서 나는 계획경제의 만성적 고통을 어쨌든 치유하는 것을 돕기 위해서 일주일의 평일인 5일을 대부분 기업에서 보냈습니다. 다른 것은 관심을 벗어났거나 관심 밖으로 밀려났습니다.

나는 장벽에서 사망했던 자들에 대해서 알고 있었다는 것을 다시 한번 여기에서 말합니다. 그렇지만 나는 반복된 무고(無故)에 대해서 강하게 항의하는 바입니다 - 그리고 게다가 특히 증거를 제시하지 않았던 고집이 센 자도 쉽게 간파될 수 있는 시도를 하는 것에 대해서 - 내가 어리석은 체 하고 있는지도 모릅니다. 이미 한계에 달했던 정부를 질책하는 것에 대해 오직 사수(死守)하려는 장군의 포즈로 반응을 나타낼 수 있는 그러한 사람들을 해명하고 싶은 것이 아니라, 나를 두고 말한다면, 변절한 자들을 처벌하고 싶어 합니다. 그러니까 처벌에 대한 모든 수단도 그들에게는 정당한 것처럼 보입니다.

장벽에서 일어났던 사망에 대해서 알았다는 것을 나는 다시 한번 말합니다. 그렇지만 그것에 대해 알았다는 것은 균형 잡히고, 정확한 정보에 기인한 것은 아니었습니다. 물론 군대를 통해서도 정치국의 언급된 회람문을 통해서 얻었던 정보도 아니었습니다. 그런데 나의 고유하고 직접적인 정보원천들은 연방공화국의 대중매체들이었습니다.

이 사실이 오늘은 너무나 비참하게 보입니다. 그렇지만 이 사실이 우리들이 처한 상황의 특징을 나타내고 있습니다. 또한 그러한 상황을 고려할 때, 이 사실은 자유로운 대중매체들의 독특한 역할을 분명히 설명하고 있습니다.

내가 알기로는 우리가 했던 사항의 합법성에 대해서 이미 이전에도 근본적으로 의심하지 않았고 결말들을 짓지도 않았다는 것을 나는 질책하지 않을 수 없습니다. 아마 군사적인 국경문제들과 직접적인 관계가 있기 때문에 변화가 이전에는 머릿속에서 일어났는지도 모릅니다. 그러나 이데올로기의 현혹, 그리고 언젠가 그것을 더 좋게 만들 수 있을지도 모른다는 망상과 쌍을 이룬 자기기만은 저항력이 강합니다. 그래서 우리는 너무 늦게 시작해서 소송을 변화시킬 수 없었습니다.

미카엘 슈미트가 가장 젊었을 때와 죽었을 때에 대해서 아버지가 여기서 낭독했던 진술은 소송절차의 끝에 와있는 나의 경우엔 소송을 가장 의기소침하게 하는 기록이었습니다. 그래도 나는 근년(近年)의 동독에 대한 나의 기억 이외에도 들었던 것을 기억하고 있었습니다. 단지 결론만 남아있습니다. 정책이 영향을 미쳤던 개인적, 반인간적 효과들에 대한 감정이 사라지고 있다는 것을 알아차리게 된다면, 그 사실을 반대할 수밖에 없거나 사임할 수밖에 없습니다.

나의 마지막 발언에서 나는 오직 다시 한번 희생자들 앞에 절을 할 수 있고, 희생자들의 가족들에게 용서를 청할 수 있습니다. 희생자들의 가족들이 희생자들과 사별했던 고난 때문에 희생자들의 죽음을 원하지도 않았고, 사주하지도 않았던 체제의 책임자인 나에게 당신이 용서를 하지 않으려고 하거나 할 수 없다면, 나는 이 사실을 간직한 채 살아갈 수밖에 없을 것입니다.

나는 '승리자 사법부'와 이 재판의 '정치적 과정'이라는 레테르를 붙이지 않으려고 하고, 붙일 수도 없다는 것을 나는 여기에서 언명했습니다. 그리고 나는 소송에 참여하고 있습니다. 그런데 이 일로 내가 소송절차를 밟아가는 동안에 법원과 법원장인 호흐판사님의 행동을 통해서 확정되었다는 것을 나는 알고 있습니다.

그렇지만 우리가 옹호했던 우리의 정치적 현실을 잃어버렸었던 다음에, 내가 이 법정에 서있게 된 이유는 연방독일의 현실을 수용했기 때문입니다. 그런데 나는 베이컨 먹기를 바랄 수도 없고, 나의 몸에 좋은 것을 무딘 칼로 잘라낼 수 있을 뿐입니다. 그렇다고 나는 그 체제를 수용할 수도 없지만 그 체제에 있는 법치국가의 기관들은 권한이 없다고 설명할 수도 없습니다. 왜냐 하면, 나는 그 기관들의 표적물이 되었기 때문입니다.

이 자리에서 당신이 나에게 지난 목요일에 부대소송원고(附帶訴訟原告)의 변호사가 그 기관들이 부분적으로 다소 혼란스럽게 나를 해고했다고 표현했던 것들을 논평할 수 있도록 해주십시오. 그러나 나는 희생자들과 희생자들의 이웃 사람들이 느끼는 괴로움에 대해서 변호사가 발언했던 것들을 나의 논평에서 제외합니다.

그런데 어떤 사람이 휴식시간에 이것을 언급했던 것처럼, 나는 더욱 명백 하고 사변적이며 엉뚱한 착상들을 '프뢰기아테(Plögiate)'라고 말합니다. 그리고 어떤 사람이 진술했던 샤보프스키에 대한 성격묘사는 마치 점성술사가 '작성한' 것처럼 들렸습니다. 여기에서 그 성격묘사가 무엇을 말하는지를 나는 숙고했습니다.

어차피 민주법치국가도 모든 변호사에게 변호사의 고유한 행동영역과 문체를 용인하지 않을 수가 없지만, 그 동안에 나는 그 성격묘사를 경청하면 분개할 수밖에 없다는 것을 알게 됩니다. 그래도 될 수만 있었다면, 우리가 그러한 여지(餘地)를 용인했을 것입니다! 그렇다면 이와 같은 소송은 아마 있을 필요가 없었을지도 모릅니다.

검사장님, 당신의 논고(論告)로 시도했지만 이 소송이 정치적 소송이 아니라는 나의 관점을 반박한다고 해서 법정에 대한 나의 자세에서 현혹되지 않습니다. 당신이 나의 진술을 기회주의적인 불투명한 상황으로 몰아넣었다는 사실, 다시 말해서 논거(論據) 대신에 편견을 보여줄 수밖에 없었다는 사실 때문에 결국 나는 현혹되지 않습니다. 나의 변호사들은 자신들의 변론에서 다시 한번 그 사실에 대해서 엄청나게 의견을 표현했습니다.

설사 판결이 선고될지라도, 새로운 연방공화국이 실패로 돌아가게 된 우리의 시도에 대한 유일한 역사적 대답이라는 사실이라고 해도 나의 확신에서 아무 것도 달라지는 것은 없습니다. 그렇다고 그 선고가 일정한 측면으로부터 나에게 책임이 전가되는 것과 같은 이 사회의 시복식(諡福式; 복자가 되는 가톨릭 의식)은 아닙니다.

이 사실은 일정한 측면의 항의들을 부인하는 것이 아니라, 주전자가 파열될 때까지 뚜껑이 닫혀있는 항의들을 인정하지 않으려는 우리들의 처리방법과는 대조적으로 내보여질 수 있는 사회적 현실을 고려하는 것입니다. **아무튼 우리는 유토피아적 계획을 하늘에서 땅까지 강요하려고 시도했습니다. 그러나 유토피아가 통일이데올로기와 계획경제의 관료주의적 코르셋 속에서 옥죄어진 다면, 붉은 시신(詩神)이 메두사로 변합니다.**

연방공화국의 장점들에 대해서 말하는 것은 오늘날은 어렵습니다. 왜냐하면, 불만들이 시야를 가득채운 것처럼 보이기 때문입니다. 그러나 발전이 없음을 한탄했던 획일성, 없어진 완전무결함, 순간적으로 생기지 않는 훌륭한 해결책들은 유토피아적 모범국가에 걸고 있던 유토피아적 매일의 기대들이지만 전형적이거나 끊임없는 사회적 기준들은 아닙니다.

다음과 같이 말해질 수 있다는 것이 더욱 중요합니다. 우리가 그 기대들을 더 잘 수행할 수 있게 하십시오. 그렇지만 그 기대들은 여기서 한번, 10번, 100번 시도될 수 있습니다. 왜냐하면, 그 기대들이 다른 삶의 질을 형성하기 때문입니다. 그래서 우리는 그 기대들을 더 잘 하려고 시도했을 때 우리가 신용대부를 대체로 받지 못했습니다. 왜냐하면, 우리의 신용대부가 오래 전부터 바닥이 나있었기 때문입니다.

검사장님, 당신은 나의 개인에 대한 특징을 표현할 때 수년전부터, 여하튼 이 소송이 있기 오래 전에 내가 공개적으로 추진했던 나의 과거에 대한 논쟁, 그리고 앞으로 동독과 동독의 역사에 대한 논쟁에 관해서는 한 마디도 언급하지 않았습니다. 게다가 소송이 암시하고자 하는 것처럼 논쟁이 일어나기 직전이었는데도 임기응변식으로 성급하게 그 논쟁은 일어나지 않았습니다.

얀츠씨, 당신은 나의 출판물들을 알고 있습니다. 그런데 그 동안에 당신은 나의 출판물들을 단지 소송을 위한 채석장으로 평가했습니다. 그럼에도 불구하고 나는 너무 늦게 사고의 전환을 했고 행동을 너무 늦게 하였습니다, 꼭 그대로 입니다. 그렇지만 호네커를 권력에서 제거하고 정치국과 독일 사회주의통일당의 광대한 분야에 있는 저항과 불신의 벽을 개방하고, 유혈의 대참사를 저지한 것이 그나마 다행이었습니다.

또한 나는 그 시기에 - 역사적으로 늦었던 것처럼 - 도로에서 나는 분노한 인민들과 대화를 나누려고 애를 썼고, 그들은 나를 대화파트너로 받아들였습니다. 반면에 겁먹은 정치국에서는 내가 폭도에게 양보할지도 모른다는 악의에 찬 반론이 제기되었던 것입니다.

어쨌든 이와 같은 행동 때문에 장벽에서 살인이 일어났지만 그 행동은 나와 더불어 역사의 쓰레기 속으로 쳐 넣어져야 되는 사람들의 모습에 어울리지 않는 것처럼 보입니다. 따라서 여전히 우리의 곁에서 따라다니지만 외관상으로는 우리가 겪었던 것에 대한 여전히 피할 수 없는 논쟁에 나는 참여하지 말아야 합니다. 어쨌든 그와 같은 추측이 떠오릅니다.

그렇기 때문에 살인 배후조종자의 성향이 나에게 분배되는 것입니까? 아무튼 나의 얼굴은 라텍스 마스크입니다. 그러니까 타협을 모르는 검사장님은 라텍스 마스크를 벗기고 호네커 혹은 울브리히트, 혹은 스탈린의 용모를 나타나게 하십시오. 그러면 기분이 좋아지겠지요.

당신과 같은 인민들과 논쟁하는 것을 이전에 촉진할 필요가 있었다는 사실이 만족스러웠다고 검사장님인 당신이 생각한다면, 당신은 현실을 잘못 판단하고 있습니다. 사실을 알고 있다는 것과 죄와 책임질 각오를 입증할 수 있는 주요 증인들도 논쟁에서 필요한 것입니다. 당신에게는 분명히 알려져 있지 않은 사람이지만 여기 베를린에 있는 비인간성에 대항하는 참으로 불굴의 전사는 이 사실에 대해 몇 가지를 당신에게 설명할 수 있을지도 모릅니다.

논의 되었을 뿐만 아니라, 그 당시에 내가 경험했고 알고 있었던 모든 것을 관철시키는 권한을 나는 이 법정에서 충분히 인식했습니다. 그렇지만 지금

나의 모든 진술이 검사장의 규범에 맞지 않습니다. 그 대신에 고소인이 죄를 지정하는 것들이 공고해지기 위해서 나와 같은 종류의 피고인을 도덕적으로 제거하는 것이 검사장의 규범에 속하는 것처럼 그렇게 나는 생각됩니다.

나의 상황에서 어쨌든 비교될 수 있는 공적인 영향을 미칠 수 없지만 나는 그 영향을 스스로 거의 방어할 수도 없습니다. 그렇지만 나에게 기회주의자라는 낙인을 찍으려는 자들에 대해서 나는 반론을 제기할 수 있습니다.

교육을 시킬 수 없는 자들의 클럽에서 느끼는 안락감으로 도피함으로써 그 기회주의자에서 벗어나는 것보다 자신의 의지로, 그리고 면죄될 것이라는 희망도 없지만 자아인식의 괴로운 길로 접어 들어가는 것에 더 많은 용기가 필요합니다.

결국 나는 적지 않은 - 일부는 생판 모르는 사람들에게 감사를 드리고 싶습니다. 그 가운데는 편지로, 혹은 자발적으로 여기 모비트 거리에서 기차여행 동안에 나에게 용기를 북돋아주었고 나를 살인 배후조종자로 간주하지 않는 옛날의 연방공화국 시민들에게게처럼 옛날을 되찾고 싶어 하지 않는 옛날의 동독 인민들에게 감사를 드리고 싶습니다.

옛날 연방공화국에서 법안들을 독회(讀會)하는 동안에, 그리고 공개적인 토의에서 알게 되었고, 나에게 신뢰를 나타냈고 이데올로기의 현혹에서 벗어나 시종일관 나의 길을 계속 가도록 나를 지지해주었던 많은 친구들과 지인들에게 감사해야만 합니다. 그래서 나는 그들을 실망시키지 않으려고 합니다.

권터 샤보프스키

3
지은이 소개 및 이력

1) 프랑크 지렌(Frank Sieren)

1967년 출생. 베스트셀러 《중국 코드(Der China Code)》의 저자.
「Zeit」지의 특파원. 아직도 공산주의 세계관을 따르는 독재국가인 중국에서 15년 전부터 살고 있음.
Econ 출판사에서 2006년에 Helmut Schmidt 공동으로 대담 책인 《인접국가 중국(Nachbar China)》을 출간하여 성공을 거둠.
2008년에 베스트셀러 경제 책인 《중국 쇼크(Der China Schock)》 출간함.

2) 귄터 샤보프스키(Gonther Schabowski)

1929년 1월 4일 안크람/포르폼메른에서 함석장이와 주부의 아들로 태어났고 베를린에서 고등학교 졸업자격시험 합격.
1945년 「자유 노동조합」이라는 신문사에서 견습생으로 근무
1946년 자유 독일노동조합의 조합원
1950년 자유독일청년단의 단원
1953년~1967년 노동조합신문인 「트리뷔네」의 편집장 대행
1962년 라이프치히에 있는 칼·마르크스 대학교에서 저널리스트의 학위를 취득
1967년~1968년 모스크바에 있는 소련공산당의 중앙위원회에 소속된 당원대학을 다님
1968년~1978년 독일 사회주의통일당의 기관지 「새로운 독일」의 편집장 대행
1969년 조국국가공로동장을 받음
1971년 러시아의 텔레비전방송 여기자 이라나 베세로프소로파와 결혼. 아

들 얀의 출생
1973년 아들 알렉산더의 출생
1977년 조국 국가공로금장을 받음
1978년~1985년 「새로운 독일」의 편집장. 독일 사회주의통일당에 소속된
        중앙위원회 정치국 산하의 선전위원회 위원
1981년~1990년 인민회의 의원
1981년~1989년 독일 사회주의통일당 중앙위원회의 위원
1984년~1989년 정치국 국원
1985년~1989년 베를린지역 독일 사회주의통일당 간부의 제1 비서(베를린
        지역의 당수); 베를린지역 직무수행지도부의 의장
1986년~1989년 독일 사회주의통일당 중앙위원회의 비서
1989년 60주년 생일을 맞이해서 칼-마르크스 훈장을 받음
1989년 10월18일 국가서기와 당서기인 에리히 호네커의 해임 공동 발의자
        이고 대변자
1989년 11월 4일 동독 역사에서 베를린에서 일어났던 가장 큰 저항시위운
        동 때 정치국 출신의 유일한 강연자
1989년 11월 9일 기자회견에서 모든 동독인민의 무제한 여행자유를 공포.
1989년 12월 3일 중앙위원회와 정치국에서 비공개 사직
1990년 1월 21일 독일 사회주의통일당/독일 민주사회당에서 제명
1990년~1999년 혜센주/풀다강가의 로텐부르크에 있는 '하이마트나흐리히
        텐'의 직원
1996년 2월 22일 베를린 지방법원에서 소송이 시작됨
1999년 11월 8일 베를린 지방법원에서 살인으로 3년 징역형을 선고받음
1999년 12월 16일 하켄펠데에 있는 베를린 교도소에서 구금시작
2000년 10월 2일 베를린 시장인 에버하르트 디프겐의 사면으로 석방됨

오늘날 부인인 이라나와 베를린의 빌머스도르프에서 살고 있음.

4. 인명 색인

옮긴이 심재만 님은

1950년 경북 영주에서 출생하여, 서강대학교 독문과를 졸업하고 서강대학교 대학원에서 문학박사 학위를 취득하였으며, 서강대학교에서 독어학을 가르쳤고, 10여 권의 독일어 관련 서적을 저술하였다. 그 중에서 『Bais 독일어독해』(한국문화사)가 독자들의 사랑을 받고 있으며, 『아버지로 산다는 것』(예담), 『골프에서 배우는 비즈니스 전략』(북아카데미), 『7일간의 참선여행』(북코리아) 『道와 禪』(하늘북)이 있다.

동독 멸망보고서
- 동독 최후의 순간들

초판 발행 ‖ 2016년 8월 9일

지은이 ‖ 프랑크 지렌, 귄터 샤보프스키
옮긴이 ‖ 심재만
펴낸이 ‖ 김현회
펴낸곳 ‖ 도서출판 하늘북
출판등록 ‖ 1999년 11월 1일(등록번호 제3000-2003-138)
주   소 ‖ 서울시 서대문구 홍제내 2다길 40
전   화 ‖ 02-722-2322
팩   스 ‖ 02-730-2646
E-mail: hanulbook@hanmail.net
표지디자인 ‖ 오엘

ISBN 978-89-90883-85-8   03920